# Die gelbe Serie

D1848924

Person und Revolution
Marx – Lenin – Mao
Einführung in Werk und Wirken
Herausgegeben von C. D. Kernig
Band 425 · 172 Seiten, 2. Aufl.

Karl Rahner
Strukturwandel der Kirche
als Aufgabe und Chance
Band 446 · 144 Seiten, 3. Aufl.

Heinz-Egon Rösch
Ist das noch Sport?
Band 434 · 128 Seiten, 2. Aufl.

Helmut Schoeck
Der Neid und die Gesellschaft
Band 395 ::. 320 Seiten, 2. Aufl.

Helmut Schoeck
Die Lust am schlechten Gewissen
Band 464 · 160 Seiten
(neu im Juni '73)

# in der Herderbücherei

# Die gelbe Serie

Hans Bauer
Das Ende des deutschen Gymnasiums
Band 440 · 144 Seiten

Walter Eberle / Winfried Schlaffke
Gesellschaftskritik von A–Z
Band 450 ·· 192 Seiten

Edith Eucken-Erdsiek
Die Macht der Minderheit
Eine Auseinandersetzung mit dem Neuen Anarchismus
Band 372 124 Seiten, 3. Aufl.

Wilhelm Hennis
Die mißverstandene Demokratie
Band 460 · 144 Seiten
(neu im August '73)

L. Kroeber-Keneth
Zuviel Akademiker?
Band 448 · 128 Seiten

Hermann Lübbe
Hochschulreform und Gegenaufklärung
Band 418 · 160 Seiten

# in der Herderbücherei

Herderbücherei

Band 462

Über den Herausgeber

Dr. phil. Theodor Schieder, geb. 11. 4. 1908 in Oettingen/Bayern, o. Professor für mittlere und neuere Geschichte an der Universität zu Köln; 1926 bis 1931 Studien in München und Berlin; 1933 Promotion zum Dr. phil. in München; 1939 Habilitation in Königsberg i. Pr.; 1942 o. Professor für neuere Geschichte in Königsberg, seit 1948 o. Professor für mittlere und neuere Geschichte an der Universität zu Köln; 1962 bis 1964 Rektor der Universität zu Köln; seit April 1964 Präsident der Historischen Kommission bei der Bayerischen Akademie der Wissenschaften; 1967 bis 1972 Vorsitzender des Verbands der Historiker Deutschlands, seit 1957 Herausgeber der *Historischen Zeitschrift;* Mitglied der Akademien in Düsseldorf, Mainz, München und Kopenhagen; 1971 Mitglied des Ordens Pour le Mérite für Wissenschaft und Künste.

*Veröffentlichungen (Auswahl)*
Die Probleme des Rapallo-Vertrages, 1956; Staat und Gesellschaft im Wandel unserer Zeit, 1958, ²1970; Hundert Jahre Historische Zeitschrift 1859–1959 (Hrsg. mit eigenem Beitrag), 1959; Das Deutsche Kaiserreich von 1871 als Nationalstaat, 1961; Begegnungen mit der Geschichte, 1963; Geschichte als Wissenschaft, 1965, ²1968; Handbuch der Europäischen Geschichte, Bd. VI, 1968; Reichsgründung 1870/71, hrsg. zusammen mit Ernst Deuerlein, 1970; Zum Problem des Staatenpluralismus in der modernen Welt, 1969; Hermann Rauschnings „Gespräche mit Hitler" als Geschichtsquelle, 1972.

# Revolution und Gesellschaft

## Theorie und Praxis der Systemveränderung

Herausgegeben von
Theodor Schieder

Herderbücherei

Veröffentlicht als Herder-Taschenbuch
Die Beiträge wurden original verfaßt
für die vergleichende Forschungsenzyklopädie
„Sowjetsystem und Demokratische Gesellschaft“

Alle Rechte vorbehalten – Printed in Germany
© Verlag Herder KG Freiburg im Breisgau 1973
Herder Freiburg · Basel · Wien
Herder Druck Freiburg im Breisgau 1973
ISBN 3-451-01962-0

# Inhalt

# Vorwort

Revolution scheint heute ein Begriff zu sein, der auf alles anwendbar ist und auf alles angewandt wird: auf politische Ordnung, gesellschaftliche Verfassung, Kultur, Kunst, Wissenschaft, Mode, Sex. Hinter dieser enormen Bedeutungsexpansion steht die Tatsache eines ungeheuren und immer schnelleren Wandels, der unsere Epoche charakterisiert. Im Grunde sei alles seit 1789 Revolutionszeitalter, hatte schon Jacob Burckhardt vor 100 Jahren gesagt und damit auch dem Bewußtsein Ausdruck verliehen, daß es sich hier nicht um einmalige Akte, sondern um einen Vorgang von Dauer handelt und daß ihm der Charakter der Totalität zukommt. Insofern entspricht die immer weitere Streuung des Revolutionsbegriffs einer veränderten Wirklichkeit. Aber freilich kann eine solche Streuung und die immer weitere Ausdehnung des Begriffs zur Entleerung des Gehalts, zur Verwischung der klaren Konturen und mehr und mehr beliebigen metaphorischen Verwendung führen.

Eben diese Gefahr ist es, die zur wissenschaftlichen Besinnung aufruft, die in erster Linie auch eine empirische Überprüfung des historischen Gehalts sein muß. Eine Theorie der Revolution, falls eine solche überhaupt schon möglich ist, kann nur aus dem Versuch erwachsen, durch Vergleichung der tatsächlich geschehenen Revolutionen zu Ergebnissen von relativer Allgemeinheit und damit zur Verwertung des unübersehbaren Materials zu kommen, das die Geschichte uns bietet. Man wird ohne ihre Fakten und Daten, ohne die Verlaufsformen revolutionärer Prozesse, ohne ihren Beitrag zur Erforschung der Anfänge und der Ergebnisse von Revolutionen nicht auskommen, sowenig wie man bei den Resultaten auf die vielfachen methodischen Anregungen verzichten kann, die uns die Sozialwissenschaften an die Hand geben. Von Theorie der Revolution sprechen heißt daher, die Tatsächlichkeit der Revolutionen in den Blick nehmen. Wenn man dann dazu kommt, Revolution als einen Verlaufstypus zu charakterisieren, fordert das, die Verläufe der einzelnen Revolutionen präzis wissenschaftlich zu erfassen.

Damit werden von vornherein eine Reihe von Problemen aufgeworfen: so besteht noch immer keine volle Klarheit darüber, welche welthistorischen Phänomene als Revolutionen gekennzeichnet werden können und welche Kriterien es sind, die eine Revolution zur Revolution machen. In den folgenden Beiträgen werden an verschiedenen historischen Beispielen solche Kriterien erörtert: Unterbrechung der Kontinuität durch gewaltsame Störungen der Rechtsordnung, Setzung von neuen Wertordnungen, Auswechslung von Führungsschichten, Stadien eines als durchgehend angenommenen Emanzipationsprozesses und anderes mehr. Es wird sich dabei keine volle Übereinstimmung über solche Kriterien herausstellen, aber doch wenigstens über eine Skala geringerer oder größerer welthistorischer Revolutionsträchtigkeit. Daß der Französischen Revolution von 1789, der russischen von 1917, der chinesischen seit 1911 höchster welthistorischer Wirkungsgrad zukommt, steht außer Frage, aber wie ist es mit der englischen des 17. Jahrhunderts, der Reformation des 16. Jahrhunderts? Wie ist es andererseits mit der faschistischen und nationalsozialistischen Umwälzung in den 20er und 30er Jahren des 20. Jahrhunderts? In der ersten der folgenden Abhandlungen wird der Versuch unternommen, von einem generalisierenden und insoweit theoretischen Standpunkt Antwort auf diese Fragen zu geben. Als historische Beispiele im einzelnen stehen die Große Französische Revolution und die russische Oktoberrevolution im Mittelpunkt und gleichsam als Beispiel einer sekundären, d. h. aus einem höheren historischen Zusammenhang abgeleiteten Revolution die Ereignisse des Jahres 1848, die zugleich auch vom Ergebnis her die Möglichkeit und die Tatsache eines Scheiterns revolutionärer Anläufe aufzeigen können. Gerade an diesem Falle von 1848 läßt sich die Notwendigkeit nachweisen, für die jeweiligen welthistorischen Revolutionen ein zeitliches Ereignisfeld von längerer Dauer zu reservieren, so für die Französische Revolution die Epoche von 1789 bis 1917/19, wo dann allerdings schon eine Überschneidung mit dem Ereignisfeld der russischen Revolution erfolgt. Die Herausarbeitung von Feinstrukturen ist auf diesem Gebiet noch ein dringendes Gebot für die historische und auch sozialwissenschaftliche Forschung.

Zu den Problemen, die sich für eine vergleichende Revolutionsforschung stellen, gehört dann auch die Frage nach den Ursachen und den Ergebnissen von Revolutionen. Die Entstehung einer revolutionären Situation spielt in der marxistischen Theorie eine wesentliche Rolle, aber da hier der welthistorische Prozeß im Grunde als eine einlinige Bahn zu einem als notwendig und unausweichlich erkannten Ziel verstanden wird, sind die Ursachen von Revolutionen nicht in irgendwelchen subjektiven Voraussetzungen, sondern in den objektiven Zwangsläufigkeiten des Verhältnisses von Produktivkräften und Produktionsverhältnissen zu sehen. Der Gedanke, daß die weltgeschichtlichen Individuen unbewußt die Geschäfte des Weltgeistes besorgen und hier die List der Vernunft versteckt ist, stammt eindeutig von Hegel. Durch Marx hat er einige Umdeutungen erfahren, aber auch Marx und seine Nachfolger, wie Lenin, kommen nie über die Antinomie der objektiven Zwänge und der subjektiven Auslösungen von Revolutionen hinaus. Lenins revolutionäres Aktionsprogramm überschreitet hier weit die doppeldeutige Revolutionslehre von Marx und auch von Engels.

Über die Ergebnisse und Wirkungen von Revolutionen, womit immer auch die Frage nach der Vermeidbarkeit revolutionärer Erschütterungen gestellt ist, ist vergleichsweise weniger nachgedacht worden als über die Voraussetzungen und Entstehung von Revolutionen. Im Grunde waren es fast nur Liberale und Konservative, die den Nachweis in der Hand zu haben glaubten, daß das durch Revolutionen Bewirkte auf evolutionärem, jedenfalls nicht-revolutionärem Wege einfacher und ohne die gleichen menschlichen Opfer und moralischen Verwüstungen zu haben gewesen wäre. Jacob Burckhardts Urteil steht hier für viele andere: er spricht von der unglaublichen Ernüchterung, die nach den Revolutionen eintrete: „Mit der größten Geduld läßt man sich auch die erbärmlichsten Regierungen gefallen und sich alles dasjenige bieten, worüber noch wenige Zeit vorher alles in die Luft gesprungen wäre." So steht es im Kapitel über die geschichtlichen Krisen in den Weltgeschichtlichen Betrachtungen. Freilich muß man hier einschränkend hinzufügen, daß Burckhardt nur aufgrund der Erfahrungen der Französischen und vielleicht noch der englischen Revolution urteilt; daß es Revolutionen geben kann, die auf die Dauer ihrer Ergebnisse gegründet sind, wie die russische und die chinesische, war dem Zeitgenossen des 19. Jahrhunderts noch unbekannt. Aber trotzdem wird man die Frage nach den Ergebnissen, gemessen an den Ursprüngen, auch an diese „erfolgreichen" Revolutionen stellen müssen. Etwa in dem Sinn, daß man nach dem Verhältnis der Grundprinzipien des Rätesystems zu dem bürokratisch erstarrten Sowjetstaat fragt. Hier stellen sich noch viele Probleme, die auch in den folgenden Beiträgen angerührt werden, aber nicht endgültig entschieden werden können.

Unsere Auswahl enthält noch zwei Untersuchungen, in denen das Revolutionsthema nicht an einem chronologisch fest datierbaren historischen Ereignis behandelt wird, sondern an Fragestellungen, die sich aus der eingangs berührten expandierenden Tendenz des Revolutionsbegriffs ergeben. Der Begriff „Kulturrevolution" hat im älteren Marxismus keine erstrangige Bedeutung gehabt, erst die chinesischen Ereignisse der Großen Proletarischen Kulturrevolution von 1965 bis 1968 haben dazu geführt. Die Deutung dieses einzigartigen Phänomens einer organisierten und bis zum Ende geführten zweiten Revolution in einem sozialistischen Lande bewegen sich noch zum Teil im Hypothetischen, aber man kann wohl sagen, daß trotz aller Verschattungen und Vernebelungen die Einsicht in den Ablauf, die Motive und die Ergebnisse dieser Ereignisse außerordentlich gewachsen ist.

Wenn schließlich eine Abhandlung sich mit der industriellen Revolution befaßt, so glaubt man damit auf der einen Seite auf den Urgrund aller revolutionären Ereignisse seit dem ausgehenden 18. Jahrhundert stoßen zu können, während andererseits die Frage berechtigt ist, ob der Begriff „Revolution“ hier nicht einen nur noch metaphorischen Sinn hat. Trotz aller in diesem Sinne vorgebrachten Zweifel scheint es aber berechtigt zu sein, daran festzuhalten, daß die politischen, sozialen und geistigen Revolutionen unserer Epoche letzten Endes etwas mit dem zu tun haben, für das sich erst relativ spät der Name „industrielle Revolution“ durchgesetzt hat, nämlich die völlige Verwandlung der äußeren Lebensbedingungen des Menschen. Es ist ein Vorgang, dessen Ende noch keineswegs gekommen und keineswegs abzusehen ist.

Köln, den 17. Januar 1973 *Theodor Schieder*

# Theorie der Revolution

Von Theodor Schieder

## *A. Die Entwicklung des Revolutionsdenkens*

### I. Der Begriff „Revolution"

Revolutionen sind besondere Formen jenes Verlaufsprozesses, den wir als *geschichtlichen Wandel* bezeichnen. Diesem Wandel sind alle Bereiche des geschichtlichen Daseins unterworfen. Man spricht von politischem, gesellschaftlichem, kulturellem, zivilisatorisch-technischem Wandel, für den das jeweils auslösende Moment auf sehr verschiedenem Gebiet liegen kann. Auf keinen Fall ist es angebracht, von einer gleichbleibenden Basis dieses Wandels und einem dieser Basis zugehörigen Überbau zu sprechen. Die Formen des Wandels selbst wechseln ihrerseits: So gibt es die fast unmerklichen, lang dauernden Entwicklungen, die unter Wahrung von Kontinuität (z. B. bezüglich Institutionen und Organisationen) vor sich gehen, also auf *evolutionärem Weg.* Evolution, verstanden als langsame Anpassung von Institutionen und Lebensformen an veränderte menschliche Lebensbedingungen (der Umwelt, der Technik usw.), ist nicht gleichzusetzen mit Anpassung durch bewußte *Reformen,* welche ebensowohl Einsicht in die Notwendigkeit von Veränderungen voraussetzen wie den Willen zur Wahrung der Kontinuität. Wandel kann sich jedoch auch *eruptiv* vollziehen, in plötzlichen Entladungen und „beschleunigten Prozessen" (J. BURCKHARDT), so z. B. nach vorhergehenden krisenhaften Zuspitzungen. Durch solche abrupten Vorgänge wird der institutionelle, rechtliche und personelle Zusammenhang einer neuen historischen Phase mit der vorhergehenden gewaltsam unterbrochen. Es ist stets irgendeine dieser Formen von Veränderung, durch die bestehende Rechtsordnungen zerstört und bisher geltende rechtliche und institutionell festgelegte Spielregeln außer Kraft gesetzt werden, welche der Begriff „Revolution" bezeichnet. Gleichzeitig bezeichnet er die Beschleunigung normaler Wandlungsvorgänge und den Austausch von tragenden gesellschaftlichen Führungsgruppen.

Prozesse, die diese Kriterien erfüllen, können von außen objektiv feststellbar sein, ohne daß den in diese Prozesse Einbezogenen, den handelnden Personen und Gruppen, der Ablauf solcher Vorgänge bewußt sein muß; man muß aber auf jeden Fall festhalten, daß für die Ausformung eines *spezifischen* Revolutionsbegriffs (wie z. B. „proletarische Revolution", „bürgerliche Revolution", „antikolonialistische Revolution") ein subjektives revolutionäres Bewußtsein, ein Wille zur Veränderung bestehender Ordnungen und Systeme im Zeichen programmatischer Ideen bei den Träger- und Aktionsgruppen unerläßlich ist. In der modernen Literatur und auch bei den Protagonisten revolutionärer Entwicklungen wird das objektive und subjektive Moment nicht immer klar unterschieden, oder beide Momente werden als nebeneinander bestehend angesehen wie bei KARL MARX. Bei der Definition von weiter gefaßten Revolutionsbegriffen, wie er etwa in dem Wort „industrielle Revolution" vorliegt, überwiegt zuweilen die Berücksichtigung der objektiven Merkmale; doch handelt es sich hier sehr oft schon um eine metaphorische Anwendung des Terminus „Revolution".

Von den Großphänomenen des Geschichtsverlaufs ist die Revolution (R.) ohne Zweifel das meistuntersuchte Problem. Begriffe wie „Restauration", „Reaktion", „Gegenrevolution" sind diesem Problembereich zugeordnet und werden in der Regel in Zusammenhang mit ihm und nur selten isoliert behandelt. Das Wort „Revolution" selbst entstammt dem Bereich der Astronomie und verweist auf die Bewegung der Himmelskörper. NIKOLAUS KOPERNIKUS hat es in seinem Werk „De revolutionibus orbium coelestium" (gedruckt Nürnberg 1543) in dieser Bedeutung endgültig durchgesetzt. Mit der kopernikanischen Wende der Naturbetrachtung verbindet sich daher auch die Vokabel „Revolution". Wie so mancher andere politische Begriff (z.B. „Gleichgewicht") ist „Revolution" zuerst als Metapher verwandt worden, der metaphorische Gehalt wurde jedoch verdrängt, so daß sich die Bedeutung des Begriffs endlich fast ausschließlich auf das historisch-politische Feld verlagerte.

Das Phänomen der R. tritt in der einen oder anderen der beschriebenen Formen in allen Hochkulturen und allen politischen Systemen auf. Dabei kann es sich um genuin innere Vorgänge handeln oder – in älteren Kulturen häufiger – um extern verursachte Wandlungen, z.B. in Form von Überschichtungen durch von außen eindringende Kräfte. Die Bezeichnungen für diese Wandlungsphänomene wechseln: Im Bezug auf die Umwälzungen im Rom der ausgehenden Republik, für die wir heute unbefangen das Wort „römische Revolution" verwenden, wird von *rerum publicarum commutatio,* von *civilis perturbatio* oder, wenn es sich um Durchbrechung der institutionalisierten Rechtsordnung handelt, von *seditio* gesprochen. Die Worte *seditio* und *rebellio* werden auch im Mittelalter gebraucht, und mit ihnen wird immer ein abwertender Sinn verbunden. Die Möglichkeiten legaler Abwehr von Usurpation und Tyrannis, des *tyrannus a titulo* und des *tyrannus ab usu,* waren durch das Widerstandsrecht und seine Regeln der Gehorsamsaufsage festgelegt, die – wie noch 1581 bei den niederländischen Ständen – keine revolutionäre Neuordnung, sondern die Ersetzung eines tyrannischen Oberherrn durch einen andern Oberherrn vorsahen. Dies wirkt sogar noch in der amerikanischen Revolution von 1776 nach, wenn dort das Recht *to institute a new Government* in Anspruch genommen wird.

Solange Stabilität und Kontinuität sowohl im Bereich der Institutionen selbst wie in dem ihrer ideellen, rechtlichen, politischen und gesellschaftlichen Grundlagen die Norm bildeten, an der sich das Handeln und die Theorie des Handelns orientieren (wie im europäischen Mittelalter), wurde alles Revolutionäre, wie immer man es auch bezeichnen mag, als ein Störungs- und Unruhefaktor empfunden, dessen Einfluß man auszuschalten bemüht war. Wird hingegen die Veränderung zum beherrschenden Zug im Geschichtsprozeß und den Deutungen, die er erhält, so erfährt die R. selbst eine Umwertung. Das kann auf längere Sicht dazu führen, daß die Geschichte insgesamt nicht mehr als eine Folge von langsamen Wandlungen unter Wahrung gleichbleibender Grundstrukturen und Aufrechterhaltung von Kontinuität und Tradition (so in geregelter Erbfolge und ständisch verfestigtem sozialem Herrschaftswechsel), sondern als Ergebnis ständiger Veränderungen und Umwälzungen, d.h. als ein dynamischer Prozeß, verstanden wird. Diese Tendenz wird voll erkennbar in der italienischen Renaissance mit ihren nicht auf Legitimität, sondern auf Usurpation beruhenden Staaten. NICCOLÒ MACHIAVELLI wurde ihr scharfsinnigster Interpret, der die Instabilität der politischen Ordnung nur als Ausdruck verlorener Stabilität der Werte begriff und in den ständigen *mutazioni* der Macht und Machtsysteme die „wahre Gestalt der Dinge“ *(verità effettuale della cosa)* erkennen wollte: Unrast und Veränderung treten an die Stelle gleichbleibender Ruhe. Die Ausformung der Staatsphilosophie, die in der Renaissance mit noch unklaren Vorstellungen über ein Telos der Geschichte begann, setzte sich in der Aufklärung fort, und zwar mit dem klaren Ziel, die Geschichte nach den Normen der Vernunft zu verändern, geschichtlichen Wandel bewußt zum Fortschritt des Menschengeschlechts zu formen. In diesem Sinn ist jede Geschichtsphilosophie ein Stück Revolutionsphilosophie; alle in dieser Richtung engagierten Denker sind auf der Suche nach Formeln, um das *Gesetz des geschichtlichen Fortschritts,* der geschichtlichen Veränderung, zu finden. JEAN-JACQUES ROUSSEAU sieht in der R. das Mittel, mit dem sich die Fortschritte der Zivilisation vollziehen (Discours sur l'origine et les fondements de l'inégalité parmi les hommes, 1755). In anderer Weise sucht GEORG WILHELM FRIEDRICH HEGEL mit seiner Lehre vom dialektischen Dreischritt und qualitativen Sprung das Bewegungsgesetz der Geschichte zu bestimmen, nach dem den R.en ihr Ort im Prozeß der Selbstverwirklichung der Freiheit zugewiesen wird.

Hinter solchen Denksystemen steht die Erfahrung einer sich in ihrer Geschwindigkeit immer mehr steigernden Veränderung der menschlichen Lebensverhältnisse seit dem Beginn der industriellen Revolution: die enorme Bevölkerungszunahme seit dem 18. Jahrh., die Verwandlung einer agrarisch-ländlichen in eine industriell-städtische Gesellschaft, die Ablösung feudal-ständischer durch demokratisch-egalitäre Ordnungen, wie sie sich z.B. in der Französischen R. von 1789 vollzieht. Auf diesem Hintergrund ist die Bedeutungsgeschichte des Begriffs „Revolution“ zu sehen. Sie geht nicht immer konform mit dem, was die historischen Phänomene der R. sichtbar werden ließen, aber so wie sich die Ausdehnung der Sache ergeben hat, ergab sich auch die des Begriffs. Karl Griewank hat die Verwendung des Wortes „Revolution“ in der Neuzeit und seinen sich verändernden Bedeutungsgehalt untersucht und ist dabei zu dem Ergebnis gekommen, daß erst mit der *Glorious Revolution* von 1688 der Punkt erreicht wurde, von dem an „Revolution“ als gängiger Ausdruck in Geschichtswissenschaft und Staatstheorie eingeführt ist. „Von dieser Namengebung aus hat sich allgemein der neue Sinn durchgesetzt, den das Wort ‚Revolution‘ jetzt gewonnen hatte als wertfreier Terminus für große verändernde Ereignisse und Ereignisreihen, vor allem im staatlichen Bereich, aber auch für Naturkatastrophen und geistige Veränderungen“ (1955, 2. Aufl. 1969, S.150). Tatsächlich steht aber wohl erst seit der Französischen R. von 1789 die Bedeutung des Worts als Bezeichnung für totale Veränderung im politischen, sozialen und geistigen Sinn endgültig fest. Erst seither ist die R. als historisches Phänomen allgemein ins Bewußtsein gerückt. Im Wortgebrauch dient „Revolution“ als Bezeichnung sowohl für einmalige Umsturz-Ereignisse wie zur Kennzeichnung der ganzen seitherigen Epoche. Jacob Burckhardt sprach bereits vor 100 Jahren davon, „daß eigentlich Alles bis auf unsere Tage im Grunde lauter Revolutionszeitalter ist, und wir stehen vielleicht erst relativ an den Anfängen oder im zweiten Akt…“ (Hist. Fragmente, Stuttgart, Bln 1942, S.200). R. wird damit als die entscheidende und bestimmende Form des historischen Wandlungsprozesses angesehen.

Ausgehend von solchen Voraussetzungen, war eine ganze Reihe von Folgerungen zu ziehen: Ging man von der Vorstellung aus, die R. sei eine Totalumwälzung, dann konnte sich kein einzelner Bereich des menschlichen Daseins dieser Umwälzung entziehen. So wird die R. im Lauf der Zeit in den verschiedensten Verbindungen als industrielle, soziale R., als Kulturrevolution, als R. der Kunst, R. der Wissenschaft und sodann hinsichtlich ihrer zeitlichen und räumlichen Erstreckung als permanente R. und als Weltrevolution begriffen. Mit dieser Auffächerung des Wortgebrauchs wurden immer neue Dimensionen des Revolutionsbegriffs erschlossen, auf die im einzelnen noch zurückzukommen sein wird.

## II. Die historische Bedeutung von Revolutionen

Je größer der Anwendungsbereich eines Begriffs wird, desto schwieriger ist es, seinen spezifischen Gehalt zu bestimmen. Dies gilt auch für den Begriff „Revolution“. Man wird sich daher im einzelnen Fall einer R. an die Ereignisse zu halten haben, die im Geschehensablauf durch relativ feste Daten oder Datenketten markiert sind. Diese Ereignisse spielen sich in der Regel innerhalb der politischen Institutionen ab, erfassen aber je nach ihrer Komplexität gesellschaftliche, kulturell-ideologische, materielle Lebensbereiche. Diese Komplexität ist es, die revolutionäre Ereignisse nach ihrer historischen Bedeutung unterscheiden läßt: ein *Staatsstreich* führt beispielsweise nur einen irregulären Regierungswechsel oder – in der Monarchie – eine irreguläre Erbfolge herbei, ohne an der Grundstruktur eines politischen und sozialen Systems etwas zu ändern. Im lateinamerikanischen *Pronunciamento* wird lediglich eine Führungsclique durch eine andere ersetzt. Er kann sogar an die Stelle der „legalen“ Formen des Wechsels treten. *Rebellionen* können als Form der Wiederherstellung einer bestimmten politischen Struktur und Sozialstruktur, als Akt sozialer Chirurgie verstanden werden, mit dem eine durch Machtmißbrauch von einzelnen oder ganzen Schichten gestörte Ordnung restituiert wird. In der modernen Revolutionssoziologie unterscheidet man solche Vorgänge auf drei Ebenen – auf der Ebene 1. der *Regierung*, 2. der *Regierungsform* und 3. der *Gesellschaftsverfassung* – und bemißt danach den Wirkungsgrad und die Stufe einer revolutionären Aktion (vgl. Johnson, 1966, dt. Ausg. 1971, S. 162ff.). Eine Reihe von Aktionen, denen von Zeitgenossen und Historikern die Qualität von R.en zugemessen wird, müssen danach als R.en mit nur begrenztem Wirkungsgrad, d. h. als gewaltsam erzwungener Wechsel von Führungsgruppen und von Staatsformen, bewertet werden. So gesehen, gehört der Staatsstreich CH. DE GAULLES von 1958 zu den Phänomenen von der ersten, der deutsche Umsturz vom November 1918 zu denen der zweiten Kategorie.

Die *großen* modernen R.en sind insofern Totalrevolutionen, als von ihnen alle Bereiche erfaßt und in verschiedenem Grade dauerhaft umgeformt wurden. Ihnen kommen auch Ausstrahlungen über ihren nationalen Ursprungsherd hinaus zu. Diesen Charakter wird man vor allem der Französischen R., der russischen und der chinesischen R. zuerkennen können. Eine besondere Stellung nimmt die amerikanische R. ein. Sie erfüllt zwar in vieler Hinsicht, so vor allem im Blick auf den Aufbau einer neuen politischen und gesellschaftlichen Gesamtordnung, die Bedingungen einer großen R., HANNAH ARENDT hat ihr aber eine „eigentümliche Folgenlosigkeit“, „Mangel an theoretischer Klarheit“ und „weltpolitische Sterilität“ nachgesagt (1963, dt. Ausg. 1965, S. 26, 283), was angesichts der unbezweifelbaren Ausstrahlung dieser R. auf Europa und auf die westliche Hemisphäre sicherlich nicht für die von ihr ausgehende unmittelbare Wirkung gilt. Durch den Versuch, die amerikanische R. und die ihr zeitlich benachbarten europäischen Vorgänge in einem als einheitlicher Prozeß zu verstehenden *age of democratic revolution* zusammenzufassen, gibt ROBERT ROSWELL

Palmer (1959–64) der Frage nach der Bedeutung der amerikanischen Revolution eine neue Wendung im Sinn ihrer Deutung als umfassende „atlantische" Umwälzung.

Daß die englische R. des 17. Jahrh. zu den großen R.en von weltweiter Wirkung gehört, wie schon Edmund Burke sie in Abhebung von der Französischen R. verstanden hat, ist nicht unbestritten geblieben. Indessen besteht kein Zweifel daran, daß dem Akt der sog. *Glorious Revolution* von 1688 eine für das 18. Jahrh. beispielhafte Neuordnung im Verhältnis zwischen der traditionellen Macht der Monarchie und dem Parlament als Repräsentativorgan für *Gentry* und besitzendes Bürgertum zu verdanken ist. Sowenig damit ein gesellschaftlicher Umsturz verbunden war, so ist doch auf diese Weise die Ablösung der absoluten Monarchie durch ein System der Gewaltenteilung und durch die Beschränkung des Monarchen vermittels einer grundgesetzlichen Norm eingeleitet worden.

Stellt man in diesem Zusammenhang die Frage, wie der faschistische und nationalsozialistische Umsturz des bürgerlich-liberalen Staats zu bewerten ist und ob es sich hier um R.en im echten Sinn des Worts handelt, so wird man feststellen, daß diese Frage nicht eindeutig beantwortet werden kann: Geht man von der Voraussetzung aus, daß alle R.en seit 1789 als Phasen eines Emanzipationsprozesses verstanden werden sollen, der in den Anfangsjahren der Französischen R. mit der Aufhebung der Privilegiengesellschaft des *Ancien régime* begann, dann fallen die Umbrüche von 1922 und 1933 und ihre Filiationen in kleineren Ländern in vieler Hinsicht aus diesem Bestimmungszusammenhang heraus und müssen eher als gegenrevolutionäre Aktionen aufgefaßt werden. Auch nach dem Kriterium dauerhafter und weltweiter Wirkung bemessen, kommt diesen Ereignissen keine echte revolutionäre Qualität zu, da sie im neue Kräfte freisetzenden Sinn folgenlos geblieben sind. Doch läßt sich nicht leugnen, daß im Verlauf der faschistischen Machtergreifungen – namentlich auch hinsichtlich der Ablösung der Führungsschichten – revolutionäre Elemente zur Geltung kamen. Der Durchbruch durch das traditionelle gesellschaftliche Gefüge war in ihren Anfängen potentiell vorhanden, und noch 1938 bemerkte Hermann Rauschning über die national-sozialistische R., sie habe das Tor zu einer gesamtgesellschaftlichen R. erschlossen. Aber weder in Italien noch in Deutschland ist diese dann tatsächlich erfolgt; es kam vielmehr mit einer gewissen Verlagerung der Bewegung auf kleine und mittelbürgerliche Schichten eine Restitution der alten Führungsschichten – vor allem in der Wirtschaft und in der Armee – zustande. Auffällig ist die Umkehr des revolutionären Prozesses insofern, als in beiden Fällen die R. in ihren Anfängen im Zeichen der diktatorischen Gewalt *eines* Mannes steht. Schließlich läßt sich nicht übersehen, daß vor allem bei Hitler als letztes Ziel eine außenpolitische Totalumwälzung zu erkennen ist, für welche die Gewinnung von „Lebensraum" und die Schaffung eines hierarchischen Systems herrschender und beherrschter Nationen die Voraussetzungen schaffen sollten.

Alle großen R.en haben eine *Einleitungs-* oder *Anbahnungsphase,* die bereits die Grundzüge der R. selbst zeigt, und eine *Ausklangs-* oder *Nachhallphase,* die ebenfalls von diesen Grundzügen bestimmt ist. Die ideengeschichtlichen Begründungen der R., ihre Trägerschicht und deren Stil des Handelns sind also vor und nach den revolutionären Hauptereignissen erkennbar und bestimmbar. Selbst wenn man in dieser Hinsicht nicht alle R.en als völlig gleichartig ansehen kann, so gibt die Tatsache des Vorhandenseins eines sich zeitlich weit erstreckenden Ereignisfeldes Grund genug, statt von dieser und jener R. jeweils von einer *Revolutionsära* zu sprechen. Sie reicht in *England* vom Beginn der vierziger Jahre des 17. Jahrh. bis 1688/89, in *Amerika* von ungefähr 1774 bis zur Unabhängigkeit der lateinamerikanischen Staaten seit 1810, in *Frankreich* von der Mitte der siebziger Jahre des 18. Jahrh. zunächst bis zum Ende der Herrschaft NAPOLÉONS 1815, sie erstreckt dann aber ihre Auswirkungen über die R.en von 1830 und 1848, die bereits eine europäische Dimension haben, bis zu den mittel- und osteuropäischen Umwälzungen von 1917/19, in denen allerdings auch Fernwirkungen der amerikanischen R. und Nahwirkungen der russischen zur Geltung kommen. Ob in das Ereignisfeld der *russischen* R. vom Oktober/November 1917 tatsächlich schon die Revolution von 1905/06 oder erst die vom März 1917 gehört, wird unterschiedlich bewertet. Vorläufer sind beide, insofern als sie liberales Bürgertum, Intelligentsia und Arbeiterschaft ins Spiel bringen und damit im Sinn revolutionärer Dialektik als Vorstadien der proletarischen Revolution aufgefaßt werden können. Die unmittelbaren Auswirkungen der Oktoberrevolution waren sehr beschränkt (Ungarn, Bayern); der Übergang von der russischen R. zur Weltrevolution, mit dem LENIN zunächst gerechnet hatte, hat sich nicht ergeben. Dennoch sind die Auswirkungen der bolschewistischen R. von einer das 20. Jahrh. weithin bestimmenden Kraft geblieben. Auch die *chinesische* R. stellt eine lange Kette von Ereignissen von der Erhebung der Jungchinesen unter SUN YAT-SEN 1911 bis zum Sieg der chinesischen Kommunisten und der Proklamation der Volksrepublik China im September 1949 dar. Ihre Auswirkungen sind noch nicht abzusehen.

## III. Typus und Verlaufsformen der Revolution

Der Phasencharakter der R.en hat seit langem zu Vergleichen angeregt und das Phänomen R. zu dem wohl meistuntersuchten Gegenstand komparativer historischer Betrachtungen gemacht. Dennoch besteht bis heute keine Einigkeit über die Typen von sozialen Systemen und über die verschiedenen Arten ungleichgewichtiger Zustände, durch die R.en hervorgebracht werden können. Von einer erschöpfenden Untersuchung der Revolutionstypen kann also noch keine Rede sein.

„Revolutionen werden von außerordentlich vielen Variablen determiniert, und beim gegenwärtigen Stand der sozialwissenschaftlichen Theorie ist es praktisch unmöglich, alle diese Variablen zu isolieren und dann wieder zu verschiedenen abstrakten Modellen zusammenzusetzen. Befriedigender ist ein Ansatz ‚mittlerer Reichweite', nämlich der Versuch, Unterschiede zwischen ein paar besonders herausragenden Variablen zu kategorisieren" (Johnson, 1966, dt. Ausg. 1971, S.171).

Der Versuch einer solchen Bestimmung soll in zweifacher Hinsicht unternommen werden: in bezug auf den Typus des revolutionären Prozesses und der in ihm wirksamen Kräfte und verfolgten Ziele und in bezug auf seine Verlaufsformen.

Als die Urform der R. gilt der *gewaltsame Aufstand,* an dem Massen beteiligt sind und durch den die reguläre Staatsmacht und deren Organe ausgeschaltet oder vernichtet werden (Sturm auf die Bastille am 14. Juli 1789; Aufstand der Truppen und Arbeitergarden unter Leitung des Revolutionären Militärkomitees in Petrograd am 25. 10. [7. 11.] 1917). Diese spektakulären Ereignisse eines revolutionären Aufstands sind aber in der Regel nur der äußere Ausdruck der Machtverschiebungen, denen geringere Bedeutung zukommt als den großen Entscheidungen, die in den neugebildeten politischen Zentralen fallen (z.B. Gesetze vom August 1789 in der *Assemblée nationale constituante;* Dekrete der Provisorischen Arbeiter- und Bauernregierung unter Lenin vom Oktober/November 1917). Keine zunächst erfolgreiche R. konnte sich vollauf durchsetzen, wenn sie nicht die ihr zugefallene Macht sofort zum programmatischen Ausbau einer neuen Ordnung sowie zu deren Sicherung nutzte. Dazu gehört die sofortige Aktivität einer revolutionären Legislative zur Ausschaltung der Feinde im Innern, die Eroberung der Administration durch entsprechende, meist vorläufige und kommissarische Organe, die ständige Bestätigung durch Plebiszite, die Suche nach Rückhalt bei den Volksmassen, vor allem in den Hauptstädten. Zu dieser Sicherung gehört aber auch der Aufbau der Kader einer revolutionären Armee gegen die äußeren Feinde. Sobald eine dieser Sicherungen ausfällt, kann eine R. zum Scheitern verurteilt sein. So gründete sich die Revolution von 1848 zwar auf die Aktivität einer verfassunggebenden Legislative, die der Frankfurter Nationalversammlung, verlor aber im Kampf um eine wirksame Exekutive und Armee.

Wenn in der Revolutionsromantik des 19. Jahrh. die Barrikade zum Symbol der R. geworden ist, so wurde damit nur die Tatsache verschleiert, daß Barrikadenkämpfe in der Regel nur in der Defensive gegen reguläre Armeen geführt und verloren wurden.

Eine vergleichende Analyse moderner R.en wird zum Ergebnis führen, daß Maß und Art der *Anwendung von Gewalt* verschieden ausfallen. Die Formen der Gewaltanwendung korrespondieren nicht ohne weiteres den veränderten technischen Bedingungen, unter denen Macht verteidigt oder angegriffen wird. Die revolutionären Erhebungen von 1789 und 1917 sind der Form nach nicht sonderlich verschieden. Man hat die Frage zu stellen, ob von R.en im Sinn totaler Umwälzungen gesprochen werden kann, bei denen Gewaltanwendung ausbleibt oder auf ein Minimum beschränkt ist. Von CHALMERS JOHNSON wird die „‚gewaltfreie Revolution', solange diese Wörter eine präzise Bedeutung behalten", als „eine *contradictio in adjecto*" bezeichnet (1966, dt. Ausg. 1971, S. 21). Viel hängt dabei von der Definition des Begriffs „Gewalt" ab. Denkt man an die revolutionäre Taktik der *civil disobedience* des Mahatma GANDHI, so enthält dessen Aufforderung zum wirtschaftlichen Boykott britischer Waren auch Elemente von Gewalt, wenn man unter „Gewalt" alle Formen der proklamierten Verletzung bestehender Gesetze und Rechtsordnungen versteht. Allerdings muß der indische Freiheitskampf, betrachtet man ihn als R., einem Typ von relativ gewaltfreier R. zugeordnet werden.

Etwas anderes muß unter *revolution by consent* verstanden werden, die CRANE BRINTON in „The Anatomy of Revolution" (1938) behandelt. Ihm schwebt dabei die Regierungsübernahme der britischen Labour Party durch die Wahlen von 1945 vor, ein Ereignis, das zweifellos nicht mit „Revolution" bezeichnet werden kann, weil es trotz einiger tiefgreifender wirtschafts- und gesellschaftspolitischer Maßnahmen die Grundordnung der britischen Verfassung, ihr Wechselspiel von Regierung und Opposition, nicht aufhob. Schon viel früher hatten Sozialisten wie FERDINAND LASSALLE und in der Praxis auch die deutschen Sozialdemokraten des Kaiserreichs im *allgemeinen Wahlrecht* eine Waffe erkannt, die geeignet schien, ohne Anwendung offener Gewalt durch die Gewinnung einer Mehrheit in der Volksvertretung die revolutionären Ziele erreichen zu können. So sind auch die 1863 von ganz verschiedenen Ausgangspunkten und mit konträren Zielsetzungen geführten Gespräche Lassalles mit O. VON BISMARCK über die Einführung des allgemeinen Wahlrechts in Preußen zu verstehen. Tatsächlich ist dem kontinentalen Sozialismus, abgesehen von den skandinavischen Ländern, in denen schon wegen der Beibehaltung der Monarchie kaum von R.en gesprochen werden kann, ein solcher Durchbruch nicht geglückt: Die deutschen Sozialdemokraten haben vielmehr infolge der Anwendung des auf die Frauen erweiterten allgemeinen Stimmrechts in den Wahlen zur Weimarer Nationalversammlung die ihnen zugefallene Macht im Frühjahr 1919 wieder mit bürgerlichen Gruppen teilen müssen.

Hier muß auch A. HITLERS Konzept von der *Machtergreifung mit den Mitteln der Legalität* erörtert werden, unter denen ausschließlich die Erringung der Mehrheit durch Wahlen gemeint war. Tatsächlich wurde dieses Programm von den Nationalsozialisten niemals im vollen Umfang eingehalten. Der Wahlterror hat ihnen in bestimmten Gebieten zweifellos seit 1930 zu hohen Stimmgewinnen verholfen, aber die Machtergreifung selbst war nicht die Folge einer mehrheitschaffenden Wahlentscheidung, sondern ein Akt moderner Kabinettspolitik im

Rahmen eines staatlichen Auflösungsprozesses. Mit dem Staatsstreich vom 2. August 1934, nach dem Tod des Reichspräsidenten P. von Hindenburg, wurde der legalistische Charakter offen preisgegeben und durch die Vereinigung der Ämter des Reichspräsidenten und des Reichskanzlers selbst der Rahmen des Ermächtigungsgesetzes vom 24. März 1933 gesprengt. „Gewalt" hatte hier nicht den Sinn, zum offenen Kampf gegen die Staatsordnung überzugehen – wie es nur am 30. Juni 1934 gegen einzelne Gegner des Regimes und innerhalb der revolutionären Partei selbst geschehen ist –, sondern die Machtverschiebungen, die sich außerhalb des Nationalsozialismus in der Republik vollzogen hatten, im Sinn einer Umwälzung durch Terror und Taktik zu beeinflussen.

Man wird Johnson zugestehen müssen, daß R.en ohne Gewalt bisher in der Geschichte nicht aufgetreten sind, daß aber das Quantum und die Modalitäten von Gewalt sehr divergieren. Eine legalistische R. hat sich stets höchstens mit einem Scheinlegalismus begnügt. Es bleibt abzuwarten, ob sich aus den durch die Wahl des sozialistischen Präsidenten S. Allende in Chile im Herbst 1970 eingeleiteten Veränderungen andere Folgerungen ziehen lassen.

Unter die Formen der Revolutionierung müssen auch alle Formen von *Interventionen fremder Mächte* zur Unterstützung oder Auslösung von R.en gerechnet werden. Die Auferlegung eines revolutionären Regimes durch eine interventionistische R. ist schon in der Praxis der Französischen Revolution die Regel gewesen und hatte seit 1795 zur Schaffung eines Rings von gleichgeschalteten Satellitenstaaten geführt (Batavische, Cisalpinische, Ligurische, Helvetische Republik). Nach dem 2. Weltkrieg wurde dieses Verfahren von der Sowjetunion übernommen; I. V. Stalin bekannte sich offen zu dem Grundsatz, daß nach dem 2. Weltkrieg die Ausdehnung einer Staatsmacht mit der Ausdehnung ihres gesellschaftlichen Systems zusammenfallen werde. Die Steuerung dieser interventionistischen R.en, wie sie die Sowjetunion in erster Linie vornahm, konnte durch im Land selbst aktivierte Befreiungskomitees, meist aber durch die Einschleusung der in der Sowjetunion geschulten Kader von emigrierten Angehörigen kommunistischer Parteien des jeweiligen Landes vorgenommen werden. Für eine historische Theorie der R. wird man die Frage zu stellen haben, wieweit die auf solchem Weg zustande gekommenen Umwälzungen als R.en im eigentlichen Sinn des Wortes bezeichnet werden können oder ob sie nur Formen der Expansion einer Macht mit revolutionärer Staatsideologie sind. Sicherlich trifft meist das zweite zu. Ohne äußere Intervention wäre es hier kaum zu solch tiefgreifenden Veränderungen der inneren Struktur gekommen.

Wichtig ist, daß es versuchte und gelungene Interventionen mit gegenrevolutionären Zielen in größerer Anzahl gegeben hat als solche mit revolutionärem Ziel. Die Liste der Beispiele dafür wird angeführt von der von Metternich betriebenen Interventionspolitik der

Restauration und reicht bis zu den antibolschewistischen Interventionsversuchen der Alliierten in Rußland 1918–1920 und noch weiter bis zum Eingreifen der Sowjetunion in Ungarn (1956) und in der Tschechoslowakei (1968). Daß revolutionäre und gegenrevolutionäre Interventionen sich unter den heutigen Bedingungen subversiver Kriegführung und Guerillataktiken auch in anderer Weise als mit dem traditionellen Einsatz regulärer Armeen vollziehen lassen, muß hier vermerkt werden.

Was in einer Typologie der R. zuletzt noch behandelt werden muß, ist ein Phänomen, das man am besten mit „prozessualer Revolution" bezeichnen kann. Dabei handelt es sich nicht um einzelne Ereignisse, auch nicht um Ereignisketten, sondern um Prozesse von langer Dauer. Man denke an die industrielle Revolution. Wenn man den Begriff „industrielle Revolution" nicht im metaphorischen Sinn verwendet, sondern als Bezeichnung für die vollständige Umwälzung der menschlichen Lebensverhältnisse durch die Veränderung der Technik, dann fixiert er einen durchaus revolutionären Vorgang. Dieser Veränderung entspricht nämlich in der politisch-sozialen Organisation die Entstehung und Durchsetzung der Demokratie und die Einsetzung einer von bestimmten Prinzipien, vor allem von dem der Gleichheit, geprägten gesellschaftlichen Ordnung, wie sie zuerst ALEXIS DE TOCQUEVILLE beschrieben hat. Die Dekolonisationsbewegung wird man ebenfalls als eine Form der prozessualen R. bezeichnen können, bei der einerseits Methoden des revolutionären Aktivismus (Indochina, Algerien), andererseits solche einer legalen Überführung von Kolonien in staatliche Unabhängigkeit (Indien) angewandt werden. Selbst dem von Marx verwendeten Begriff „Revolution" wird man unterlegen müssen, daß er u.a. eine Form objektiver Wandlungsprozesse im Verlauf der Geschichte bezeichnet, die durch das sich ändernde Verhältnis von Produktivkräften und Produktionsverhältnissen verursacht werden. Ob es zulässig ist, die „prozessuale Revolution" gleichrangig neben anderen Formen der R. zu nennen, muß allerdings offenbleiben. Dies gilt auch für die in jüngster Zeit oft proklamierte *Systemveränderung* mittels eines *langen Marsches durch die Institutionen.*

Neben Kräften, Zielen und Typ des revolutionären Prozesses ist nach den *typischen Verlaufsformen* der R.en zu fragen. Diese Frage wurde nicht nur durch den Verlauf der Französischen R. aufgedrängt, im Hintergrund stand vielmehr die durch POLYBIOS bekanntgewordene Theorie vom *Kreislauf der Verfassungen* (πολιτείων ἀνακύκλωσις), nach der die Staatsformen sich wandeln und ineinander übergehen, um wieder zum Anfangszustand zurückzukehren. In eindeutiger Anspielung auf den Gang der Französischen R. von ihren liberalen Anfängen über die Herrschaft der *terreur* bis zur Diktatur NAPOLÉONS sprach HEGEL in der „Phänomenologie des Geistes" in dunklen Sätzen von dem „Kreislauf der Nothwendigkeit", der von der „absoluten Freiheit" zu deren Negation, zum Schrecken des Todes, führt und „aus diesem

Tumulte zu seinem Ausgangspunkte ... zurückgeschleudert" wird. Die „geistigen Massen ..., welche die Furcht ihres absoluten Herrn, des Todes, empfunden, lassen sich die Negation und die Unterschiede wieder gefallen, ordnen sich unter die Massen und kehren zu einem geteilten und beschränkten Werke, aber dadurch zu ihrer substantiellen Wirklichkeit zurück" (Sämtl. Werke, 4. Aufl. der Jubiläumsausg., Bd 2, Stuttgart 1964, S. 456). BURCKHARDT gab dieser Lehre im Kapitel über die geschichtlichen Krisen seiner „Weltgeschichtlichen Betrachtungen" die empirische Unterbauung; ihm gilt der Despotismus nach den Krisen als „die Herstellung zweckmäßigen Befehlens und willigen Gehorchens, wobei sich die gelösten Bande des Staates wieder neu und fest knüpfen", als fast unvermeidlich (Ges. Werke, Bd 4, Basel 1956, S. 135 f.). BRINTON konstatierte für die englische, Französische und russische R. einen „überraschend ähnlichen Verlauf" (1938, dt. Ausg. 1959, S. 42), der mit einer sozialen Bewegung beginnt, seine Krise in einer Terrorherrschaft erreicht und in einer Diktatur endet.

Die Pragmatiker der Politik im 19. Jahrh. vertraten bereits ein ähnliches Schema: METTERNICH sprach in seiner „Profession de foi" von 1820 vom *„cycle révolutionnaire complet"* (Aus Metternichs nachgelassenen Papieren, Bd 3, Wien 1881, S. 407) und BISMARCK vom „geschichtlichen Kreislauf", der immer in verhältnismäßig kurzer Zeit zur Diktatur, zur Gewaltherrschaft, zum Absolutismus zurückführe, wenn das „begehrliche Element" die „gefährliche Beschleunigung und ... Zertrümmerung des Staatswagens" verursacht habe (Ges. Werke, Bd 15, Bln 1932, S. 288). Die Lehre vom revolutionären Kreislauf wurde ein wichtiges Argument in der Begründung konservativen Denkens. Die empirische Grundlage sah man nicht nur in den Ereignissen der R. seit 1789, sondern bereits in CROMWELLS Herrschaft am Ende der englischen R. des 17. Jahrh. gegeben, und nach diesem Schema schien man auch die Ereignisse in Frankreich seit 1848, von der Februarrevolution über ein Stadium radikaler sozialistischer Bewegungen bis zu deren Niederringung und schließlich bis zum Staatsstreich NAPOLÉONS III., beurteilen zu können. In den letzten großen R.en des 20. Jahrh., der russischen von 1917 mit ihrem Auslaufen in der Gewaltherrschaft STALINS und in der chinesischen R. mit ihrem Abschluß im Personenkult MAOS, sind ähnliche Verlaufstendenzen erkennbar. Es ist eine noch ungelöste Aufgabe von Politik- und Geschichtswissenschaft, zu prüfen, ob es sich hier um zufällige Analogien handelt oder ob sich dahinter Regeln des politischen Verhaltens verbergen, die mit der Entfesselung von Machttrieben nach der revolutionären Durchbrechung von eindämmenden rechtlichen und institutionellen Normen zusammenhängen.

Im Zusammenhang mit der Erörterung von einzelnen Phasen von R.en spielt die Problematik der Anfänge einer R., der Entstehung einer *revolutionären Situation,* eine erhebliche Rolle. Sie wird in der

Regel für jeden historischen Einzelfall lebhaft diskutiert; in diesem Zusammenhang wird häufig nach der Unvermeidbarkeit der R. gefragt. Dies gilt besonders für die Diskussion über die Entstehung der Französischen R., bei welcher sich vier theoretische Grundrichtungen gegenüberstehen: eine ideologische (HIPPOLYTE TAINES These von der Wendung des *esprit classique* in den *esprit révolutionnaire*), eine soziologische (die These vom Klassenkampf der Bourgeoisie gegen den Feudaladel) und eine staatenpolitische (LEOPOLD VON RANKES These von dem außenpolitischen Machtverfall Frankreichs) sowie eine Theorie des Komplotts. Man stößt auf gleiche oder ähnliche Grundmuster bei der Ursachenforschung anderer R.en, so vor allem der von 1848. Der Verschwörungstheorie zur Deutung der revolutionären Bewegungen des 19. Jahrh. hingen konservative Ideologen wie KARL LUDWIG VON HALLER und konservative Politiker wie METTERNICH und noch BISMARCK an; heute stehen sozialgeschichtliche Ableitungen im Vordergrund.

Unübersehbar ist auch der Zusammenhang zwischen verlorenen Kriegen und revolutionären Entladungen, durch die mindestens eine Veränderung oder ein Wechsel des Regimes (Rußland 1905, Deutschland 1918, Italien 1943), aber auch eine vollständige Umwälzung hervorgerufen werden kann (Rußland 1917).

Es kann nicht schlüssig bewiesen werden, daß – wo doch im historischen Einzelfall selbst die Deutungen vielfältig und schwankend sind – die Herausstellung einer Ursache allein oder auch eines einzigen Ursachenkomplexes für R.en generell berechtigt sein könnte, es sei denn, man beschränkt sich auf Allgemeinheiten. Der Versuch, den JOHNSON gemacht hat, geht über solche Allgemeinheiten hinaus und sucht den Ansatz zur Aufdeckung eines Ursachenfeldes für R.en in der Analyse ungleichgewichtiger sozialer Systeme. Er geht davon aus, daß „Machtdeflation plus Autoritätsverlust plus ein Auslöser" die R. erzeugen (a.a.O. S.126). Diese Formel läßt mit ihrer dritten Komponente Spielraum zur Berücksichtigung von sehr verschiedenartigen historischen Gegebenheiten. Immerhin ist es bemerkenswert, daß hier nicht der heute in den Sozialwissenschaften vorhandenen Tendenz, zu einer rein sozialökonomischen Ableitung von R.en zu kommen, Raum gegeben wird, vielmehr eine Definition gewählt ist, die mit politischen Größen wie Macht und Autorität rechnet. Von der historisch-empirischen Forschung her wird man diesen Ansatz bestätigen; freilich wird von Historikern heute auch der zeitliche Zusammenfall von revolutionären mit wirtschaftlichen Krisen (vor 1789, vor 1848, ganz deutlich vor 1933) stark hervorgehoben.

## IV. Zur Bewertung der Revolution in der politischen Theorie

Was läßt sich über die Bewertung von R.en durch Vertreter der politischen Hauptrichtungen seit dem 19. Jahrh. sagen? Die konservativen

Theoretiker und Politiker schwanken zwischen den beiden, oft nicht klar als Alternative begriffenen Möglichkeiten, die R. entweder als Folge einer Verschwörung – namentlich der Geheimgesellschaften, *cette gangrène de la société,* wie METTERNICH sie nannte – zu bewerten oder in ihr die Wirkung bestimmter, die Ordnung auflösender Parolen und Begriffe zu sehen, die nur pathologisch verstanden werden könnten. Die soziologisch orientierte Revolutionstheorie der Konservativen, zu der schon BURKE einen wichtigen Beitrag lieferte, ging immer von dem Versuch aus, die als Ideologen hervortretenden Randexistenzen einer konservativen Gesellschaftsordnung als Träger von Umsturzbewegungen zu entlarven (*nivelleurs* und *doctrinaires,* wie sie bei METTERNICH, „katilinarische Existenzen", wie sie bei BISMARCK, „Faktionäre", wie sie bei VON HALLER genannt werden). Damit erscheinen R.en nicht als ein Ergebnis sozialer Umschichtungen und Bewegungen, sie entstehen nach dieser Auffassung nicht unter historischem Zwang, sondern sind ein Werk willkürlicher Machinationen. Allerdings gibt es in der konservativen Auseinandersetzung mit der R. auch tiefer dringende Konzeptionen, so die von JOSEPH DE MAISTRE, der in der R. zwar das böse Prinzip schlechthin erkennt, ihr aber zugleich die heilsgeschichtliche Aufgabe der Züchtigung und Rettung Frankreichs zuweist. Er war es übrigens, der das Wort von der *contre-révolution* (Gegenrevolution) prägte, die nicht eine „entgegengesetzte Revolution" sein wird, „sondern das Gegenteil der Revolution" (Considérations sur la France 1796, dt. Ausg. 1924, S. 122). In der zweiten Hälfte des 19. Jahrh. schließt FRIEDRICH JULIUS STAHL die Geschichte der Gegenrevolution als *Gegenrevolution der Wissenschaft* ab, indem er die R. nicht als „bloße Gewaltthat und Umwälzung" definiert, sondern als ein „System von Grundsätzen und Einrichtungen, ein staatsrechtlich-politisches System" (Geschichte der Rechtsphilosophie, 3. Aufl., Heidelberg 1856, S. 289). Dieser Auffassung gegenüber wird das Prinzip der Legitimität als das große Leitwort herausgestellt, mit dem schon TALLEYRAND operiert hatte und das in der Ära FRIEDRICH WILHELMS IV. zum „Prinzip" schlechthin erhoben wurde. In dem bedeutungsvollen, in den fünfziger Jahren des 19. Jahrh. geführten Briefwechsel BISMARCKS mit seinem konservativen Parteifreund L. VON GERLACH weit Bismarck freilich den Kampf gegen die R., der im Namen dieses „Prinzips" erfolgt, mit dem Hinweis auf den revolutionären Ursprung der Mehrzahl der Dynastien der Welt zurück. Er relativiert damit die Möglichkeiten einer gegenrevolutionären Außenpolitik mit seiner Rückwendung zur Staatsräson- und Interessenpolitik, in der er sich frei von Ideologien fühlt, aber es doch niemals ganz ist.

Die konservativen Wortführer einer Auseinandersetzung mit den Vertretern der R. sehen in Volkssouveränität und Demokratie die eigentlich revolutionären Prinzipien, schließen in diese Prinzipien aber auch den Liberalismus in allen seinen Denominationen ein. Schlechthin als einen Kampf gegen „1789" – die Jahreszahl wird wie ein Kodewort verwendet – hat man dann im neuen nationalistischen Konservativismus im Frankreich der Jahrhundertwende (MAURICE BARRÈS, CHARLES MAURRAS) die Aufgabe der Gegenrevolution aufgefaßt; hieraus ist die *Action Française* als die erste militante gegenrevolutionäre Organisation entstanden, die bereits als Vorläufer des Faschismus interpretiert werden kann. Was später in Deutschland mit dem paradoxen Ausdruck „konservative Revolution" – seine Prägung geht auf HUGO VON HOFMANNSTHAL zurück – bezeichnet wurde, ist ohne diese französischen Strömungen nicht denkbar, hat aber zu keiner Zeit mehr dargestellt als eine ideologische Position. Man greift hier auf DE MAISTRES Prinzip der Gegenrevolution als des Gegenteils der R. zurück, bereitete damit aber auf die Dauer einer revolutionären Entwicklung den Weg, die weit über die konservativen Ansätze hinausgeht.

Die Ausgangslage der Vertreter des bürgerlichen Liberalismus gegenüber den Verfechtern der R. war eine grundsätzlich andere als die der Konservativen: Die bürgerliche Emanzipationsbewegung, deren politischer Ausdruck die R. gewesen war, hatte mit den Ideen und den Entscheidungen von 1789 begonnen; diese ließen sich trotz des folgenden Durchgangs der R. durch Terror und Diktatur nicht von ihr trennen. Sie wirken in den R.en von 1830 und 1848 fort, die von bürgerlich-liberalen Kräften ausgelöst worden sind. Trotzdem sind die Liberalen der R. nicht mehr froh geworden, seitdem sie sich als Repräsentanten von Besitz und Bildung 1848 neuen, nämlich proletarischen Verfechtern der R. gegenübersahen.

Die Erinnerung an die *terreur* der großen Französischen R. und das Fanal, das durch die Wendung der französischen Revolutionsbewegung zu ihrer sozialistischen Phase im Juni 1848 gesetzt wurde, hatte die stärksten Auswirkungen auf die deutschen Liberalen. Bei ihnen ist es im ganzen 19. Jahrh., auch in den Jahren 1848/49, nie mehr zu einer vollen Bejahung der R. gekommen. Diese bleibt für sie immer mit dem Makel des Rechtsbruchs, des Terrors und des Verrats der Freiheit behaftet. Sie erscheint selbst als Willkür an Stelle des Rechts, und sie „schlägt gar leicht zu einem Umsturze der ganzen gesellschaftlichen Ordnung aus", wie der deutsche Liberale FRIEDRICH CHRISTOPH DAHLMANN in seiner unter dem Eindruck der Julirevolution von 1830 entstandenen Schrift „Die Politik auf den Grund und das Maß der gegebenen Zustände zurückgeführt" schreibt. „Auch die aufs beste ausgehende Revolution ist eine schwere Krise, die Gewissen verwirrend, die innere Sicherheit unterbrechend und nicht minder alle Staatsverträge gefährdend ..." (Bln 1924, S. 178). In der Theorie der Politik, wie man sie im deutschen Liberalismus von DAHLMANN bis TREITSCHKE und ROSCHER vorträgt, bleibt eine spürbare Unsicherheit gegenüber dem Problem der Revolution. Zwar ist für den Rechtsstaatsidealismus der Liberalen „der Anblick siegenden Unrechts" immer ein „sittlicher Schade“ (W. Roscher: Politik, Stuttgart 1892, S. 14), und wenn die Hoffnung der Reform untergeht, „beginnt die Verzweiflung der Revolution“ (J. C. Bluntschli, in: Dt. Staats-Wörterbuch, Bd 8, Stuttgart, Lpz. 1864, S. 607). Aber zu mehr als einer nicht sehr gefestigten Theorie des Notstands hat es die Revolutionslehre des gemäßigten Liberalismus in Deutschland nicht gebracht. Die politische Praxis der Liberalen während der R. von 1848 und später in der Zeit des preußischen Verfassungskonflikts entspricht dieser Theorie.

In Frankreich wirkt demgegenüber immer eine stärkere revolutionäre Tradition fort. Die große R. hat ihre Fürsprecher und Verherrlicher in der Geschichtsschreibung und Publizistik gefunden, aber nach 1848 sind revolutionäre Aktionen – abgesehen von dem aus anderen Ursprüngen kommenden Aufstand der Pariser Kommune von 1871 – von bürgerlicher Seite nicht mehr erfolgt. Selbst im Bereich der politischen Theorie liegen die bedeutendsten Beiträge auf dem Feld antirevolutionärer Gedankengänge. So geht die Lehre von der konstitutionellen Monarchie, welche Freiheit und Tradition, Monarchie und Volkssouveränität miteinander zu versöhnen suchte, auf Benjamin Constant zurück. Der liberale Aristokrat Tocqueville schrieb in den Jahren der Julirevolution sein Werk über die Demokratie in Amerika (De la démocratie en Amérique, vol. 1–4, Paris 1835–40) als einen Versuch, durch die Analyse der Demokratie und die Anerkennung ihrer Leitprinzipien die R. zu kanalisieren.

Der Revolutionspessimismus der bürgerlich-liberalen Intelligenz des 19. Jahrh., in dem das Erschrecken über den Terrorismus und Despotismus im Gefolge der großen revolutionären Krisen nachklingt, war ein fast durchgehendes europäisches Phänomen; ihm steht aber immer noch die Bejahung der R. als die große Alternative des bürgerlichen Republikanismus gegenüber. Dieser Republikanismus konnte sowohl *sozial*revolutionäre Züge (Georg Büchner) wie *national*revolutionäre Züge (Giuseppe Mazzini) tragen; in den Parteibildungen bis in die zweite Hälfte des 19. Jahrh. verfechten seine Träger republikanisch-demokratische Ideen gegenüber den Vertretern des Konstitutionalismus, den meist aus dem Bildungs- und Großbürgertum stammenden gemäßigten Liberalen, deren Ideen sich durchaus mit den Grundsätzen der Monarchie vereinbaren ließen. Überall aber ist die radikale Richtung auf die Dauer der konstitutionellen unterlegen: in Deutschland schon in der Nationalversammlung 1848/49, in Italien durch C. Cavours Sieg über Mazzini und G. Garibaldi, in Frankreich sowohl in der Ära des Bürgerkönigtums Louis Philippes wie im zweiten Empire Napoléons III. Es ist bemerkenswert, daß Berührungen der bürgerlich-demokratischen Revolutionäre mit den Sozialisten und ihrer Revolutionspolitik stattfinden und daß die Grenzen zwischen beiden Gruppen noch lange unscharf bleiben. Als sich Marx von seinen Freunden in der Hegelschen Linken trennte, war es noch keineswegs zu einer Trennung der Verfechter einer proletarischen von denen einer bürgerlichen Demokratie gekommen; diese Trennung ist erst ein Ergebnis der Entwicklungen der sechziger Jahre. Mit dieser Trennung verknüpft sich das Ende eines eigenständigen revolutionären Bewußtseins der bürgerlichen Linken. Seither hat es einen Revolutionarismus dieser bürgerlichen Linken so gut wie nirgends mehr gegeben. Das gilt nicht nur für theoretische Entwürfe, die über Ansätze der liberalen Frühzeit kaum hinauskommen, sondern gilt auch für die Praxis, die entweder dahin geht, revolutionäre Entwicklungen, die von sozialistischen Kräften eingeleitet wurden, zu entschärfen (wie z.B. in Deutschland nach 1918) oder nur als Vorreiter einer sozialistisch orientierten R. zu wirken (wie in Rußland im beginnenden 20. Jahrh.).

Am Anfang des 20. Jahrh. wird echte Revolutionsbereitschaft vorwiegend von der proletarisch-sozialistischen Linken verkörpert; selbst die gemäßigten Sozialdemokraten stehen der R. mit ähnlichen Vorbehalten gegenüber wie die bürgerlichen Liberalen um 1848. Die Oktoberrevolution und alles, was ihr folgt, beginnt für sie eine ähnliche Rolle zu spielen wie die *terreur* von 1793 für das liberale Bürgertum in der ersten Hälfte des 19. Jahrhunderts.

Die Verklärung der R. durch den Anarchismus am Ende des 19. Jahrh. steht nicht mehr unmittelbar in der Tradition des bürgerlichen demokratischen Radikalismus, soviel auch in ihm noch von der Staats- und Autoritätsfeindschaft des frühen Liberalismus wirksam ist. Ihre äußerste Zuspitzung fand die anarchistische Revolutionsidee im System des russischen autokratischen Zarismus, der Kritik und Opposition in die untergründige Verschwörung und in Geheimbünde verdrängte, die den individuellen Terror gegen einzelne Repräsentanten des herrschenden Systems übten, da sie das Ganze nicht beseitigen zu können glaubten. Männer wie Michail Aleksandrovič Bakunin oder Sergej G. Nečaev erhoben die R. zu einem höchsten ethischen, fast religiösen Wert, zur *schaffenden Lust* (Bakunin), den Revolutionär zum *geweihten Menschen,* der erbarmungslos den Staat und die herrschende Klasse der Gesellschaft bekämpft und sich der Askese eines ordensmäßigen Lebens unterwirft (Nečaev).

Sosehr sich der Bolschewismus als die radikale Fortentwicklung des Marxismus von einer solchen irrationalen Revolutionsromantik distanziert und die revolutionäre Theorie und Praxis vielmehr dem politischen Kalkül unterwirft, so läßt er sich doch nicht ganz aus der Verbindung mit dem chiliastischen Revolutionsdenken der russischen Anarchisten lösen. Wohl waren in der großen Auseinandersetzung zwischen Marx und Bakunin innerhalb der I. Internationale Anfang der siebziger Jahre Marxismus und Anarchismus noch als zwei verschiedene Welten aufeinandergestoßen, aber Bakunins Forderung nach einem revolutionären Generalstab und einer Elite von Berufsrevolutionären wurde dann von Lenin wieder aufgenommen.

Als Spiegelbild dieser Stagnation der Revolutionsbereitschaft, die ihre Wurzeln in einem wachsenden Wohlstand der breiteren Massen des Mittel- und Kleinbürgertums hat, kann man sehen, wie auch die Weiterentwicklung der Revolutionstheorie stagniert. Das Obwalten von Vorstellungen des Darwinismus, auch in der Form des Sozialdarwinismus, kommt dem revolutionären Denken nur dort zugute, wo man es nur noch als einen Ausdruck emanzipatorischer Entwicklung versteht. In der auf HEGEL folgenden Philosophie spielt das Thema der R. keine Rolle mehr. Weder in FRIEDRICH NIETZSCHES Prognose vom heraufkommenden Nihilismus und seiner Diagnose des *Willens zur Macht* als der treibenden Kraft der Geschichte noch später im Existentialismus von MARTIN HEIDEGGER und KARL JASPERS kommt die R. als Thema vor. Erst JEAN-PAUL SARTRE gewinnt Anschluß an revolutionäre Tendenzen durch die Verbindung mit dem Marxismus.

Anläufe zu einer Deutung der Rolle der R. innerhalb des Geschichtsprozesses von nichtsozialistischer Seite sind erst wieder im Zeitalter der großen Weltkriege entstanden. EUGEN ROSENSTOCKS Buch über die europäischen R.en (1931, Neuausg. 1951) ist ein großangelegter Versuch, die ganze europäische Geschichte bis ins 20. Jahrh. als ein „Jahrtausend der Revolutionen" (S. 13) zu begreifen. Im eigenwillig angenommenen „Stammbaum" der großen europäischen R.en (Papstrevolution in Italien, Reformation in Deutschland, englische Revolution, Französische Revolution, russische Revolution) folgen sich die „Prägestunden" der europäischen Nationen (S. 32f.). Dabei kommt es zu einer problematischen Deutung des Volkscharakters dieser Nationen, der „von Geschlecht zu Geschlecht weitererzeugt und weiterkultiviert wird" (S. 548f.). Diese Deutung der R.en als Momente der europäischen Differenzierung und zugleich auch der Integration ist wahrscheinlich mehr der Ausdruck eines problematischen Zeitbewußtseins als exakter Geschichtswissenschaft. Man kann darin die tiefen Antinomien der europäischen Politik zwischen den Weltkriegen entdecken. Kaum anders ist HANNAH ARENDTS Essay „Über die Revolution" von 1963 ein Produkt der Erfahrungen von Krieg und Tyrannei und der Ausdruck einer gedanklichen Rückkehr zu den einfachen Idealen der Väter der amerikanischen Revolution. Sie geht davon aus, daß das Ziel der R. nichts anderes sein kann als Freiheit; „nur wo durch Wechsel ein Neuanfang sichtbar wird, nur wo Gewalt gebraucht wird, um eine neue Staatsform zu konstituieren, einen neuen politischen Körper zu gründen, nur wo der Befreiungskampf gegen den Unterdrücker die Begründung der Freiheit wenigstens mitintendiert, können wir von einer Revolution im eigentlichen Sinne sprechen" (a. a. O. S. 41f.). Dieses Buch, das – auf dem Wendepunkt von der Politik des kalten Krieges zu der einer Koexistenz geschrieben – eine scharfe Kritik der marxistischen Revolutionslehre enthält, muß als einer der letzten Versuche gewertet werden, die liberal konzipierte Idee der Freiheit für die Verkündung der R. zu retten.

## *B. Die Revolution in Theorie und Praxis des Marxismus*

### I. Der revolutionäre Prozeß in der Sicht von Marx

Seit der Mitte des 19. Jahrh. wird die Monopolstellung des dritten Standes in bezug auf die R., die in der Französischen R. begründet worden war, abgelöst. Der Übergang des revolutionären Pathos vom dritten auf den vierten Stand, das Proletariat, die Industriearbeiterschaft, ist durch bürgerliche, überwiegend französische Schriftsteller in den zwanziger und dreißiger Jahren des 19. Jahrh. gefördert worden. Die Bedeutung dieser Theoretiker liegt allerdings weniger in der Herausarbeitung einer klaren Revolutionstheorie als in Entwürfen einer nachrevolutionären zukünftigen Gesellschaftsordnung. Von deutscher Seite sind daran Wilhelm Weitling, Moses Hess und in besonderer Weise Lorenz von Stein beteiligt, der den Begriff der *sozialen* R. nach den Werken der französischen Frühsozialisten in die deutsche Diskussion einführt. Den entscheidenden Anstoß aber gibt Karl Marx, der für die revolutionäre Theorie und das revolutionäre Pathos der folgenden Generationen mehr bedeutet als irgendein anderer Mensch im 19. Jahrhundert. Es gilt dies vor allem für drei Grundgedanken aus der Revolutionslehre des frühen Marx:

1. Die *Revolutionsidee* wird aus dem bei den Linkshegelianern entwickelten Prinzip der Kritik gefolgert, das von Marx im weitesten Sinn als Kritik an der bestehenden Gesamtordnung verstanden wird. Die „Waffe der Kritik" wird dann zu einer „Kritik der Waffen" erweitert: „...die materielle Gewalt muß gestürzt werden durch materielle Gewalt, allein auch die Theorie wird zur materiellen Gewalt, sobald sie die Massen ergreift" (MEGA, Abt. 1, Bd 1, 1, S. 614). Aus der Theorie der Kritik wird also die Praxis der R. abgeleitet.

2. Damit ist auch von vornherein gesagt, daß die R. einen *Träger* braucht. In der Sprache der philosophischen Dialektik heißt dies, daß das Unrecht, das dem Proletariat geschieht, die Selbstentfremdung, der es verfallen ist, als „kein besonderes Unrecht, sondern das Unrecht schlechthin" verübt wird (ebd. S. 619). Die proletarische R. wird zum Akt der menschlichen Erlösung oder zur Selbstverwirklichung des Menschen nach seiner Selbstentfremdung. Hier, wo der humanistische Ansatz des jungen Marx erkennbar ist, wird zugleich das Prinzip des Klassenkampfs vorbereitet.

3. Der *Appell an die Revolution* ist bei Marx von Anfang an sowohl ein Appell an den Willen wie auch zugleich die Sichtbarmachung eines vom Menschen unabhängig sich vollziehenden realen geschichtlichen Prozesses.

In der Revolutionslehre wie in der geschichtstheoretischen Konzeption von Marx sind Ansätze enthalten, die auch den Historismus kennzeichnen: die R. gilt als das Ergebnis eines in den Formen der Dialektik abrollenden historischen Prozesses, bei dem von „Umwälzung der Produktion" die Rede ist und von der „Geschichte der Empörung der modernen Produktivkräfte gegen die modernen Produktions-Verhältnisse..." (MEGA, Abt. 1, Bd 6, S. 529, 531). Die Geschichte revolutioniert sich damit aufgrund der in ihr wirksamen Kräfte selbst, was in den Klassenkämpfen sichtbar wird, wie sie zuerst im „Manifest der Kommunistischen Partei" (ebd. S. 523–557) dargestellt werden. Man hat oft die Frage gestellt, ob es dazu außerdem noch eines Willens zur revolutionären Tat bedürfe. Worin besteht die subjektive revolutionäre Aktion innerhalb eines objektiv ablaufenden Prozesses, der selbst als R. definiert wird? Marx hat sich darüber insgesamt nicht widerspruchsfrei geäußert, und im Marxismus ist es diese Frage, welche die verschiedensten Auslegungen erfahren hat.

In der gegen Proudhon gerichteten Schrift „Das Elend der Philosophie" (1847) ist von dem Gegensatz zwischen Proletariat und Bourgeoisie als einem Kampf von Klasse gegen Klasse die Rede, „der, auf seinen höchsten Ausdruck gebracht, eine totale Revolution bedeutet", bei welcher der „Zusammenstoß Mann gegen Mann" als die „letzte Lösung" erscheint (MEW, Bd 4, S. 182). Im Vorwort zu „Das Kapital", Bd 1, dagegen wird vom ökonomischen Bewegungsgesetz der modernen Gesellschaft gesprochen, das die Gesellschaft naturgemäße Entwicklungsphasen weder überspringen noch wegdekretieren lasse. Aber die Gesellschaft kann „die Geburtswehen abkürzen und mildern" (MEW, Bd 23, S. 16).

Marx und Engels sprechen von einem revolutionären Prozeß, der ökonomische, zivilisatorische und politische Komponenten hat. Diese Komponenten sind in dem Prozeß miteinander verzahnt, treten aber in einer bestimmten Reihenfolge hervor. Zunächst liegt das Hauptgewicht des revolutionären Prozesses bei den Wandlungen der ökonomischen Basis, wie sie sich „aus den Widersprüchen des materiellen Lebens, aus dem vorhandenen Konflikt zwischen gesellschaftlichen Produktivkräften und Produktionsverhältnissen erklären" (MEW, Bd 13, S. 9). Hier sind es also die Veränderungen der Produktivkräfte, die den Arbeitsprozeß revolutionieren. Damit bleibt zunächst noch offen, ob sich diese Wandlungen aus außerhalb des Menschen sich vollziehenden *naturgesetzlichen* Prozessen ergeben oder ob an ihnen die Menschen selbst mitwirken. Aber es ist nicht zu übersehen, daß für Marx in die Vorstellung von *Natur* auch die Natur des Menschen selbst eingeschlossen ist, der wohl in erster Linie als gesellschaftlicher Funktionsträger auftritt, aber auch mit seiner Intelligenz die Veränderungen bewirkt. Später sollte in der Parteiterminologie von der „schöpferischen Tätigkeit der werktätigen Massen" (Grundl. des Marxismus-Leninismus, 8. Aufl., Bln [-Ost] 1964, S. 694) die Rede sein. Es sind dabei nicht nur Momente der Arbeitsintelligenz, sondern solche des menschlichen Bewußtseins konstitutiv für die Veränderungen der Produktivkräfte. Gerade darauf bauen die zivilisatorischen Komponenten des revolutionären Prozesses auf. Der ökonomische Fortschritt wirkt auf immer breitere Kreise der in den kapitalistischen Arbeitsprozeß hineingezogenen Bevölkerung als ein Zivilisationsprozeß. Übung, Schulung und Bildung breiter Volksmassen sind mit dem ökonomischen Fortschritt auf der einen Seite gekoppelt, auf der anderen Seite aber steht dem die zunehmende Verelendung des Proletariats gegenüber. Damit wird die tragende Kraft bezeichnet, welche den Klassenkampf hervorkommen läßt. Das notwendigerweise wachsende Verständnis der Menschen *im* Arbeitsprozeß schlägt um in ein Verständnis *vom* Arbeitsprozeß; aus dem immer mehr geschulten Bewußtsein der arbeitenden Klasse wird das Klassenbewußtsein. Die Auflehnung der Produktivkräfte gegen die bestehenden Produktionsverhältnisse ist daher sowohl objektiv verlaufender revolutionärer Prozeß wie subjektiv vollzogene Aktion. Auf die ökonomische und zivilisatorische Umwälzung folgt daher als letztes die politische Umwälzung, in der die Herrschenden gestürzt werden. Welche Rolle die Gewalt bei diesem politischen Umsturz spielt, darüber hat Marx im Lauf seines Lebens sehr verschieden geurteilt.

Die Verwendung des Terminus „Revolution" hängt bei Marx immer vom jeweiligen Kontext ab. Zuweilen bezeichnet er damit nur den politischen Umsturz, oftmals aber auch den gesamten revolutionären Prozeß, also die ökonomischen, zivilisatorischen und politischen Momente zusammengenommen. Unabhängig von dieser Akzentuierung der Begriffsverwendung ist, daß der revolutionäre Prozeß als Ganzes aus der Sicht von Marx unabdingbar nur die eine mögliche Abfolge hat, bei welcher die ökonomischen Momente die zivilisatorischen und die zivilisatorischen die politischen Momente hervorbringen und bestimmen. Die R. ist von daher als eine notwendige Folge verschiedener revolutionärer Phasen zu verstehen, in denen sich die Stufen der auf den Endzustand der klassenlosen Gesellschaft hintreibenden Menschheitsgeschichte darstellen. So hat Marx die bürgerliche R. als das unmittelbare Vorspiel einer proletarischen Revolution verstanden, wodurch sein Urteil über die Revolution von 1848 entscheidend bestimmt wurde. Mit anderen Worten: in den im kapitalistischen System fortgeschrittensten Ländern ist erst eine reale Chance für eine proletarische R. geschaffen. Jede Uminterpretation dieser Abfolge mußte daher zu einer grundlegenden Veränderung der Marxschen Theorie führen, und sie hat in der historischen Abfolge sodann auch einerseits zur Herausbildung des Revisionismus, andererseits zu der des Leninismus hingeleitet.

Mit Sicherheit ist den Marxschen Äußerungen zu entnehmen, daß jede revolutionäre Aktion im Einklang stehen muß mit den gesellschaftlichen Bedingungen, die in einer bestimmten Phase des historischen Prozesses gegeben sind. Zu diesen Bedingungen hat Marx – und mit ihm Friedrich Engels – eine ökonomische Krise gerechnet, wie sie 1847 bestand und von der er annahm, daß sie „die eigentliche Mutter der Februar- und Märzrevolutionen" gewesen sei (MEW, Bd 22, S. 510). Später hat Marx und Engels die Hoffnung nicht verlassen, daß eine solche Krise die Initialzündung für die proletarische Revolution sein könnte; aber auch in der seit 1874 bestehenden großen Depression hat diese Hoffnung getrogen. Die Folge war das Schwinden einer unmittelbaren Revolutionserwartung bei den Begründern des Marxismus, woraus das Aufkommen revisionistischer Tendenzen in der Sozialdemokratie zu erklären sein wird. Eduard Bernstein ist hier an erster Stelle zu nennen. Freilich darf man dabei die neue politische Taktik, der Engels 1895 in seiner Einleitung zu Marx' „Klassenkämpfe in Frankreich 1848 bis 1850" Ausdruck verlieh, nicht unberücksichtigt lassen. An dieser Textstelle – an der allerdings durch den sozialdemokratischen Parteivorstand einige Entschärfungen vorgenommen wurden – wird festgestellt, daß die soziale Umgestaltung nicht das Ergebnis einfacher „Überrumpelungen" sein könne, sondern vielmehr „langer, ausdauernder Arbeit..." (ebd. S. 523). Den Sieg des Sozialismus könne man dann mit fast mathematisch genauer Berechnung bestimmen. Engels setzt seine Erwartungen hier deutlich auf die Anwendung des allgemeinen Wahlrechts, das, richtig benutzt, mit Notwendigkeit zur R. führen müsse. Gesetzlichkeit gilt allerdings nur bis zu dem Moment, in dem etwa der bürgerliche Vertragspartner des Staatsvertrags von sich aus den Vertrag bricht und damit das Proletariat von jeder Verpflichtung zur Legalität entbindet. Darunter kann nun aber nicht die Taktik des Revisionismus verstanden werden, bei der man letzten Endes die soziale R. durch soziale Reform ersetzen wollte, sondern lediglich die Veränderung der revolutionären Mittel.

Die Diskussion über Reformismus und neue Formen der revolutionären Aktion, zu denen der Generalstreik als ein vom Syndikalismus übernommenes revolutionäres Instrument gehörte, dessen Anwendung vor allem von Rosa Luxemburg verfochten wurde, hielt im Marxismus der zweiten Generation in allen Ländern an. Auch dabei blieb der ursprüngliche Ansatz von Marx erhalten, nach dem die reale sozialökonomische Entwicklung im kapitalistischen System selbst mit der Zwangsläufigkeit, die dem revolutionären Prozeß eigen ist, den Untergang des Kapitalismus und damit das Hervorkommen der politischen R. notwendig herbeiführen müsse. Rosa Luxemburg hat dafür die über Marx hinausgehende Argumentation vom Zusammenhang von Imperialismus und Kapitalismus in ihrer Schrift „Die Akkumulation des Kapitals" (1913) zu einer Katastrophentheorie des Imperialismus weiterentwickelt, nach der im Imperialismus „ebensosehr eine geschichtliche Methode der Existenzverlängerung des Kapitals" zu erkennen ist wie das sicherste Mittel, dessen Existenz auf kürzestem Weg objektiv ein Ende zu setzen. Die Schlußphase des Kapitalismus wird dann „zu einer Periode der Katastrophen", das Ziel der proletarischen R. wird von den Triebkräften der kapitalistischen Entwicklung selbst erreicht (Neudr. Zürich, Frankfurt/M. 1965, S. 424).

## II. Lenins Revolutionsstrategie

Die Revolutionstheorie des Marxismus entwickelte sich in ständiger Auseinandersetzung mit den sich wandelnden Bedingungen des welthistorischen Prozesses; dabei ist es zu Änderungen der Taktik gekommen, während die strategischen Grundzüge relativ unverändert blieben. Neue welthistorische Impulse wurden erst dann von V. I. LENIN für die Revolutionstheorie und -praxis gegeben, als sich zu Beginn der zwanziger Jahre des 20. Jahrh. gezeigt hatte, daß die erhoffte Weltrevolution als Folgeerscheinung der Oktoberrevolution ausblieb.

Man kann den Beitrag Lenins in folgenden Punkten zusammenfassen:

1. Die ersten russischen Sozialisten, die an Marx anknüpften, wie PETR LAVROVIC LAVROV und GEORGIJ VALENTINOVIČ PLECHANOV, übernahmen den sozialökonomischen Ansatz des Marxschen Revolutionsdenkens. Dabei mußte sofort die Frage auftauchen, ob die revolutionäre Entwicklung Rußlands erst noch den ganzen Prozeß der Ausbildung des Kapitalismus und der Arbeiterklasse und damit alle ökonomischen und zivilisatorischen Momente durchlaufen müsse oder ob die sozialistische R. in Rußland nicht unmittelbar an urkommunistische Elemente der russischen Agrarverfassung anknüpfen könne, und zwar unter Überspringung der bürgerlichen Revolution. Diese Frage, die von russisch-sozialistischer Seite schon 1881 an Marx gestellt worden war, wurde von diesem sehr gewunden und mit Vorbehalt bejaht. Lenin verstrickte sich nicht in solche spekulativen Überlegungen, sondern entwarf seit 1902 *(Was tun?)* ein revolutionäres Aktionsprogramm, das den Bedürfnissen der russischen Lage entsprach. Darin waren folgende Grundsätze enthalten: revolutionäre Tat, bevor der Kapitalismus sein volles Stadium erreicht hatte; Mobilisierung der revolutionären Energien auch des Bauerntums, was einen entscheidenden Schritt hin zu einer neuen, Marx hinter sich lassenden Konzeption bedeutete, wenn auch die soziale Basis einer sozialistischen R. nicht preisgegeben, sondern nur auf die russischen Verhältnisse umgestellt wurde.

2. Unter dem Einfluß russischer, vor allem anarchistischer und geheimbündlerischer Tradition steht schließlich der von Lenin geforderte und in der bolschewistischen Partei realisierte Typ der revolutionären Aktionspartei, die sich nicht auf die Mitgliedschaft von Massen lauer Mitläufer, sondern auf einen Generalstab von *Berufsrevolutionären*

stützt. Der Kern der Partei soll aus einem möglichst kleinen Kreis von Menschen bestehen, „deren Beruf die revolutionäre Tätigkeit ist" (LW, Bd5, S.468); die Partei soll einen ideologisch einheitlichen Kader bilden, in dem keine Abweichung geduldet wird, und nach dem Prinzip des *demokratischen Zentralismus* organisiert sein. Mit diesem Instrument soll die R. vorbereitet und durchgeführt werden, die nicht mehr aus spontaner Bewegung hervorgeht, sondern kalkulierte Aktion ist.

3. Welches unmittelbare Ziel steuert die R. an? Marx hatte schon sehr früh (1850) den Begriff der *Diktatur des Proletariats* eingeführt, die als ein „notwendiger Durchgangspunkt zur *Abschaffung der Klassenunterschiede*" definiert wurde (MEW, Bd7, S.89), als ein Mittel der „revolutionären Umwandlung" der kapitalistischen in die kommunistische Gesellschaft (MEW, Bd 19, S. 28). Lenin rückte diese Periode des Übergangs von der proletarischen R. bis zur Vollendung der klassenlosen Gesellschaft in den Mittelpunkt und legitimierte mit ihr die Machtwirklichkeit des von ihm geschaffenen sowjetischen Staates, der die sich auf die bewaffnete Gewalt der Massen stützende Macht darstellt.

4. Zwei Begriffe sind noch zu klären, die in der Ära Lenins und in der auf ihn folgenden Epoche in der Revolutionstheorie des sowjetischen Kommunismus teils alternativ, teils nacheinander hervortreten; es sind die Begriffe *„Weltrevolution"* oder – wie es bei Lenin heißt – „internationale Revolution" oder auch „internationale Weltrevolution". Darunter wird bei Lenin die Gleichzeitigkeit revolutionärer Erhebungen in den Industriestaaten, aber auch schon das Aufbrechen der nationalen Befreiungsbewegungen in den kolonialen Ländern verstanden. Es ist ein Vorgang, an dessen schnellen Ablauf Lenin in der Zeit nach der Oktoberrevolution noch glaubte. Je weniger sich diese Erwartung erfüllte, desto stärker setzte sich dann der vor allem von STALIN vertretene Gedanke der „Revolution in *einem* Lande" durch, während sich die lange Dauer des weltrevolutionären Prozesses in der Vorstellung von der *„permanenten Revolution"* niederschlug. Die genauere Ausgestaltung dieser Vorstellung von „Revolution in Permanenz" geht auf LEV DAVIDOVIČ TROCKIJ zurück, der sie anfänglich in Übereinstimmung mit Lenin als den „permanenten Prozeß" der internationalen R. begreift, später aber darüber in einen unheilvollen Konflikt mit Stalin gerät, sobald dieser dem „Sieg des Sozialismus in *einem* Lande" (StW, Bd 6, S. 331ff.) unbedingte Priorität gibt.

Dieser Wendung hatte Lenin auch schon in anderer Hinsicht vorgearbeitet: Während Trockij als erster Volkskommissar des Auswärtigen die Beziehungen zu den anderen, nichtsozialistischen Staaten als ein im Gang der Weltrevolution sekundäres Phänomen ansah, suchte

Lenin das Außenverhältnis des Sowjetstaats in den Dienst einer zweigleisig angelegten weltrevolutionären Strategie zu stellen. So benutzte er die außenpolitische Normalisierung durch Verträge und Koexistenz einerseits und die revolutionäre Unterminierung andererseits als zwei Formen des weltrevolutionären Handelns. Diese Praxis wurde zuerst 1922/23 gegenüber Deutschland geübt (Vertrag von Rapallo 1922, kommunistische Aufstände 1923).

Die Oktoberrevolution von 1917 kann als eine konsequente Anwendung der Leninschen Revolutionstheorie verstanden werden: Sie ist in ihren Anfängen eine kalkulierte R., ihre Trägerin ist die bolschewistische Elitepartei, welche die R. der Minderheit, nicht im Marxschen Sinn die R. der ungeheuren Mehrheit durchsetzt. Freilich sind die unkontrollierbaren Momente im revolutionären Geschehen nicht auszuschließen und verlieren die Entscheidungen in den Wirren des Bürgerkrieges und der Interventionen ihre Berechenbarkeit. Das militärische Element, die Rote Armee unter Trockij, tritt in den Vordergrund: Die R., aus Krieg und Niederlage hervorgegangen, vollendete sich erst endgültig im Krieg gegen die Gegenrevolutionäre und ihre militärischen Helfer aus den fremden Interventionsheeren. Die Eindämmung der militärischen Kräfte und der militärischen Führer wurde dann zu einem entscheidenden Problem für die Stabilität der Revolutionsordnung, das noch bis in die Säuberungen der Stalin-Ära fortwirkte.

### III. Die Perspektiven der chinesischen Revolution

Folgte in der russischen R. der militärische Kampf dem ersten und eigentlichen Revolutionsgeschehen nach, so daß die militärische Komponente sich auf die Dauer nicht im Innern, sondern nur in bezug auf die Verteidigung nach außen durchzusetzen vermochte, so war im Fortgang der chinesischen R. der Vorrang des bewaffneten Kampfes eine Folge der besonderen Situation der chinesischen R., die überhaupt erst in der Auseinandersetzung mit dem äußeren Feind ihr Profil gewonnen hat. So findet sich bei MAO TSE-TUNG der lapidare Satz, daß die politische Macht aus den Gewehrläufen komme und daß die alte, vom Imperialismus und den Reaktionären beherrschte Welt nur mit den Gewehren umgestaltet werden könne. Diese Militarisierung der Revolutionstheorie und -praxis ist verbunden mit der Ausbildung einer neuen Form des revolutionären Krieges. Sein Kern ist die Guerillataktik unterlegener revolutionärer Kampfeinheiten gegenüber geschulten und besser bewaffneten Feinden. Diese Taktik scheint zunächst losgelöst von jeder sozialen Basis, beruht aber doch auf der Möglichkeit der Guerilla-Einheiten, jederzeit mit Hilfe der Sympathisanten innerhalb der Bevölkerung in der Anonymität verschwinden zu können. Die Spontaneität der Massen im revolutionären Kampf beruht daher in der Funktion, die kämpfenden Einheiten sowohl gegen den äußeren Feind wie gegen das eigene (so in China das nationalchinesische) Regime zu unterstützen.

Es hängt aufs engste mit dieser Kampfform zusammen, daß Mao Tse-tung eine Wendung der marxistischen Theorie vollzieht, durch welche der arbeitenden Klasse in den industrialisierten Städten im Vergleich zu den Massen der Bauern eine nachgeordnete Bedeutung im revolutionären Prozeß zugesprochen wird, eine Wendung, mit der Lenin in einem gewissen Grad vorausgegangen war. Schon im März 1927 proklamierte Mao die führende Rolle der Bauernschaft in der chinesischen Revolution: In allen Provinzen Mittel-, Süd- und Nordchinas würden sich Hunderte Millionen von Bauern erheben und ungestüm und unbändig wie ein Orkan sein, und keine noch so große Macht würde sie aufhalten können. Stelle man zehn Punkte für die Verwirklichung der chinesischen R. in Rechnung, so entfielen sieben davon auf die Bauernschaft und nur drei auf die städtische Bevölkerung.

Diese die Marxsche Ausgangsposition auf den Kopf stellende These wird dann weiterentwickelt zur Forderung nach Umzingelung der Städte durch das Land. Dieses Programm wurde im Jahr 1965 von Lin Piao zum allgemeinen Programm der *Weltrevolution der Weltdörfer gegen die Weltstädte* gemacht: den ländlichen Gebieten in den Entwicklungsländern Asiens, Afrikas und Lateinamerikas fällt danach die Aufgabe zu, die weiten Räume zur Verfügung zu stellen, in denen die Revolutionäre ungehindert manövrieren können. Lin Piao zitiert Mao:

> „Der mächtige Imperialismus und seine reaktionären Verbündeten in China haben sich nämlich seit langer Zeit in den wichtigsten Städten des Landes festgesetzt. Wenn also die Reihen der Revolutionäre keinen Kompromiß mit dem Imperialismus und seinen Handlangern eingehen, sondern den Kampf standhaft fortsetzen wollen, wenn die Kräfte der Revolution gesammelt und gestählt werden sollen und, solange sie nicht stark genug sind, einer entscheidenden Schlacht gegen den starken Feind auszuweichen haben, dann müssen aus den rückständigen Dörfern fortschrittliche, gefestigte Stützpunkte, große militärische, politische, ökonomische und kulturelle Bastionen der Revolution gemacht werden. Auf sie gestützt, muß man den grausamen Feind, der die Städte für den Angriff auf die ländlichen Gebiete ausnutzt, bekämpfen und in einem langdauernden Kampf Schritt um Schritt den vollständigen Sieg der Revolution erringen" (Lin Piao, 1965, Neuaufl. 1968, S. 24f.).

Aus diesem Konzept, das aus den besonderen Verhältnissen des chinesischen Bürgerkriegs entwickelt wurde, wird die neue Strategie der Weltrevolution der armen gegen die reichen Völker entwickelt:

> „Wenn, im Weltmaßstab gesehen, Nordamerika und Westeuropa als ‚Städte der Welt' bezeichnet werden können, kann man Asien, Afrika und Lateinamerika die ‚ländlichen Gebiete der Welt' nennen ... In einem gewissen Sinn befindet sich die gegenwärtige Weltrevolution auch in einer Lage, bei der die Städte durch ländliche Gebiete eingekreist sind" (ebd. S. 53f.).

Die Berücksichtigung einer sozialen Basis der R., die im chinesischen Konzept immer noch eingeschlossen war, kommt in den revolutionären Programmen des Guerillakriegs, wie sie in Lateinamerika ausgebildet wurden, nur noch in sehr entstellter Weise zur Geltung. So wurde von Régis Debray in seiner Schrift „Revolution in der Revolution" (1967) das kubanische Modell der Machteroberung verkündet, nach dem nicht arbeitende Menschen, die ein normales Leben führen und ihre Familie, ihre Heimat verteidigen wollen, sondern die völlig wurzellosen Berufsguerillas die geborenen Träger der revolutionären Bewegung sind (vgl. Löwenthal, 1969). Vom Marxismus scheint man hier noch weiter entfernt zu sein: Die R. hat sich gleichsam selbständig gemacht; sie fällt nicht mehr in bloßen Anarchismus zurück, aber sie löst sich von allen Grundlagen der sozialen Entwicklung, wie sie in den von der industriellen R. erfaßten Ländern in Gang gebracht worden war. Es ist zu fragen, ob die Kulturrevolution in China – zum erstenmal eine organisierte zweite R. in einem sozialistischen Land und das letzte große revolutionäre Ereignis der modernen Geschichte – nicht als der Versuch zu verstehen ist, vor dem eigentlichen industriellen Aufschwung eine Bewußtseinsformierung vorzunehmen, die nach Marx nicht Voraussetzung, sondern Folge der ökonomischen Umwälzung hätte sein müssen.

Gleichwohl ist es möglicherweise eine besondere revolutionäre Situation, in der es Mao Tse-tung geboten schien, den starren hierarchischen Apparat der Partei aufzusprengen und mit Hilfe von organisierten Massenbewegungen seine eigene Machtstellung neu zu festigen. Dabei ist nur die Armee verschont geblieben, deren Einfluß darüber sogar enorm gewachsen ist. Der Sturz Lin Piaos deutet allerdings eine Gegenbewegung an.

In die Revolutionstheorie und Revolutionspraxis des Maoismus ist eine Reihe von Grundvorstellungen von Marx und Lenin eingegangen. Man findet die Konzeption von der permanenten Revolution, von der Weltrevolution und von der Diktatur des Proletariats. Die bei Lenin vorhandene Berücksichtigung der revolutionären Befreiungsbewegungen unterdrückter Völker ist im chinesischen Kommunismus ganz ins Zentrum gerückt. Dabei treten gegenüber Marx, Engels und Lenin die irrationalen Elemente im Revolutionsdenken weit deutlicher hervor. Letzteres gilt freilich in noch höherem Grad für die revolutionären Protestbewegungen – weniger für die kommunistischen Parteien – in den Industrienationen, für die Mao Tse-tung und Ernesto Che Guevara Verkörperungen eines Revolutionsmythos sind, der sich von jeder historischen und sozialen Basis gelöst hat und in die Nähe eines revolutionären Anarchismus des 19. Jahrh. rückt, dem der Revolutionär als ein geweihter Mensch erscheint.

## C. Zusammenfassende Bemerkungen

Zieht man das Fazit aus dem Revolutionsdenken der letzten Jahrhunderte, so läßt sich daraus eine Reihe von Folgerungen für die gegenwärtige Situation ziehen: Bürgerlich-liberale und demokratische Revolutionslehren lassen sich nicht als theoretische und praktische Alternativen auffassen, sondern sie stellen nur Stufen in einem fortlaufenden historischen Prozeß dar, in dem sich jeweils das Selbstbewußtsein neuer Schichten oder das Auftauchen neuer Leitideen ankündigt. Diese Leitideen haben religiösen, humanitär-ethischen und sozialrevolutionären Gehalt gehabt. So stark dabei immer die soziale Komponente gewesen ist, so läßt sie sich doch nicht als einzige Wurzel aller revolutionären Vorgänge isolieren. Die eine R. auslösende und tragende Schicht ist nicht immer eine ökonomisch rückständige Schicht; sie kann wie die Gentry in England und der dritte Stand in Frankreich vielmehr zu den wirtschaftlich starken und nur politisch unterprivilegierten Gruppen gehören. Die Lage des industriellen Proletariats unterschied sich davon in wesentlichen Punkten, insofern dieses keine wirtschaftliche Macht einzusetzen hatte und politisch unterdrückt war.

So doppelsinnig im einzelnen schon die Revolutionslehre von Marx gewesen war und so vielen Deutungen sie Raum gab, so konsequent hat Marx und haben viele Marxisten daran festgehalten, daß für die proletarische R. der Widerspruch zwischen den gesellschaftlich-politischen Machtverhältnissen und der realen Situation des Proletariats das entscheidende Kriterium darstellt. Das bedeutete, der orthodoxen Auslegung gemäß, daß sich erst in voll ausgereiften industriell-kapitalistischen Systemen die Chance für eine revolutionäre Erhebung der Arbeiterklasse ergab, sobald diese ihr Gewicht als das einer „ungeheuren Mehrzahl" in die Waagschale werfen konnte.

Marx ist einer Beantwortung der in seinen letzten Lebensjahren an ihn herangetragenen Frage, ob revolutionäre Entscheidungen auch in industriell noch nicht voll entwickelten Ländern wie Rußland möglich sein würden, letztlich ausgewichen. Lenin hat von vornherein die Bauernschaft und die unterentwickelten, unter Kolonialherrschaft stehenden Völker als revolutionäres Potential in Theorie und Praxis der R. mit einbezogen. Er hat der R. gerade die Aufgabe der technischen Entwicklung gestellt („Kommunismus ist Sowjetmacht plus Elektrifizierung des ganzen Landes"; LW, Bd 31, S. 414) und hat in seinen letzten Lebensjahren die von Marx bestimmte Abfolge des revolutionären Prozesses umgekehrt. Damit hat er eine wichtige Akzentverschiebung vorgenommen, aber noch nichts Grundsätzliches an der Grundthese vom Proletariat als dem Hauptträger der R. geändert. Erst durch die chinesische R. wurde die Basis der R. vom städtischen Industrieproletariat auf das besitzlose Bauerntum, von der Stadt aufs Land verschoben und die Weltrevolution als der Aufstand der Dörfer gegen die

Städte, der agrarisch-vorindustriellen gegen die industriellen Völker, definiert.

Entgegen der ursprünglichen Marxschen Lehre sind die modernen Revolutionen des 20. Jahrh. nicht in fortgeschrittenen Industrieländern, sondern in Ländern mit beginnender Industrialisierung (Rußland) oder in Ländern mit überwiegender agrarischer Struktur (China) oder mit agrarischen Monokulturen (Kuba) ausgebrochen; wobei in China und Kuba die Abhängigkeit von ausländischem ökonomischen und politischen Einfluß als Auslöser gewirkt hat. Der Typus der *Entwicklungsrevolution,* dem nach Richard Löwenthal (1969) die russische R. zugeordnet werden muß, trifft, wenigstens der Intention nach, auch auf die anderen industriell unterentwickelten Länder zu. Die durch Intervention verursachten Umwälzungen in den westlichen Nachbarländern der UdSSR werden in dieser Betrachtung als atypisch ausgeklammert. Immerhin zeigen die bei ihnen auftretenden Krisen (DDR 1953, Ungarn 1956, ČSSR 1968, Polen 1956 und 1970) an, daß die durch Intervention geschaffenen politischen und gesellschaftlichen Ordnungen noch kein inneres Gleichgewicht geschaffen haben.

Über die Zukunft der Revolutionsbewegung in den industrialisierten Ländern läßt sich nichts Endgültiges sagen. Wo sich in ihnen revolutionäres Denken ausbildet, wird es – in einem Marx auf den Kopf stellenden Sinn – aus einer Veränderung des Bewußtseins hergeleitet. Seine tragende Schicht ist – wie es auch schon im ganzen 19. Jahrh. war – die Intelligenz, die außerhalb des industriellen Wirtschaftsprozesses steht und dazu neigt, die durch technologische Vorgänge bedingte Selbstentfremdung des Menschen ausschließlich auf die kapitalistische Wirtschaftsorganisation zurückzuführen. So entsteht eine Gesinnung des Unbehagens gegenüber herrschenden Autoritäten, Werten und Traditionen, die zu einer „großen Verweigerung" (Herbert Marcuse) herausfordert. Daß es sich hier um mehr als ein intellektuelles Spiel handelt, zeigen Vorgänge, die über bloße Protestbewegungen hinausgehen und vielmehr eindeutig revolutionäre Elemente enthalten. Was sie von bisherigen R.en zu trennen scheint, ist das Fehlen klarer Ziele und das Ausgreifen nach revolutionären Vorbildern, deren Handeln unter völlig andersartigen sozialen, kulturellen und politischen Voraussetzungen steht (Mao Tse-tung, Fidel Castro, Ernesto Che Guevara), und es ist vor allem der Mangel einer revolutionären Massenbasis. Da der relative Wohlstand der breiten Massen und im besonderen der Arbeiterschichten außerordentlich angestiegen ist, ist es bisher nicht gelungen, deren Unterstützung selbst in kritischen Momenten zu gewinnen (vgl. Frankreich im Mai 1968). Auf der anderen Seite konnte der zentral- und planwirtschaftliche Produktions- und Verteilungsapparat der sozialistischen Länder keinen vergleichbaren Lebensstandard der breiten Massen erzielen, was die revolutionäre Dynamik in den nichtsozialistischen Ländern entschieden gebremst hat. Die entscheidende Frage für die Zukunft wird sein, ob es der demokratischen Gesellschaft gelingt, in ständiger Erneuerung und Verteidigung ihrer Grundwerte Freiheit und soziale Gerechtigkeit und durch die Überwindung der aus ihrem System erwachsenden Defekte Autoritätsverlust und Machtverfall – nach Johnson die Symptome eines revolutionären Prozesses – und damit die R. zu verhindern.

E. **Burke:** Reflections on the Revolution in France. Ldn 1790. Dt. Ausg.: Ders.: Betrachtungen über die französische Revolution. Berlin 1793. Neuausgabe: Frankfurt/M. 1967. – J. de **Maistre:** Considérations sur la France. Londres 1796. Dt. Ausg.: Ders.: Betrachtungen über Frankreich. Bln 1924. – M.-J.-A.-N. de **Condorcet:** Sur le sens du mot révolutionnaire. 1er juin 1793. In: Œuvres de Condorcet. Publ.: A. Condorcet-O'Connor u. M. F. Arago. T. 12. Paris 1847–49. Nouv. impr. Stuttgart-Bad Cannstadt 1968. S. 615–624. – J. **Michelet:** Histoire de la Révolution française. T. 1–7. Paris 1847–53. [Neuausg. hrsg. von G. Walter. 1. 2. Paris 1961–62.] – K. **Marx,** F. **Engels:** Manifest der Kommunistischen Partei. Ldn 1848. In: MEW, Bd 4. 1959. S. 459–493. – K. **Marx:** Die Klassenkämpfe in Frankreich 1848 bis 1850. [Geschr. 1850.] In: MRW, Bd 7. 1960. S. 9–107. – A. de **Tocqueville:** L'ancien régime et la révolution. Paris 1856. Dass. in: Ders.: Œuvres complètes. Ed.: J.-P. Mayer. T. 2. Paris 1952. S. 67–261. – K. **Marx:** Das Kapital. Bd 1–3. Hamburg 1867–94. In: MEW, Bd 23–25. 1962–64. – **Ders.:** Der Bürgerkrieg in Frankreich. [Geschr. 1871.] In: MEW, Bd 17. 1962. S. 313–365. – V. I. **Lenin:** Gosudarstvo i revoljucija. Petrograd 1918. Dt.: W. I. Lenin: Staat u. Revolution. In: LW, Bd 25. 1960. S. 393–507. – F. **Mehring:** Karl Marx. Geschichte seines Lebens. Lpz. 1918. Neuausg. Bln[-Ost] 1960. 2. Aufl. 1964. – G. **Mayer:** Friedrich Engels. Eine Biographie. Bd 1. Bln 1920. Bd 1 (2. Aufl.) u. 2. Haag 1934. – R. **Luxemburg:** Die russ. Revolution. Eine kritische Würdigung. Aus dem Nachlaß hrsg. u. eingel. v. P. Levi. Bln 1922. – **Verhandlungen** des 3. dt. Soziologentages am 24. u. 25. IX. in Jena. Reden u. Vorträge ... über das Wesen der Revolution. Tübingen 1923. – I. V. **Stalin:** Oktjabŕskaja revoljucija i taktika russkich kommunistov. Predislovie k knige „Na putjach k Oktjabrju“. [Geschr. 1924.] Dt.: J. W. Stalin: Die Oktoberrevolution u. die Taktik der russ. Kommunisten. In: StW, Bd 6. 1952. S. 320–358. – K. **Mannheim:** Ideologie u. Utopie. Bonn 1929. 5. Aufl. Frankfurt/M. 1969. – L. **Trockij:** Permanentnaja revoljucija. Bln 1930. Dt. Ausg.: L. Trotzki: Die permanente Revolution. Bln 1930. Nachdr. Zürich, Frankfurt/M. 1965. – E. **Rosenstock:** Revolution als polit. Begriff in der Neuzeit. In: Festgabe der rechts- u. staatswiss. Fakultät in Breslau für Paul Heilborn zum 70. Geburtstag 6. Febr. 1931. Breslau 1931. S. 83–124. – **Ders.:** Die europäischen Revolutionen. Volkscharaktere u. Staatenbildung. Jena 1931. Neuausg.: E. Rosenstock-Huessy: Die europäischen Revolutionen u. der Charakter der Nationen. Stuttgart, Köln 1951. 3. Ausg. 1961. – L. **Trockij:** Istorija russkoj revoljucii. 2 t. Bln 1931–33. Dt. Ausg.: L. Trotzki: Geschichte der russ. Revolution. 2 Bde. Bln 1931–33. – C. C. **Brinton:** The Anatomy of Revolution. N. Y. 1938. Rev. ed. 1952. Dt. Ausg.: Ders.: Die Revolution u. ihre Gesetze. Frankfurt/M. 1959. – P. **Frölich:** Rosa Luxemburg. Paris 1939. Dass. Hamburg 1949. Neuausg. Frankfurt/M. 1967. – G. **Lefèbvre:** La Révolution française. Paris 1946. Nouv. éd. 1951. – C. **Brinkmann:** Soziol. Theorie der Revolution. Göttingen 1948. – D. **Shub:** Lenin. A biography. N. Y. 1948. Dt. Ausg.: Ders.: Lenin. Wiesbaden 1952. – I. **Deutscher:** Stalin. A political biography. Ldn, N. Y. 1949. Dt. Ausg.: Ders.: Stalin. Die Geschichte des modernen Rußland. Stuttgart 1951. Neuausg. u. d. T.: Stalin. Eine polit. Biographie. Stuttgart 1962. – S. **Neumann:** The Structure and Strategy of Revolution: 1848 and 1948. In: J. Politics 11 (1949) 3, S. 532–544. – J.-P. **Sartre:** Matérialisme et révolution. In: Ders.: Situations III. Paris 1949. S. 133–225. Dt. Übers.: Ders.: Materialismus u. Revolution. Wien, Zürich 1950. – R. **Heiss:** Die Idee der Revolution bei Marx u. im Marxismus. In: Arch. Rechts- u. Soz.-Philos. 38 (1949/50), S. 1–24. – H. **Arendt:** The Origins of Totalitarianism. N. Y. 1951. Dt. Ausg.: Dies.: Elemente u. Ursprünge totaler Herrschaft. Frankfurt/M. 1955. 2. Aufl. 1958. – K. **Mehnert:** Weltrevolution durch Weltgeschichte. Kitzingen 1951. 2. Aufl.

Stuttgart 1953. – I. **Deutscher:** The French Revolution and the Russian Revolution. In: Wld Politics 4 (1951/52) 3, S. 369–381. – Ch. P. **Fitzgerald:** Revolution in China. Ldn, N. Y. 1952. Dt. Ausg.: Ders.: Revolution in China. Frankfurt/M. 1956. Neue Ausg. 1968. – I. **Deutscher:** The Prophet Armed. Trotsky 1879 to 1921 [vol. 1]. The Prophet Unarmed. Trotsky 1921–1929 [vol. 2]. The Prophet Outcast. Trotsky 1929–1940 [vol. 3]. Ldn, N. Y. 1954–63. Dt. Ausg.: Ders.: Trotzki. Bd 1–3. Stuttgart 1962–63. – G. **Mende:** Karl Marx' Entwicklung vom revolutionären Demokraten zum Kommunisten. Bln[-Ost] 1954 2. Aufl. 1955. – R. **Nürnberger:** Lenins Revolutionstheorie. In: Marxismus-Stud. 1 (1954), S. 161–172. – K. **Griewank:** Der neuzeitliche Revolutionsbegriff. Weimar 1955. 2. Aufl. Frankfurt/M. 1969. – W. **Leonhard:** Die Revolution entläßt ihre Kinder. Köln, Bln 1955. – I. **Fetscher:** Von Marx zur Sowjetideologie. Wiesbaden 1956. 15. Aufl. Frankfurt/M., Bln, München 1970. – E. **Hölzle:** Lenin 1917. Die Geburt der Revolution aus dem Kriege. München 1957. – G. A. **Rein:** Die Revolution in der Politik Bismarcks. Göttingen, Bln, Frankfurt/M. 1957. – L. **Trockij** (Trotzki): Verratene Revolution. [Übers. aus d. russ. Ms.] Zürich 1957. – O. **Anweiler:** Die Rätebewegung in Rußland 1905–1921. Leiden 1958. – **Germany** and the Revolution in Russia, 1915–1918. Documents from the Archives of the German Foreign Ministry. Ed.: Z. A. B. Zeman. Ldn, N. Y. 1958. – H. **Neubauer:** München u. Moskau 1918–1919. Zur Geschichte der Rätebewegung in Bayern. München 1958. (Jb. Gesch. Osteuropa. N. F. Beih. 4.) – Th. **Schieder:** Das Problem der Revolution im 19. Jahrhundert. In: Ders.: Staat u. Gesellschaft im Wandel unserer Zeit. München 1958. 2. Aufl. 1970. S. 11–57. – W. **Franke:** Revolutionslehre u. Revolutionspraxis Mao Tse-tungs. In: Mod. Welt 1 (1959) 1, S. 44–49. – R. R. **Palmer:** The Age of the Democratic Revolution. 2 vols. Princeton (N. J.) 1959–64. Dt. Ausg.: Ders.: Das Zeitalter der demokratischen Revolution. [1] Frankfurt/M. 1970. – E. **Bloch:** Thomas Münzer als Theologe der Revolution. Bln[-Ost] 1960. Frankfurt/M. 1962. 3. Aufl. 1967. – L. **Hubermann,** P. M. **Sweezy:** Cuba. Anatomy of a revolution. N. Y. 1960. Dt. Ausg.: Dies.: Kuba. Anatomie einer Revolution. Frankfurt/M. 1968. – B. **Knollenberg:** Origin of the American Revolution, 1759 to 1766. N. Y. 1960. – A. B. **Ulam:** The Unfinished Revolution. N. Y. 1960. – R. **Dahrendorf:** Über einige Probleme der soziologischen Theorie der Revolution. In: Arch. eur. sociol. 2 (1961) 1, S. 153–162. – D. **Geyer:** Revolution. In: Geschichte. Frankfurt/M. 1961. S. 308–313. – I. **Fetscher:** Der Marxismus. Seine Geschichte in Dokumenten. 3 Bde. München 1962–65. 2. Ausgabe 1 Bd. 1972. – E. J. **Hobsbawm:** The Age of Revolution, 1789–1848. Cleveland 1962. Dt. Ausg.: Ders.: Europäische Revolutionen. Zürich 1962. – **Revisionism.** Ed.: L. Labedz. Ldn, N. Y. 1962. Dt. Ausg.: Der Revisionismus. Hrsg.: L. Labedz. Köln, Bln 1965. – H. **Arendt:** On Revolution. Ldn 1963. Dt. Ausg.: Dies.: Über die Revolution. München [1965]. – St. **Moore:** Three Tactics. The background of Marx. N. Y., Ldn 1963. Dt. Ausg.: Ders.: Zur Theorie polit. Taktik des Marxismus. Frankfurt/M. 1969. – Th. **Nipperdey:** Theologie u. Revolution bei Thomas Müntzer. In: Arch. Reformationsgesch. 54 (1963) 2, S. 145–181. – St. R. **Schram:** Documents sur la théorie de la „révolution permanente" en Chine. Paris 1963. Dt. Ausg.: Ders.: Die permanente Revolution in China. Frankfurt/M. 1966. – Ch. **Johnson:** Revolution and the Social System. Stanford (Calif.) 1964. – International **War,** Problems and Approaches. Ed.: H. Eckstein. N. Y. 1964. – **Lin** Piao (Lin Biao): Es lebe der Sieg im Volkskrieg! [Übers. aus d. Chines.] Peking 1965. Neuaufl. 1968. – Ch. **Johnson:** Revolutionary Change. Boston 1966. Dt. Ausg.: Ders.: Revolutionstheorie. Köln, Bln 1971. – Die Große Sozialist. **Kulturrevolution** in China. H. 1–10. Peking 1966–67. [Ab H. 8 u. d. T.:] Die Große Proletarische Kulturrevolution in China. – R. **Luxemburg:** Polit. Schriften. Hrsg.: O. K. Flechtheim. 3 Bde. Frankfurt/M., Wien 1966–68. – **Mao** Tse-tung: Theorie des Guerillakrieges oder Strategie der

Dritten Welt. [Übers.] Reinbek b. Hamburg 1966. – J. H. **Meisel:** Counter-Revolution. How revolutions die. N. Y. 1966. – **Revolution.** Yearbook. Ed.: C. J. Friedrich. N. Y. 1966. – K. **Steinhaus:** Vietnam. Zum Problem der kolonialen Revolution u. Konterrevolution. Frankfurt/M. 1966. – L. **Stone:** Theories of Revolution. In: Wld Politics 18 (1966) 2, S. 159–176. – F. **Venturi:** Roots of Revolution. A history of the populist and socialist movements in 19th century Russia. [Übers. aus d. Ital.] N. Y. 1966. – **Arbeiterdemokratie** oder Parteidiktatur. Hrsg.: F. Kool, E. Oberländer. Freiburg/Br. 1967. – R. **Debray:** Révolution dans la révolution? Paris 1967. Dt. Ausg.: Ders.: Revolution in der Revolution? München 1967. – I. **Deutscher:** The Unfinished Revolution. Russia, 1917 to 1967. N. Y. 1967. Dt. Ausg.: Ders.: Die unvollendete Revolution 1917–1967. Frankfurt/M. 1967. – I. **Fetscher:** Karl Marx u. der Marxismus. München 1967. – T. **Grimm:** Tradition u. Revolution in China. In: Hist. Z. 204 (1967), S. 79–103. – W. **Laqueur:** The Fate of the Revolution. Ldn, N. Y. 1967. Dt. Ausg.: Ders.: Mythos der Revolution. Frankfurt/M. 1967. – **Mao** Tse-tung: Worte des Vorsitzenden Mao Tse-tung. Peking 1967. 2. Aufl. 1968. – Die frühen **Sozialisten.** Hrsg.: F. Kool, W. Krause. Freiburg/Br. 1967. – E. Ch. **Guevara:** Der Partisanenkrieg, eine Methode. Mensch u. Sozialismus auf Kuba. [Übers. aus Span.] München 1968. – S. M. **Lipset:** Revolution and Counterrevolution. N. Y. 1968. – **Mao** Tse-tung: Über den Volkskrieg. [Übers. aus d. Chines.] Peking 1968. – **Ders.:** Ausgew. Werke. [Übers. aus d. Chines.] Bd 1–4. Peking 1968–69. – H. **Skrzypczak:** Marx, Engels, Revolution. Standortbestimmung des Marxismus der Gegenwart. Bln 1968. – H. **Fleischer:** Marxismus u. Geschichte. Frankfurt/M. 1969. – R. **Löwenthal:** Unvernunft u. Revolution. Über die Loslösung der revolutionären Praxis von der marxist. Theorie. In: Monat 21 (1969) 251, S. 71–87. – **Studien** über die Revolution. Hrsg.: M. Kossok. Bln[-Ost] 1969: – **Theorien** des sozialen Wandels. Hrsg.: W. Zapf. Köln, Bln 1969. 2. Aufl. 1970. – B. **Willms:** Revolution u. Protest oder Glanz u. Elend des bürgerlichen Subjekts. Stuttgart, Bln, Köln, Mainz 1969. – W. **Leonhard:** Die Dreispaltung des Marxismus. Düsseldorf, Wien 1970. – Die **Linke** gegen die Parteiherrschaft. Hrsg.: F. Kool. Freiburg/Br. 1970. – **Marx** u. die Revolution. Vorträge v. E. Bloch [u. a.]. Frankfurt/M 1970. – **Revolution.** The theory and practice of a European idea. Ed.: K. Kumar. Ldn 1971. – A. **Heuss:** Das Revolutionsproblem im Spiegel der antiken Geschichte. In: Hist. Z 216 (1973). – C. **Lindner:** Theorie der Revolution. Ein Beitr. zur verhaltenstheoretischen Soziologie. München 1972. – E. **Oberländer:** Der Anarchismus. Freiburg/Br. 1972. – L. **Reichold:** Abschied von der proletarischen Illusion. Frankfurt/M. 1972.

# Industrielle Revolution

Von Helmut Böhme

## *A. Begriff und Gegenstand*

### I. Ursprung und Verwendung des Begriffs

Der Begriff „industrielle Revolution“ (i. R.) wurde Anfang des 19. Jahrh. – in Analogie zum Begriff „politische Revolution“ – zur Bezeichnung des qualitativen Wandels in der Produktionstechnik gebildet (vgl. Bezanson, 1922). A. BLANQUI bezog 1837 den neuen Begriff auf die Veränderung der sozialen Verhältnisse in England. Auch F. ENGELS sprach 1844/45 in seinen Studien zur englischen Sozialgeschichte davon, daß die i. R. hier die „treibende Kraft der ganzen sozialen Bewegung“ sei (MEW, Bd 1, S. 566). K. MARX verwandte den Begriff im ersten Band seines Hauptwerkes „Das Kapital“ gleichfalls in diesem umfassenden Sinn. In den allgemeinen wissenschaftlichen Sprachgebrauch bürgerte sich der Begriff 1884 mit der Veröffentlichung von A. TOYNBEES „Lectures on the Industrial Revolution in England“ ein. Indem nicht mehr nur die Implikate der neuen Technik, sondern auch die davon ausgelösten oder in Wechselwirkung mit anderen Faktoren stehenden Zusammenhänge als i. R. bezeichnet wurden, erlangte der Begriff die Weite und den Umfang einer *Zeitalterbezeichnung.*

Daneben bezeichnet man auch Vorstufen und qualitative Erweiterungen des mit dem 19. Jahrh. erreichten technisch-wissenschaftlichen Fortschritts als i. R., so – im Anschluß an E. M. CARUS-WILSON bzw. J. U. NEF – den Übergang von der geschlossenen Hauswirtschaft zur Verlagsindustrie (mit noch hausgewerblicher Fertigung) im 13. Jahrh. und die Entstehung der Manufakturen im 16./17. Jahrh., wie auch die spätere sog. *zweite oder deutsche industrielle Revolution* (im Zusammenhang mit der Verwertung chemischer Stoffe und elektrotechnischer Energie) oder die *dritte, atomtechnische,* welche die Resultate der ersten und zweiten i. R., z. B. deren Agglomerations- und Proletarisierungstendenzen – nach dem Urteil von E. SALIN –, wieder aufheben könnte (Linkeus: Gestalten u. Probleme aus Wirtschaft u. Politik, Tübingen 1963, S. 351 ff.).

In der wirtschaftshistorischen Theorie wird die i. R. in den jüngsten Untersuchungen (TH. S. ASHTON, W. W. ROSTOW, PH. DEANE, S. POLLARD, W. M. FLINN, R. M. HARTWELL, D. S. LANDES) als jene Phase von sozialem Wandel begriffen, in der plötzlich, obwohl langfristig vorbereitet, die Veränderung agrar-feudaler Verhaltensweisen durch organisierte technische Innovationen eine derartige Beschleunigung erhält, daß der Gesamtprozeß des sozialen Wandels wegen der Dominanz dieses Faktors als *wirtschaftliches Wachstum* erfaßbar wird. Die i. R. mit ihren besonderen, in unterschiedlichen Regionen und zu verschiedenen Zeiten wiederkehrenden Verläufen, Imitationen und Verzögerungen konnte somit, wie dies z. B. Rostow versuchte, zum ökonomisch-technischen und gesellschaftlich-politischen Entwicklungsmodell gemacht werden, an dem wirtschaftliches Wachstum überhaupt demonstriert werden kann.

## II. Bedeutungswandel

In derselben Weise, wie die Begriffe „Bourgeoisie", „Kapitalismus" und „Industrialisierung" durch eine breite Anwendung ihres ursprünglichen Gehalts verlustig gingen, verlor auch der Begriff „industrielle Revolution" seine spezifische Bedeutung. Im Blick auf diesen Bedeutungswandel betonen heute Forscher wie A. Gerschenkron (1962) und K. Borchardt (1968) die mangelnde Präzision der Aussagen bei der Verwendung dieses Begriffs. W. Treue kommt zu der pointierten Formulierung, es handele sich hier um „eine ohne Zweifel z. T. unzutreffende Bezeichnung" für einen „gleichfalls nicht eindeutig fixierten Komplex von Tatsachen" (Quellen, 1966, S. 12). Auch von denjenigen, die den Gebrauch dieses Begriffs eingeschränkt sehen möchten, wird jedoch nicht bestritten, daß er weiterhin für die Beschreibung des ihm ursprünglich zugrunde liegenden Tatbestandes unentbehrlich bleibt.

## III. Fragestellungen

Dem *Inhalt* nach wird heute unter i. R. jene Phase beschleunigter technologischer, ökonomischer und sozialer Veränderungen verstanden, durch die in der zweiten Hälfte des 18. Jahrh. England und seitdem fast alle europäischen und nordamerikanischen Staaten sowie Japan den Schritt von einer relativ statischen Agrargesellschaft in eine zu gesteigerter wirtschaftlicher Expansion fähige Industriegesellschaft getan haben. Ungeachtet aller negativen Aspekte, die in umfassender Weise 1845 von Engels in seinem Werk „Die Lage der arbeitenden Klassen in England" (MEW, Bd 2, S. 225–506) angeprangert worden sind, hat die i. R., wo sie erfolgreich war, innerhalb weniger Generationen die mit der i. R. aufgekommene sektorale wirtschaftliche Stagnation sowie den Hunger und die Armut breiter Massen beseitigt. Ihr wichtigstes *Ergebnis* in ökonomischer Sicht war die mehr oder weniger sprunghafte Vergrößerung des realen Sozialprodukts insgesamt und pro Kopf der Bevölkerung eines Landes. Die Art und Weise sowie der Zeitraum, in dem dieses Ergebnis jeweils erreicht wurde, hingen vom *Verlauf* der i.R. in den einzelnen Ländern ab. Die i.R. hat sich nicht überall in gleicher Weise vollzogen. Vielmehr liegt ein „Grundzug der Industriellen Revolution im Weltmaßstab“, wie auch von marxistischer Seite betont wird, in ihrer „ungleichmäßigen Entwicklung des Kapitalismus“ (Purš, 1960, S. 88). Im Anschluß an die Forschungen von Gerschenkron ist dabei davon auszugehen, daß der industrielle Werdegang eines Landes um so reibungsloser verläuft, je reicher seine vorindustriell lebende Gesellschaft ist. Je zurückgebliebener ein Land zu Beginn des Industrialisierungsprozesses ist, desto komplizierter und stockender ist der Verlauf der industriellen Revolution. Die Verlaufsformen der i.R. hängen somit entscheidend von den regionalen sozio-ökonomischen, kulturellen, politischen und natürlichen Vorbedingungen ab. Die lange Zeit selbstverständliche Annahme, daß der Industrialisierungsprozeß ein sozio-ökonomischer Vorgang sei, der automatisch alle Länder und Regionen der Erde gleichermaßen erfassen werde, ist heute in Frage gestellt. Es zeigt sich, daß die okzidentalen Erfahrungen mit der i. R. nur sehr bedingt auf unterentwickelte Länder anderer Regionen übertragen werden können. Zwischen industrialisierten und nichtindustrialisierten Ländern, gleich welcher politischen Verfassung, hat sich eine Entwicklungsdifferenz aufgetan, die, statt sich allmählich zu verringern, eher die Tendenz hat, sich weiter zu vergrößern. Die Frage nach den Ursachen der i. R. in den Industrieländern erhält dadurch heute eine aktuelle wirtschaftstheoretische und politische Bedeutung, die weit über das im engeren Sinne historische Interesse an diesem Objekt hinausgeht.

In der wissenschaftlichen Diskussion über die *Ursachen* der i.R. ist deren Entstehung in England zu Recht mit Vorrang behandelt worden; denn die *Große industrielle Revolution* in England kann durchaus als „vermutlich das wichtigste Ereignis der Weltgeschichte seit der Entwicklung der Landwirtschaft und der Städte“ (E. J. E. Hobsbawm, 1962, dt. Ausg. S. 62) bezeichnet werden. Die umfassende Problematik des weltweiten Industrialisierungsprozesses hat hier ihren historischen Ursprung. Aus der Vielzahl der bedingenden Komponenten, die von einer außerordentlich differenzierten und spezialisierten Forschung bisher für die Entwicklung der englischen i. R. ermittelt worden sind, lassen sich drei Ursachenkomplexe aussondern. Damit die i.R. in Gang kam, bedurfte es 1. einer technischen Erneuerung des Produktionsapparates, 2. einer gesteigerten Akkumulation liquiden Geld- und Sachkapitals und 3. eines steigenden Arbeitsangebotes.

Das wesentlichste Merkmal der *technischen Erneuerung* war der Übergang von der Produktion auf der Basis des statischen Verlags- oder Manufaktursystems zu der Produktionsform, die Marx „die große Industrie“ nannte und unter der er eine dynamische Organisationsform arbeitsteiliger, gewerblicher Produktion verstand. Sie wurde durch die Erfindung zahlreicher neuer Produktionsverfahren und

Maschinen, vor allem Werkzeug- und Energieerzeugungsmaschinen, wie sie in England seit den sechziger Jahren des 18. Jahrh. in gehäufter Weise gemacht wurden, eingeleitet. Auch wenn man diese technischen Innovationen neuerdings mehr als Folgeerscheinungen ökonomischer Anreize ansieht, bleiben sie eine der wesentlichsten historischen Ursachen der industriellen Revolution.

Obwohl der *Kapitalbedarf* für die Frühindustrialisierung oft überschätzt worden ist, kann doch als gesichert gelten, daß in England die Verfügbarkeit und die Möglichkeit optimaler Ausnutzung liquiden Kapitals mit den entscheidenden Anstoß zur ökonomischen Ausnutzung der technischen Erfindungen und Neuerungen gegeben hat. Dieses Kapital war im wesentlichen Handelskapital. Es entstammte nach neuerer Ansicht weniger einer gesteigerten Außennachfrage und dem Handel mit den Kolonien, sondern in erster Linie einem erweiterten Binnenhandel.

Mit der Frage nach dem *industriellen Arbeitspotential* werden zwei Ursachenkomplexe für die Erklärung der i. R. angesprochen, die auch, für sich genommen, revolutionäre Veränderungen bewirkt haben: die sogenannte *agrarische Revolution* und das *Bevölkerungswachstum*. Die agrarische Revolution ging der i. R. zum Teil voraus, teils lief sie dieser parallel. Sie wurde wahrscheinlich weniger durch die Erweiterung der landwirtschaftlichen Nutzfläche infolge der sog. Einhegungen herbeigeführt als vielmehr durch die Bewirtschaftung des vorhandenen Landes mittels intensiverer Anbaumethoden, als sie bis dahin möglich waren. Infolge der gleichzeitigen rechtlichen Ablösung der Bauern aus ihren herrschaftlichen Abhängigkeitsverhältnissen bewirkte sie in sozialer Hinsicht eine umfassende Besitzumschichtung. In deren Verlauf bildete sich auf der einen Seite eine kleine, meist nur Renten beziehende landwirtschaftliche Unternehmerschicht heraus und auf der anderen Seite eine Unterschicht von kleinen Pächtern und lohnabhängigen Landarbeitern. Die letzteren stellten nach der berühmten Formulierung von Marx die industrielle Reservearmee für das aufkommende Fabriksystem dar. Eine sinkende Sterblichkeitsrate führte bei gleich hoch bleibender Geburtenrate zu Bevölkerungsüberschuß, d. h. zu einer krisenhaften Vermehrung dieses ländlichen, aber landlosen Proletariats. Erst im Zuge der Ausweitung des industriellen Fabriksystems wurde der Bevölkerungsdruck in die Städte abgeleitet und die von den Zeitgenossen als *Pauperismus* bezeichnete Massenarmut beseitigt.

Welchem dieser Ursachenkomplexe auch immer das größte Gewicht gegeben wird, es besteht heute nicht nur in der nichtmarxistischen Forschung Übereinstimmung, daß die i. R. in England nicht monokausal erklärt werden darf. Sie war das Ergebnis einer Reihe von zusammenwirkenden Faktoren.

## *B. Die marxistische Interpretation der industriellen Revolution*

### I. Die Konzeption von Engels und Marx

Engels leitete 1845 sein Buch „Die Lage der arbeitenden Klassen in England“ mit dem Satz ein: „Die Geschichte der arbeitenden Klasse in England beginnt mit der letzten Hälfte des vorigen Jahrhunderts, mit der Erfindung der Dampfmaschine und der Maschine zur Verarbeitung der Baumwolle. Diese Erfindungen gaben bekanntlich den Anstoß zu einer industriellen Revolution, einer Revolution, die zugleich die ganze bürgerliche Gesellschaft umwandelte und deren weltgeschichtliche Bedeutung erst jetzt anfängt, erkannt zu werden. England ist der klassische Boden dieser Umwälzung, die um so gewaltiger war, je geräuschloser sie vor sich ging, und England ist darum auch das klassische Land für die Entwicklung ihres hauptsächlichsten Resultates, des Proletariats. Das Proletariat kann nur in England in allen seinen Verhältnissen und nach allen seinen Seiten hin studiert werden“ (MEW, Bd2, S.237).

In dieser Formulierung sind wesentliche Elemente der späteren marxistischen Auffassung von der i.R. bereits im Kern enthalten: Der als *industrielle Revolution* bezeichnete wirtschaftsgeschichtliche Veränderungsvorgang in England wird einerseits auf die technologischen Veränderungen zurückgeführt; auf der anderen Seite wird die ökonomische Umwälzung als Ursache umfassender sozialer Veränderungen angesehen. Das wichtigste Ergebnis dieser Veränderungen war für Engels die Entstehung des Proletariats infolge des „Sieg[es] der Maschinenarbeit über die Handarbeit“ (ebd. S.242). Wenngleich er die sozialen und politischen Aspekte der Proletarisierung zu überschätzen und so die Zukunftsmöglichkeiten des kapitalistischen industriellen Fabriksystems zu unterschätzen neigte, erkannte er doch mit anderen sehr frühzeitig die sozialgeschichtlichen Konsequenzen der industriellen Revolution.

Auch Marx bezeichnete die technische Innovation der Maschine als den Ursprung der industriellen Revolution. Deutlicher als Engels legte er sich jedoch darauf fest, daß es nicht alle Maschinen, sondern in erster Linie die neuen Werkzeugmaschinen waren, welche ihre Auslösung bewirkten: „... die Werkzeugmaschine ist es, wovon die industrielle Revolution im 18. Jahrhundert ausgeht“ (MEW, Bd23, S. 393). Diese Maschine „ersetzt den Arbeiter, der ein einzelnes Werkzeug handhabt, durch einen Mechanismus, der mit einer Masse derselben oder gleichartiger Werkzeuge auf einmal operiert und von einer einzigen Triebkraft, welches immer ihre Form, bewegt wird“ (ebd. S.396). Sie verwandelt für Marx die Produktionsform der Manufaktur in das Fabriksystem der großen Industrie.

Die „Revolution des Arbeitsmittels“ stellte somit für Marx den *Ausgangspunkt* der i.R. dar. Diese Grundposition ermöglichte es ihm, die i.R. als historisches Demonstrationsobjekt seiner ökonomisch begründeten Geschichtstheorie zu benutzen. „Die Umwälzung der Produktionsweise in einer Sphäre der Industrie" (ebd. S. 404) erzwang nämlich nach seiner Ansicht nicht nur eine Revolution in anderen Industriezweigen und in der Agrikultur, sondern auch in den „allgemeinen Bedingungen des gesellschaftlichen Produktionsprozesses, d. h. den Kommunikations- und Transportmitteln" (ebd. S. 404 f.). Die Einführung von Arbeitsmaschinen veränderte für Marx die gesellschaftlichen Produktionsverhältnisse, d. h. die Gesamtheit der ökonomischen, politischen und sozialen Bezüge des Menschen. Denn die Entwicklung von Produktionsmitteln zur Überwindung der Begrenzt- und Bedingtheit menschlicher Arbeitskraft führte dazu, daß sich die „ganze Gesellschaft ... in zwei große, einander direkt gegenüberstehende Klassen: Bourgeoisie und Proletariat", spaltet (MEW, Bd 4, S. 463). Dementsprechend wird die i. R. von Marx als Vorbedingung für den *Klassenkampf,* zugleich als Zerstörerin der „buntscheckigen Feudalbande" und als Gestalterin neuer „Bedingungen der Unterdrückung" (ebd. S. 463 f.) gekennzeichnet. Sie ist der eigentliche Beginn der „Epoche der Bourgeoisie". Die Geschichte der i. R. wird für ihn identisch mit einem Prozeß, in dem sich die Bourgeoisie als herrschende Klasse durchsetzt. Bezeichnenderweise wurde bei der Analyse dieser Phase des Klassenkampfes im „Manifest der Kommunistischen Partei" der Begriff „industrielle Revolution" von Marx noch nicht verwendet. Er nahm ihn erst mit der fortschreitenden Ökonomisierung seiner ursprünglich vorwiegend geschichtsphilosophischen Theorie auf. Statt von i. R. sprach er zunächst nur von der Phase, in der sich die Herrschaft der Bourgeoisie herausbildet und die Bourgeoisie sich in den Besitz der „gesellschaftlichen Produktionsmittel" setzt (ebd. S. 462, Anm.). Da die zur Herrschaft gelangte Bourgeoisie dem „Hexenmeister" aber gleicht, „der die unterirdischen Gewalten nicht mehr zu beherrschen vermag, die er heraufbeschwor" (ebd. S. 467), bildet die i. R. für Marx zugleich die Voraussetzung für die Umgestaltung der Gesellschaft durch eine proletarische Revolution, denn sie eröffnet die „Empörung der modernen Produktivkräfte gegen die modernen Produktionsverhältnisse, gegen die Eigentumsverhältnisse ..." (ebd.). So sind die modernen Arbeiter oder *Proletarier* ebenfalls ein Ergebnis der industriellen Revolution. In demselben Maß, wie sich „die Bourgeoisie, d. h. das Kapital", entwickelt, wird sich das Proletariat als Klasse seiner selbst bewußt (ebd. S. 468). Da der Arbeiter durch die Einführung des Maschinensystems nicht mehr das Werkzeug bedient, sondern der Maschine dient (MEW, Bd 23, S. 445), erhält er nämlich im Verlauf der i. R. eine neue gesellschaftsökonomische Funktion: das „lebendige Anhängsel" (ebd.) am „Leib der Fabrik" (ebd. S. 441) und „ein bloßes Zubehör der Maschine" (MEW, Bd 4, S. 469). Damit erhält für Marx durch die i. R. nicht nur das Eigentum an den Produktionsmitteln die entscheidende Bedeutung für die weitere gesellschaftliche Entwicklung, sondern ebenso die Entfremdung der Arbeit und die Verelendung des Proletariats. Beides kündigt nach Marx eine neue Epoche des gesellschaftlichen Produktionsprozesses an, in der die i. R. als die Sturmperiode der kapitalistischen Produktion ein für allemal überwunden sein wird.

Die Marxsche Definition der i.R. war mit seiner Auffassung von der Entstehung der kapitalistischen Gesellschaft kongruent. Sie fiel mit der Theorie der „ursprünglichen kapitalistischen Akkumulation" zusammen. Mit ihr wurden sowohl die Ursachen als auch die Verzögerungen der nach Marx „naturwüchsig vorgehende[n] industrielle[n] Revolution" (MEW, Bd23, S. 498) bezeichnet: „Der Prozeß, der das Kapitalverhältnis schafft, kann also nichts andres sein als der Scheidungsprozeß des Arbeiters vom Eigentum an seinen Arbeitsbedingungen ... Die sog. ursprüngliche Akkumulation ist also nichts als der historische Scheidungsprozeß von Produzent und Produktionsmittel. Er erscheint als ‚ursprünglich', weil er die Vorgeschichte des Kapitals und der ihm entsprechenden Produktionsweise bildet" (ebd. S. 742). Da dementsprechend „Kapitalakkumulation" Konzentration des Eigentums und Produktionskonzentration durch erhöhte Akkumulationsrate bedeutet – und nicht nur bloße Bereicherung –, erfaßt dieser Begriff bei Marx weitgehend alle mit den Vorbedingungen der i.R. diskutierten Probleme: die Enteignung der Kleinbauern, die Einfriedung von Gemeindeland, den Verkauf von Land, die Modernisierung der Agrartechnik, die Umstrukturierung der Investitionen, die Nachfrage nach Kraftmaschinen, die Entstehung des Bankwesens, das Verhältnis von Binnen- und Außenmarkt, die Veränderung individualistischer Produktionsverfahren. Schließlich umfaßt dieser Begriff auch die Probleme der Land-Stadt-Verschiebung, der Bevölkerungsvermehrung und die Entstehung einer industriellen Reservearmee als Ergebnis des Kapitalisierungsprozesses.

Wie Ursache und Vorbedingung, so war auch der *Verlauf* der i.R. für Marx und Engels durch die Erhöhung der Akkumulationsrate bestimmt. Ausgehend von der Textilerzeugung, verbreitete sich „der Anstoß, der einmal gegeben war ... über alle Zweige der industriellen Tätigkeit ..." (MEW, Bd2, S. 246). 1760 beginnend, endete die i.R. nach Marx im Jahr 1830 mit der Herausbildung „einer neuen, höheren Synthese, des Vereins von Agrikultur und Industrie, auf Grundlage ihrer gegensätzlich ausgearbeiteten Gestalten" (MEW, Bd23, S. 528). Auch bei der Datierung wird die „qualitative Umwälzung" nur von der Theorie der politischen Ökonomie her verständlich. Unter dem Aspekt der politischen Ökonomie trat die Untersuchung der i.R. für Marx zurück hinter der Analyse der Entwicklung des kapitalistischen Systems.

## II. Begriff und Gegenstand bei den sozialistischen Theoretikern

Die sozialistischen Theoretiker des späten 19. und des frühen 20. Jahrh. ignorierten zwar nicht die Probleme, die zum Übergang in kapitalistische Wirtschaftsformen und zur Lohnarbeit führten, aber doch vollkommen den Begriff; weder bei L. D. Trockij noch bei Rosa Luxemburg oder bei R. Hilferding ist er zu finden. Die Phase der i. R. wird vielmehr – oft mit ähnlich klingenden Worten – umschrieben als „technische Revolution" (R. Luxemburg: Polit. Schriften, 1, Frankfurt/M. 1966, S. 66), eingeleitet durch die „Revolution in der Landwirtschaft", durch die „massenhaft besitzlose Arbeiter, Proletarier, geschaffen wurden" (R. Luxemburg: Ausgew. Reden u. Schriften, Bd 1, 2. Aufl., Bln[-Ost] 1955, S. 485).

V. I. Lenin, der in seinen Studien über „Die Entwicklung des Kapitalismus in Rußland" (LW, Bd 3, S. 7–629) die Herausbildung abhängiger Lohnarbeit in der Landwirtschaft als Voraussetzung für die Entstehung eines Proletariats und revolutionärer Bewegungen untersuchte, benutzte den Begriff ebenfalls nicht. Seine Untersuchung ist aber als ein Versuch anzusehen, die Auffassung von i. R. bei Marx und Engels im Hinblick auf ein Agrarland kritisch zu ergänzen, um vom klassischen Vorbild England zu abstrahieren. Lenin betonte, daß die i. R. nicht automatisch und immer gleichartig ablaufen müsse: es gab seiner Meinung nach zwei Wege objektiv möglicher bürgerlicher Entwicklung, nämlich den *revolutionären, amerikanischen* und den *unrevolutionären, preußischen.* Er zog daraus die für ihn entscheidende Folgerung, daß eine proletarische Revolution nicht erst nach Erfüllung aller Begleitumstände einer i. R. herbeigeführt werde, sondern daß sie ihrerseits einen Charakter annehmen könne, den man heute als den einer industriellen Entwicklungsdiktatur bezeichnen würde.

## III. Die marxistisch-leninistische Forschung

Die marxistisch-leninistische Forschung über die Probleme der i. R. war bis in die jüngste Zeit hinein durch eine sterile Debatte über die Applizierbarkeit der wirtschaftsgeschichtlichen Theoreme von Marx und Engels gekennzeichnet. Ein zentrales Problem war dabei die These von Marx, daß die Einführung von Werkzeugmaschinen die entscheidende technologische Neuerung für den Durchbruch der i. R. war. Da in der Schwerindustrie und im Bergbau bis zur Mitte des 19. Jahrh. noch keine Werkzeugmaschinen eingeführt worden waren, folgerte J. Kuczynski (1956, S. 502 ff.) unter Berufung auf Marx, daß die i. R. als technischer Prozeß auf die Leichtindustrie, besonders die Textilindustrie, beschränkt gewesen sei, obwohl sie in ihren sozialen Auswirkungen die ganze Gesellschaft betroffen habe. Als der Prozeß der Maschinisierung auf den Maschinenbau selbst übergegriffen habe, sei die i. R. über sich selbst hinausgeführt worden.

In dem von der Akademie der Wissenschaften der UdSSR 1958 herausgegebenen Lehrbuch „Politische Ökonomie" (Političeskaja ekonomija) wurde dagegen die Schwerindustrie als „Fundament der Industrialisierung" bezeichnet und nur eingeräumt, daß die „Entwicklung der maschinellen Großindustrie“ mit der „Entwicklung der *Leichtindustrie*“ begonnen habe (Polit. Ökonomie, Bln[-Ost] 1959, S. 107). Der tschechische Historiker J. Purš kritisierte ausdrücklich die Auffassung Kuczynskis, daß der Begriff i. R. auf die Einführung von Arbeitsmaschinen reduziert werden müsse. Zur Stützung seiner Kritik wies er darauf hin, daß Marx nicht nur von einer mechanischen, sondern von einer „mechanisch-chemischen“ Umwälzung gesprochen habe. In die Ursachenanalyse der i. R. müsse deshalb nicht nur die „Mechanik bei der Konstruktion von Maschinen“, sondern auch „das Erkennen bestimmter chemisch-technologischer Prozesse und deren Anwendung in der Produktionspraxis“ einbezogen werden (Purš, a. a. O. S. 95).

Auch H. Mottek warnte davor, sich bei der Erklärung der i. R. einseitig auf die Werkzeugmaschinen festzulegen. Während aber Purš mit seiner Kritik noch ganz im Horizont des monokausalen Erklärungsmodells von Marx blieb, untersuchte Mottek das Problem der i. R. unter dem Gesichtspunkt der Wechselwirkung von Wachstumsfaktoren. In direkter Auseinandersetzung mit der westlichen Wirtschaftstheorie versuchte er, die Vorbedingungen und Verlaufsformen von i. R. differenzierter zu erfassen. Für ihn stellte die „ganze Geschichte des Aufstieges des Kapitalismus, besonders des industriellen Kapitalismus, und damit auch die ganze Geschichte der industriellen Revolution“ nichts weiter dar als eine „Summe von zyklischen Belebungen und Aufschwüngen, in denen sich die Produktion kapitalistischer Industriebetriebe rasch entfaltet und allmählich zu dem die Wirtschaft bestimmenden Faktor wird, sowie von Krisen und Depressionen, in denen die sozial-ökonomische Umwälzung vor allem durch den rascheren Rückgang der einfachen Warenproduktion … vorangetrieben wird“ (Studien, 1960, S. 14). Es war nur konsequent, wenn er den Beginn der i. R. auch nicht mehr für den Zeitpunkt ansetzt, in dem die ersten Werkzeugmaschinen in die Produktion eingeführt wurden. Das entscheidende Kriterium ist für ihn die Beschleunigung des Wachstumstempos der Produktion als Folge einer gesteigerten Anlage von fixem Kapital in der Industrie. Es besteht kein Zweifel, daß die marxistisch-leninistische Forschung mit dieser Auffassung die Probleme der i. R. unter ähnlichen Gesichtspunkten zu diskutieren beginnt wie die westliche Forschung. Ob sich daraus für die Zukunft eine beide Seiten befruchtende Auseinandersetzung ergibt, bleibt abzuwarten.

### *C. Die nichtmarxistische Interpretation der industriellen Revolution*

In der sowohl von Historikern wie auch von Ökonomen verfaßten Literatur, die seit Erscheinen von Toynbees „Lectures on the Industrial Revolution in England“ (1884) vornehmlich in England und in den USA zum Problem der i. R. erschienen ist, hat sich weder eine einheitliche Argumentationsweise noch eine Übereinstimmung in den Ergebnissen herausgebildet. Eine ganze Reihe von theoretischen Ansätzen muß noch durch das empirische Material erläutert werden, und eine Fülle von Daten bedarf – neben der Überprüfung ihrer Erhebungsformen – der Einordnung in theoretische Zusammenhänge. Die Problematik wird sofort erkennbar, wenn man nach der *Zeitdauer* der i. R. fragt. Es ist noch strittig, ob es eine *industrielle Revolution* als kurze, rasche qualitative Transformation überhaupt je gegeben hat. Für H. SEE gibt es keine *plötzlichen Veränderungen,* für E. LIPSON keinen *Hiatus;* für G. UNWIN war die i. R. seit zwei Jahrhunderten in Vorbereitung, für W. J. ASHLEY wurde der Wechsel lange hinausgezögert. Für H. HEATON schien – ähnlich wie für J. H. CLAPHAM, der, ohne den Begriff „industrielle Revolution" zu verwenden, eine Wirtschaftsgeschichte Englands schrieb – „eine Revolution, die 150 Jahre dauerte und wenigstens weitere 150 Jahre lang vorbereitet wurde, wohl einer neuen Bezeichnung zu bedürfen" (Encyclopaedia of the Social Sciences, vol. 8, 11. print., N. Y. 1954, S. 5). Bis heute ist offen, nach welchen Gesichtspunkten die Wahl der Kriterien zu erfolgen hat, nach denen sowohl die *Vorbedingungen* als auch der *Verlauf* der i. R. beurteilt werden sollen. Für diejenigen, die akzeptieren, daß die i. R. einen qualitativen Wandel des Produktionssystems und der Lebensweise mit sich bringt, bleibt ungeklärt, wie dieser Transformationsprozeß zu datieren ist. Äußerst umstritten ist trotz der ausgezeichneten statistischen Erhebungen von G. CLARK, E. SCHUMPETER, PH. DEANE, W. HOFFMANN oder W. W. ROSTOW die Beurteilung der statistischen Grundlagen. J. R. T. HUGHES und K. BORCHARDT betonen in gleicher Weise, wie problematisch sich die überlieferten statistischen Erhebungen aus dem Blickwinkel der modernen Theorie der Statistik und dem der neueren Erhebungs- und Indexberechnungsmethoden heraus darstellen (vgl. Borchardt, a. a. O. S. 11). Wie FLINN (1966, S. 102f.) hervorhebt, besteht ebenfalls in der Beurteilung der sog. *begünstigenden Bedingungen* keine Übereinstimmung, da die exogenen Faktoren, unter denen man vornehmlich die sozio-kulturellen Strukturen und Überlieferungen (Religion, Arbeitsethos usw.) versteht, im Hinblick auf die i. R. sehr unterschiedlich bewertet werden. Kontroversen ergaben sich darüber, was man als die „führenden Industriezweige" anzusehen habe, ob nämlich die Leicht- oder die Schwerindustrie. Schließlich wird auch das Gewicht und die Bedeutung der *eigentlichen* revolutionären Antriebskräfte des Wandels (Bevölkerungsvermehrung, technischer Fortschritt, Einhegungen und industrielle Reservearmee, Kapitalangebot, Agrarreform, Kolonial- und Überseehandel, Binnenmarkt und Nachfrage, Staatsaktivität usw.) verschieden beurteilt.

In Anbetracht dieser sehr komplexen Problematik ist es kaum möglich, einen systematischen Überblick über den Stand der westlichen Forschung zu den Problemen der i. R. zu geben. Die Entwicklungsgeschichte dieser Forschungen läßt sich jedoch historisch in drei zeitlich fixierbare Phasen zerlegen:

1. Die *erste Phase* umfaßt die Literatur, die bis zum Beginn des 1. Weltkrieges veröffentlicht worden ist. Sie ist mit den Namen TOYNBEE, E. TH. ROGERS, W. CUNNINGHAM, C. BEARD, P. MANTOUX und den HAMMONDS verbunden. Die i. R. wird in diesen Studien als eine explosive soziale und technisch-ökonomische Verwandlung der mittelalterlichen Welt begriffen, die wissenschaftlich vorbereitet war. Als ihre wichtigste Voraussetzung wird die Ablösung des Merkantilismus durch das *Laissez-faire*-Prinzip verstanden. Weiter werden die starke Bevölkerungsvermehrung, die Einhegungen und die technischen Innovationen hervorgehoben. Schließlich wird die i. R. als Verelendungsphase interpretiert. Unter i. R. verstehen diese Autoren im übrigen nur den klassischen englischen Fall.

2. Auch in der *Zwischenkriegszeit* wurde in den Untersuchungen vor allem von ASHTON, H. L. BEALES, J. D. CHAMBERS, CLAPHAM, HEATON, L. C. A. KNOWLES, NEF, A. REDFORD, UNWIN oder R. H. TAWNEY die i. R. fast ausschließlich als englisches Problem verstanden. Im Gegensatz zu der älteren Forschung wurde jetzt aber auch nach dem Zusammenhang der i. R. mit den allgemeinen Veränderungen seit dem 14. Jahrh. gefragt. Die i. R. wurde nun, wie dies W. J. ASHLEY schon 1914 getan hatte, allgemein als „Kulmination schon angelaufener Bewegungen und nicht als Herausbildung von etwas völlig Neuem" verstanden (The Economic Organisation of England, Ldn 1914, S. 141). Damit wurde die Toynbeesche Definition der i. R. relativiert und die Aufmerksamkeit der Forschung auf die sozio-kulturellen Bedingungen und Begleiterscheinungen gelenkt. In Verbindung mit der entstehenden makroökonomischen Theorie wurde gleichzeitig der Versuch gemacht, die i. R. in Zusammenhang mit den Problemen des Überseehandels, der Binnenmarktnachfrage, des Kapitalbedarfs, der Strukturen der Kapitalanlage zu analysieren und sie als Beginn umfassenden wirtschaftlichen Wachstums darzustellen.

In der Folge dieser Forschungen wurde erstmals auch die auf Engels und Marx zurückgehende und von Toynbee wiederholte Verelendungstheorie grundsätzlich in Frage gestellt. Der noch von J. L. und L. B. HAMMOND 1917/19 vertretenen *pessimistischen* Ansicht, daß sich der Lebensstandard der Massen im Verlauf der i. R. in England krisenhaft verschlechtert habe, setzten vor allem ASHTON und CLAPHAM eine *optimistische* Anschauung entgegen. Sie wiesen darauf hin, daß die anwachsende Bevölkerung überhaupt nur unter den Bedingungen ernährt werden konnte, die durch die i. R. geschaffen wurden. Gerade diese These aber forderte eine Überprüfung durch Regionaluntersuchungen heraus und verwies die Diskussion auf die Notwendigkeit gesicherter statistischer Daten und einer vergleichenden Betrachtung, die sich nicht nur auf England beschränkte.

3. Die letzte, *dritte Phase* der Untersuchungen zum Problem der i. R. wird durch sich kreuzende und überlagernde Tendenzen gekennzeichnet, die mehr oder weniger alle von der makroökonomischen Betrachtungsweise des Kapitalbildungs- und Wachstumsprozesses bestimmt werden. Die i. R. sowie die sie bedingenden Voraussetzungen werden nun auch in ihrer kontinentalen, nordamerikanischen und japanischen Ausprägung untersucht. Die englische Revolution erscheint dabei als ein einmaliges, unwiederholbares Ereignis, dessen Wirkung auf die weitere Industrialisierung der Welt vor allem in seinem Demonstrations- und Imitationseffekt gesehen wird.

Die ältere Auseinandersetzung über das zentrale Problem, ob die i. R. einen revolutionären oder einen mehr evolutionären Charakter gehabt habe, wurde vor allem durch die Theorie, die Rostow in seinem Buch „The Stages of Economic Growth" (1960) vertrat, neu entfacht. Rostow ordnete die i. R. als Aufschwungphase *(take-off)* in ein wirtschaftstheoretisches Industrialisierungsmodell ein, für das er Allgemeingültigkeit beanspruchte. Sie wurde von ihm begriffen als der *entscheidende Durchbruch* der kapitalistischen Entwicklung zu langfristigen Gleichgewichtslagen in einem System, das durch Kapazitätsauslastung, Vollbeschäftigung und optimalen Konsum gekennzeichnet ist. Die Diskussion über diese Thesen verlagerte sich weitgehend auf das Gebiet der ökonomischen Theorie und der Statistik. Probleme wie Entwicklungsleistung, Innovationsvermögen und Produktionssteigerung traten in den Vordergrund und wurden unter dem theoretischen Gesichtspunkt der Erreichung eines optimalen Konkurrenzgleichgewichts beurteilt.

Die rein wirtschaftstheoretischen Erörterungen forderten allerdings den Widerspruch jener Forschungstradition heraus, welche die i. R. nicht nur als *industriell* verstanden wissen wollte, sondern – so Ashton – ebenso als *sozial* und *geistesgeschichtlich.* Die i. R. war für einen Forscher wie Flinn „eine tiefgründigere Bewegung als eine bloße Beschleunigung der Zuwachsrate von Investitionen oder des Nationalprodukts" (Flinn, a. a. O. S. 16). In Aufnahme der religionssoziologischen Interpretation von Max Weber sah er in den Dissenters, der Schulbildung, der Unternehmerpsyche usw. den Schlüssel zum Verständnis der i. R.: „Die Haupterfindungen des Vierteljahrhunderts nach 1760 waren direkte und unmittelbare Produkte der sozio-religiösen Wandlungen" (ebd. S. 102). Zugleich wird von Historikern wie Ashton, G. Ohlin, Flinn, W. Hill, Tawney, C. P. Kindleberger betont, daß es weder eindeutige Gründe und typische Entwicklungen noch eine dominierende Industrieentfaltung je gegeben habe: alle Faktoren – „Bevölkerungswachstum, Verstädterung, der Fortschritt in der Technologie, die sozialen Stellungen selbst – alle wurden unentwirrbar in den Wachstumsprozeß hineinverwoben" (Flinn, ebd. S. 16).

Im Zusammenhang mit der Auseinandersetzung um die Vorbedingungen der Industrialisierung fand auch das Problem der Phasenverschiebungen oder -verzögerungen neue Beachtung. Es wurde vor allem von A. GERSCHENKRON aufgegriffen. In Kritik sowohl an der *take-off*-Lehre Rostows als auch am Marxschen Begriff der „ursprünglichen Akkumulation des Kapitels" demonstrierte Gerschenkron am Beispiel der russischen Industrialisierung, daß der Grad der Rückständigkeit eines Landes den Verlauf der i. R. in diesem Land bestimmte. Die „Geschichte der europäischen Industrialisierungen" begriff er nicht mehr als eine „Reihe von monotonen Wiederholungen, wohl aber immer als eine Einheit" (A. Gerschenkron, in: Probleme, 1968, S. 24). Angeregt durch diese Thesen, suchte LANDES die i. R. als Gesamtheit von technologischem Wandel und Entwicklung zu erfassen. Er fand besonders bei der Analyse des *preußischen Weges* zur Industrialisierung eine empirische Bestätigung seiner Auffassung. Schließlich wurde die von Rostow postulierte Gleichhäufigkeit und Plötzlichkeit einer i. R. als *take-off* nicht nur von der historischen, sondern auch von der statistischen Forschung, so von S. KUZNETS, kritisiert.

### *D. Kritik und Vergleich*

Die Stadienlehre Rostows hat in der westlichen Welt in den letzten zwanzig Jahren mehr oder weniger alle Forschungen zur i. R. in Zustimmung oder Ablehnung bestimmt. Daraus erklärt sich ebenso das Übergewicht der Wirtschaftshistoriker und der theoretisch-statistisch argumentierenden Ökonomen bei der Erforschung der i. R. wie die Neigung, den qualitativen Wechsel quantitativ zu erfassen. Der gesamtwirtschaftliche Wachstumsprozeß ist zweifellos ohne die Gewichtung von Außenhandelsnachfrage, von Binnenmarktbedeutung, von Bevölkerungswachstum oder -verschiebung, von Spezialisierungen in der Produktion und Konsumtion, von der Nachfrage nach Verkehrsleistungskapazität, vom Angebot an Arbeitskräften, von Kapitalbildung und dessen Verteilung, von unternehmerischem Selbstbewußtsein und Risikobereitschaft oder von agrarischer und technischer Modernisierung nicht angemessen erfaßbar. Es erwies sich jedoch als unmöglich, das sozio-ökonomische und politische Phänomen i. R. mit wirtschaftstheoretischen Betrachtungsweisen allein zu erklären. Die Aussichtslosigkeit, *eine* Ursache oder *eine* Kausalkette als Kennzeichen für alle i.n R.en benennen zu können, führte deshalb einerseits zu einer immer stärkeren Betonung der ökonomisch-technischen und gesellschaftlichen Verflechtungen und zum anderen zu einer immer deutlicheren Hervorhebung der politischen Zusammenhänge. F. COURZETS Forschungen weisen hier ebenso wie die Arbeiten von LANDES, DEANE oder W. CONZE den Weg zu einer möglichen neuen Auffassung, in der die Einzelanalyse mit einer überprüften theoretischen Konzeption verbunden werden könnte und umgekehrt.

Vergleicht man die marxistische mit der nichtmarxistischen Forschung, so ist festzustellen, daß sich bei aller Gegensätzlichkeit in den Schlußfolgerungen (Gleichgewicht oder Zusammenbruch; Wohlstand oder Verelendung; politische Stabilität oder proletarische Revolution) in methodischer Hinsicht die Auffassungen von Rostow und Marx weitgehend decken. Beide verbindet die Ansicht, die i.R. sei eine plötzliche revolutionäre Veränderung, die nach einer vorbereiteten Akkumulation von Kapital gleich einem Dammbruch die Entfaltung der Produktivkräfte durch massenhaftere Investitionen auf dem technischen Sektor erzwungen habe. Sowohl in der Beurteilung der Vorbedingungen als auch in der Bewertung der entscheidenden industriellen Veränderungen stimmen sie weitgehend überein.

Dieser Konzeption stellt sich die empirisch-statistisch und historisch argumentierende Forschung entgegen. Bei aller Hochschätzung ökonomischer Theorie ist ihr bevorzugter methodischer Weg zur Erfassung des Problems „industrielle Revolution" der induktive Vergleich. Und wenn auch die Ergebnisse dieser Betrachtungsweise bisher ebenso unzureichend bleiben wie die der reinen Theoretiker, so vermitteln sie doch im Detail eine abgesichertere Antwort auf bestimmte Fragen. So wird z.B. von dieser Forschung nach wie vor die Annahme einer „Revolution" kritisch beurteilt; ebenso zurückhaltend oder ablehnend betrachtet sie die Annahme, die technischen Innovationen seien das Kennzeichen der industriellen Revolution. Nicht minder begründet ist ihre Ablehnung der von Marx und Rostow aufgestellten These, den gesteigerten Kapitalbedarf als Indiz für die gesteigerte Akkumulation und damit als Kennzeichen der i.R. anzusehen: der entscheidende Anstieg der Netto-Investionsquote liegt für England nicht vor 1820. Um 1800 lag der Anteil der Maschinen- und Werkzeugindustrie bei 2–2,5% des Kapitalstockes. Da zudem nachgewiesen wurde, daß der bei Marx betonte Kapitalimport kaum etwas zur i.R. beigetragen hat, erweist sich das Problem der Kapitalversorgung nicht als eine Frage der Akkumulation, sondern der „Umverteilung". Dies bedeutet aber, daß das wichtigste Indiz für die i.R. weniger auf ökonomischem, sondern mehr auf sozio-kulturellem Gebiet zu suchen sein wird.

*Allgemeines*

A. **Toynbee:** Lectures on the Industrial Revolution in England. Ldn 1884. Neuausg. u. d. T.: Lectures on the Industrial Revolution of the Eighteenth Century in England. Ldn 1937. – P. **Mantoux:** La révolution industrielle au 18$^{e}$ siècle. Paris 1906. Nouv. éd. 1959. – W. **Sombart:** Der moderne Kapitalismus. Bd3, 1. München 1928. – F. **Schnabel:** Dt. Geschichte im 19. Jahrh. Bd3. Freiburg/Br. 1934. 3. Aufl. 1954. – G. N. **Clark:** Guide to English Commercial Statistics, 1696–1782. Ldn 1938. – W. **Schlote:** Entwicklung u. Strukturwandlungen des engl. Außenhandels von 1700 bis zur Gegenwart. Jena 1938. – L. H. **Dupriez:** Des mouvements économiques généraux. 2 t. Louvain 1947. – W. W. **Rostow:** British Economy of the 19$^{th}$ Century. Oxford 1948. – A. D. **Gayer,** W. W. **Rostow,** A. J. **Schwartz:** The Growth and Fluctuation of the British Economy, 1790–1850. 2 vol. Oxford 1953. – I. **Svennilson:** Growth and Stagnation in the European Economy. Geneva 1954. – The **Transition** from Feudalism to Capitalism. A symposium. [Von] P. M. Sweezy [u. a.] N. Y. 1954. – A. **Schumpeter:** History of Economic Analysis. Ldn 1955. Dt. Ausg.: Ders.: Geschichte der ökon. Analyse. Göttingen 1965. – T. S. **Ashton:** The Industrial Revolution, 1760 to 1830. Ldn, N. Y. 1958. New ed. 1964. – S. **Klatt:** Zur Theorie der Industrialisierung. Köln, Opladen 1959. – J. **Purš:** Einige theoretische Probleme der industriellen Revolution. In: Probleme der Ökonomie u. Politik in den Beziehungen zwischen Ost- u. Westeuropa vom 17. Jahrh. bis zur Gegenwart. Hrsg.: K. Obermann. Bln[-Ost] 1960. S. 83–101. – W. W. **Rostow:** The Stages of Economic Growth. A non-communist manifesto. Cambridge (Mass.) 1960. Dt. Ausg.: Ders.: Stadien wirtschaftlichen Wachstums. Eine Alternative zur marxist. Entwicklungstheorie. Göttingen 1960. 2. Aufl. 1967. – E. B. **Schumpeter:** English Overseas Trade Statistics, 1697–1808. Oxford 1961. – Ph. **Deane,** W. A. **Cole:** British Economic Growth, 1688 to 1959. Cambridge 1962. 2. ed. 1967. – A. **Gerschenkron:** Economic Backwardness in Historical Perspective. Cambridge (Mass.) 1962. – E. J. E. **Hobsbawm:** The Age of Revolution. Europa 1789–1848. Ldn 1962. Dt. Ausg.: Ders.: Europäische Revolutionen. Zürich 1962. – B. R. **Mitchell,** Ph. **Deane:** Abstract of British Historical Statistics. Cambridge 1962. – Ph. **Deane:** The First Industrial Revolution. Cambridge 1965. – The Cambridge Economic **History** of Europe. Vol. 6. Ed.: H. J. Habakkuk, M. Postan. Cambridge 1965. – S. **Kuznets:** Economic Growth and Structure. N. Y. 1965. Ldn 1966. – S. **Pollard:** The Genesis of Modern Management. A study of the industrial revolution in Great Britain. Ldn 1965. – M. W. **Flinn:** The Origins of the Industrial Revolution. Ldn 1966. – **Quellen** zur Geschichte der industriellen Revolution. Hrsg.: W. Treue [u. a.] Frankfurt/M. [usw.] 1966. – H. **Rosenberg:** Große Depression u. Bismarckzeit. Wirtschaftsablauf, Gesellschaft u. Politik in Mitteleuropa. Bln 1967. – K. **Borchardt:** Probleme der ersten Phase der industriellen Revolution in England. Ein bibliographischer Bericht... In: Vjschr. Soz.- u. Wirtsch.-Gesch. 55 (1968) 1, S. 1–62. – Wirtschafts- u. sozialgeschichtliche **Probleme** der frühen Industrialisierung. Hrsg.: W. Fischer. Bln 1968.

*Untersuchungen zu Einzelproblemen u. zur Theorie der industriellen Revolution*

*Die kommunistische Analyse:*

P. I. **Ljaščenko:** Istorija narodnogo chozjajstva SSSR. T. 1–3. L. 1947–56. [Die Geschichte der Volkswirtschaft der UdSSR.] – P. A. **Chromov:** Ekonomiceškoe razvitie Rossii v 19–20 vekach, 1800–1917. M. 1950. [Die wirtschaftliche Entwicklung Rußlands im 19.–20. Jahrh.] – J. **Purš:** K otázce prumyslové revoluce v hlavních odvětvich textilniho prumyslu v českých zemich. In: Českoslov. čas. hist. 2 (1954), S. 93–143. [Zur Frage der industriellen Revolution in den Hauptsparten der Textilindustrie in Böhmen.] – J. **Kuczynski:** Zum Problem der industriellen Revolution. In: Z. Gesch.-Wiss. 4 (1956) 3, S. 501–524. – **Ders.:** Studien zur Geschichte des Kapitalismus. Bln[-Ost] 1957. – **Probleme** der Ökonomie u. Politik in den Beziehungen zwischen Ost- u. Westeuropa vom 17. Jahrh. bis zur Gegenwart. Bln[-Ost] 1960. – J. **Purš:** Prumyslová revoluce v českých zemích. Praha 1960. [Die industrielle Revolution in Böhmen.] – **Studien** zur Geschichte der industriellen Revolution in Deutschland. [Von] H. Mottek [u. a.] Bln[-Ost] 1960. – A. **Schröter,** W. **Becker:** Die dt. Maschinenbauindustrie in der industriellen Revolution. Bln[-Ost] 1962. – H. **Blumberg:** Die dt. Textilindustrie in der industriellen Revolution. Bln[-Ost] 1965. – S. G. **Strumilin:** Promyšlennyj perevorot v Rossii. M. 1944. [Der industrielle Umschwung in Rußland.] – M. F. **Zlotnikov:** Ot manufaktury k fabrike. In: Vopr. istorii (1946) 11/12, S. 31–48. [Von der Manufaktur zur Fabrik.] – V. K. **Jacunskij:** Promyšlennyj perevorot v Rossii. Ebd. (1952) 12, S. 48–70. [Industrieller Umschwung in Rußland.] – K. A. **Pažitnov:** K. voprosu o promyšlennom perevorote v Rossii. Ebd. (1952) 5, S. 68–76. [Zur Frage des industriellen Umschwungs in Rußland.] – S. G. **Strumilin:** K voprosu o promyšennom perevorote v Rossii. In: Vopr. ekonomiki (1952) 12, S. 69–84. [Zur Frage des industriellen Umschwungs in Rußland.] – R. **Portal:** Das Problem einer industriellen Revolution in Rußland im 19. Jahrh. In: Forsch. osteur. Gesch. 1 (1954), S. 205–216. – K. **Schmiedel:** Zum Problem der industriellen Revolution in Rußland. In: Jahrbuch für Geschichte der dt.-slawischen Beziehungen u. Geschichte Ost- u. Mitteleuropas. Bd 2. Halle 1958. S. 273 ff. – P. G. **Ryndzjunskij:** Krest'janskaja promyšlennost' v poreformennoj Rossii ‹60–80e gody XIX v.› M. 1966. [Die bäuerliche Industrie in Rußland nach der Reform.] – B. L. **Cypin:** Nekotorye osobennosti promyšlennogo perevorota v Rossii. Sverdlovsk 1968. [Einige Besonderheiten des industriellen Umschwungs in Rußland.] – I. D. **Koval'čenko:** Promyšlennyj perevorot. In: Sovetskaja istoričeskaja enciklopedija. T. 11. M. 1968. S. 615–617. [Industrieller Umschwung.]

*Die nichtkommunistische Analyse:*
W. **Cunningham:** The Growth of English Industry and Commerce. Cambridge 1882. 5. ed. 1922. – E. **Baines:** History of the Cotton Manufacture in Great Britain ... Ldn 1835. 2. ed. N.Y., Ldn 1966. – J. L. **Hammond,** L. B. **Hammond:** The Village Labourer, 1760 to 1832. Ldn 1911. New ed. 2 vol. 1948. – **Dies.:** The Town Labourer, 1760–1832. Ldn 1917. 2. ed. 1925. – **Dies.:** The Skilled Labourer, 1760–1832. Ldn 1919. 2. ed. 1920. – R. E. P. **Ernle:** English Farming, Past and Present. Ldn 1912. New 6. ed. Ldn 1961. – L. C. A. **Knowles:** The Industrial and Commercial Revolutions in Great Britain during the 19th Century. Ldn, N. Y. 1921. 4. rev. ed. 1926. – A. **Bezanson:** The Early Use of the Term Industrial Revolution. In: Quart. J. Econ. 36 (1922), S. 343–349. – J. H. **Clapham:** An Economic History of Modern Britain. 3 vol. Cambridge 1926–38. Repr. 1950 to 1952. – R. H. **Tawney:** Religion and the Rise of Capitalism. Ldn 1926. Dass. Harmondsworth 1938. – W. **Hoffmann:** Stadien u. Typen der Industrialisierung. Beitr. zur quantitativen Analyse hist. Wirtschaftsprozesse. Jena 1931. – **Fact** and Factors in Economic History, Ed.: E. F. Gay. Cambridge (Mass.) 1932. – P. M. **Sweezy:** Monopoly and Competition in the English Coal Trade, 1550–1850. Cambridge (Mass.) 1938. – J. U. **Nef:** The Industrial Revolution Reconsidered. In: J. Econ. Hist. 3 (1943) 1, S. 1–31. – T. S. **Ashton:** An Economic History of England. The 18th century. Ldn 1955. – Economic **Progress.** Papers and proceedings of a round table ... Le progrès économique. Ed.: L. H. Dupriez. Louvain 1955. – J. U. **Nef:** Cultural Foundations of Industrial Civilization. Ldn 1958. N. Y. 1960. – G. S. L. **Tucker:** Progress and Profits in British Economic Thought, 1650–1850. Cam-

bridge 1958. [New ed.] 1960. – F. **Crouzet:** L'économie britannique et le blocus continental, 1806–1813. 2 vol. Paris 1958. – A. H. **Imlah:** Economic Elements in the Pax Britannica. Cambridge (Mass.) 1958. – H. G. **Hunt:** Landownership and Enclosure, 1750–1830. In: Econ. Hist. REv. 2. ser. 11 (1959) 3, S. 497–505. – R. **Koebner:** Adam Smith and the Industrial Revolution. Ebd. S. 381–391. – G. **Ohlin:** Balanced Economic Growth in History. In: Amer. Econ. Rev. 49 (1959) 2, S. 338–358. – N. J. **Smelser:** Social Change in the Industrial Revolution. Ldn, Chicago 1959. – K. **Berill:** Internat. Trade and the Rate of Economic **Growth.** In: Econ. Hist. Rev. 2. ser. 12 (1960) 3, S. 351–359. – **Studies** in the Industrial Revolution. Ed.: L. S. Presnell. Ldn 1960. – R. E. **Cameron:** France and the Economic Development of Europe, 1800 to 1914. Princeton (N. J.) 1961. – W. O. **Henderson:** The Industrial Revolution on the Continent: Germany, France, Russia, 1800–1914. Ldn 1961. – A. K. **Cairncross:** Factors in Economic Development. Ldn 1962. – **Essays** in Economic History. Ed.: E. M. Carus-Wilson. 3 vol. Ldn 1962. – W. **Fischer:** Der Staat u. die Anfänge der Industrialisierung in Baden 1800–1850. Bd 1. Bln 1962. – H. **Kish:** The Impact of the French Revolution on the Lower Rhine Textile Districts. In: Econ. Hist. Rev. 2. ser. 15 (1962) 2, S. 304–327. – **Staat** und Gesellschaft im dt. Vormärz 1815–1848. Hrsg.: W. Conze. Stuttgart 1962. – W. **Treue:** Wirtschaftsgeschichte der Neuzeit. Im Zeitalter der industriellen Revolution 1700–1960. Stuttgart 1962. – E. A. **Wrigley:** The Supply of Raw Materials in the Industrial Revolution. In: Econ. Hist. Rev. 2. ser. 15 (1962) 1, S. 1–16. – The **Economics** of Take-off into Sustained Growth. Ed.: W. W. Rostow. Ldn 1963. – E. J. E. **Hobsbawm:** Labouring Men. Studies in the history of labour. N. Y., Ldn 1964. – J. R. T. **Hughes:** Measuring British Economic Growth. In: J. Econ. Hist. 24 (1964) 1, S. 60–82. – C. P. **Kindleberger:** Economic Growth in France and Britain 1851–1950. Cambridge (Mass.) 1964. – S. **Pollard:** Fixel Capital in the Industrial Revolution in Britain. In: J. Econ. Hist. 24 (1964) 3, S. 299–314. – R. **Braun:** Sozialer u. kultureller Wandel in einem ländlichen Industriegebiet ‹Zürcher Oberland› unter der Einwirkung des Maschinen- u. Fabrikwesens im 19. u. 20. Jahrh. Erlenbach/Zürich, Stuttgart 1965. – **Population** in History. Essays in historical demography. Ed.: D. V. Glass, D. E. Eversley. Ldn 1965. – J. D. **Chambers,** G. E. **Mingay:** The Agricultural Revolution, 1750–1880. Ldn 1966. – R. G. **Wilson:** Transport Dues as Indices of Economic Growth, 1775–1820. In: Econ. Hist. Rev. 2. ser. 19 (1966) 1, S. 110–123. – A. **Birch:** The Economic History of the British Iron and Steel Industry, 1784–1879. Ldn 1967. – R. E. **Cameron:** Banking in the Early Stages of Industrialization. N. Y., Ldn 1967. – The **Causes** of the Industrial Revolution in England. Ed.: R. M. Hartwell. Ldn 1967. – Die soziale Frage. Neuere Studien zur Lage der Fabrikarbeiter in den Frühphasen der Industrialisierung. Hrsg.: W. Fischer, G. Bajor. Stuttgart 1967. – R. **Kosellek:** Preußen zwischen Reform u. Revolution, 1786–1848. Stuttgart 1967. – Ch. **Hill:** Reformation to Industrial Revolution. A social and economic history of Britain, 1530–1780. Ldn 1967. – Social **Theory** and Economic Change. Ed.: T. Burns. Ldn 1967. – E. J. E. **Hobsbawm:** Industry and Empire. An economic history of Britain since 1750. Ldn 1968. Dt. Ausg.: Ders.: Industrie u. Empire. Britische Wirtschaftsgeschichte seit 1750. 2 Bde. Frankfurt/M. 1969.

# Die Französische Revolution

Von Eberhard Schmitt

## *A. Abgrenzung und Einteilung der Epoche*

Der Terminus „Französische Revolution" bezeichnet eine Epoche der französischen Geschichte, in deren Verlauf infolge einer Reihe gewaltsamer Ereignisse eine grundlegende Umstrukturierung der politischen, sozialen, wirtschaftlichen und kulturellen Verhältnisse Frankreichs herbeigeführt wurde. Über die historische Tragweite dieser Umstrukturierung besteht in der Geschichtswissenschaft weitgehend Übereinstimmung. Danach stellt die Französische Revolution (R.) die erste und bedeutsamste Zeitspanne im Verlauf des Übergangs des Staatsführungsmonopols von der alten, in den Rechtsgewohnheiten der Feudalzeit wurzelnden Aristokratie auf die neue, im Verlauf des 18. Jahrh. selbstbewußt gewordene soziale Schicht des Bürgertums dar und damit das unwiderrufliche Ende des Mittelalters. Hatten Jahrhunderte hindurch der Nachweis der Ahnenreihe und eines aristokratischen Lebensstils den Weg zu Amt und Würden geebnet, so wurden sie nunmehr ersetzt durch die der Vernunft plausibleren Qualifikationen Besitz und Bildung. Daraus ergab sich eine Fülle weitreichender Konsequenzen, die sämtliche Lebensäußerungen der französischen Nation betrafen, darüber hinaus jedoch auch intensiv auf die Politik Europas wirkten und Einfluß auf das gesamte konstitutionelle Leben des 19. und 20. Jahrh. gewannen. Aus ereignis- wie strukturgeschichtlicher Sicht läßt sich die Epoche der Französischen R. in *mehrere Phasen* einteilen.

Eine unmittelbar *vorbereitende Zeitspanne,* in der fast alle später konkurrierenden Programme, Zielsetzungen und Aktionen formuliert bzw. intendiert wurden, wird heute durchweg mit J. Egret die *Phase der Pré-Révolution* (1787–88) genannt. An sie schließt die erste der beiden eigentlichen revolutionären Phasen an: die *Phase der Errichtung der konstitutionellen Monarchie* bzw. der *Révolution bourgeoise* oder *Révolution de la Liberté* (1789–92), deren wichtigste Zeugnisse die „Erklärung der Menschen- und Bürgerrechte" vom 26. August 1789 und die erste geschriebene Verfassung Frankreichs vom 3. September 1791 sind. Diese Phase wird abgelöst durch die *Phase der Konventsherrschaft* der Girondisten und Jakobiner (1792–94), die in Analogie zum vorhergehenden Zeitabschnitt häufig *Révolution démocrate* oder *Révolution de l'Égalité* genannt wird. Sie umschließt in ihrer zweiten Hälfte die Diktatur des Wohlfahrtsausschusses *(La Grande Terreur)* unter ROBESPIERRE und SAINT-JUST, die am 9. Thermidor des Jahres II (27. Juli 1794) zusammenbrach. Mit dem Ende dieser Phase sieht eine Reihe von Historikern die R. als abgeschlossen an. Die meisten Autoren beziehen jedoch die *Phase der „bürgerlichen Republik"* oder *„bürgerlichen Restauration"* (1794–99) in die Gesamtepoche mit ein, während einige wenige Historiker darüber hinaus auch die Ära Napoleons (1799–1815) der Französischen R. zuordnen.

## *B. Interpretationen der Französischen Revolution*

### I. Allgemeines

Der Gegenstand „Französische Revolution" bietet ein Musterbeispiel für eine weltanschaulich-ideologisch geprägte Geschichtsschreibung. Die Beurteilung der Gesamtepoche von 1787–1799 samt ihren vielfältigen und diffusen Folgen ist bis heute je nach politischem Standort und ideologischer Perspektive stark kontrovers. Jedes Studium der Revolutionsgeschichte wird deshalb ausnahmslos mit einer Fülle bewußter oder unbewußter Wertungen seitens der jeweils darstellenden Historiker belastet. Die Revolutionshistoriker sind sich dieses Problems selbst seit langem bewußt; sie verwenden beträchtliche Energien auf die wissenschaftliche Fixierung und Diskussion derartiger Kontroversbereiche, freilich ohne bisher auch nur auf den wichtigsten Sektoren zu Übereinstimmung gelangt zu sein. Bezeichnend für diese – nach einem Wort von P. Geyl – *Diskussion ohne Ende* ist, daß sie so gut wie ausschließlich unter Historikern westlicher Länder geführt wird. Die sowjetisch-marxistische Interpretation der Französischen R. hat bislang auf internationaler Ebene kaum Resonanz gefunden, wie auch sowjetische Historiker bisher keinen nennenswerten Beitrag zur Quellenbewältigung der Gesamtepoche geliefert haben. So ist vorweg zu sagen, daß die Revolutionshistorie unter „marxistischer Interpretation" und „materialistischer Geschichtsdeutung" der R. meist die umfangreichen Beiträge westlicher sozialistischer Autoren zur Erforschung und Darstellung des Revolutionsphänomens versteht. Dabei ist festzuhalten, daß diese Beiträge in Forschungsansatz und wertender Aussage sowohl voneinander wie von der sowjetisch-marxistischen Interpretation der Französischen R. abweichen und ihrerseits den Methodenpluralismus der gesamten Disziplin widerspiegeln.

Naturgemäß ist dieser Meinungspluralismus unter französischen Historikern am ausgeprägtesten, da in Frankreich die R. bis heute ein Politikum ersten Ranges geblieben ist. Bis zur Stunde nimmt der geschichtsbewußte Teil der französischen Nation eine beharrliche Pro- oder Kontrahaltung zum Gesamtvorgang der R. ein. G. CLEMENCEAUS vielzitiertes Wort von 1897 – „la Révolution est un bloc" – gibt noch immer treffend die Kompromißlosigkeit des Kampfes wieder, der seit gut eineinhalb Jahrhunderten zwischen Reaktion und Fortschritt, zwischen Klerikalen und Antiklerikalen, zwischen Rechten und Linken im Gang ist. Dementsprechend wirkt jede Aussage eines Historikers über die Französische R. in die kritische Öffentlichkeit hinein, gewinnt unabhängig von ihrer wissenschaftlichen Qualität den Charakter eines tagespolitischen oder weltanschaulich-ideologischen Bekenntnisses. So hatte und hat die Historie gerade in Frankreich bisher über das gewöhnliche Maß des Metiers hinausgehende Schwierigkeiten, Distanz zum Untersuchungsgegenstand „Französische Revolution" zu finden.

## II. Überblick über die bisherige Historiographie

Während der bourbonischen Restauration lag über der ganzen Epoche der Französischen R. ein Tabu. Als erster durchbrach es 1823 L. A. Thiers, der aus der Sicht des liberalen Großbürgers eine zusammenhängende Schilderung der revolutionären Umwälzungen gab. Diese noch aus Augenzeugenberichten geschöpfte Darstellung wurde 1824 durch das Werk des ebenfalls liberalen F. Mignet ergänzt, der sich mehr mit der revolutionären Ideenwelt beschäftigte. Die erste historische Behandlung erfuhr die Französische R. 1837 durch den Schotten Th. Carlyle, der seinen Gegenstand in eine Reihe literarisch packender, aber aus dem Geist der Romantik erschaffener Episoden und Szenen aufgliederte. Weitere romantisierende Gesamtdarstellungen stammen von A. de Lamartine, J. Michelet und L. Blanc, deren Werke 1847, unmittelbar vor der Februarrevolution von 1848, zu erscheinen begannen. Sie waren alle aus dem Geist der Opposition gegen das Julikönigtum heraus verfaßt: Lamartines Werk als Verherrlichung der Montagnards, Michelets Arbeit als Mythos vom *guten Volk,* das in der Französischen R. seine Ketten zerbrochen habe, Blancs Darstellung als erste im Ansatz sozialistische Interpretation, die in der relativ kurzen Phase der *Terreur* – wie später K. Marx – die Vorstufe einer neuen Gesellschaftsform sah.

Nach der gescheiterten Revolution von 1848 (siehe unten: Dritte Abteilung) begann dann eine neue Phase der Revolutionsinterpretation, die der *Desillusionierten.* Als erstes Werk dieser Art erschien 1853–79 die „Geschichte der Revolutionszeit" von H. von Sybel, gleichzeitig die erste wissenschaftliche Darstellung der diplomatischen Vorgänge der Epoche. A. de Tocquevilles „L'ancien régime et la Révolution" (1856) setzte dann völlig neue Maßstäbe. Dieser Autor kam nach jahrzehntelangen Studien zu dem Ergebnis, daß die meisten Entwicklungen, die man der Französischen R. zuschrieb, bereits im *Ancien régime* angelegt und teilweise sogar schon verwirklicht gewesen seien, vor allem auf dem Sektor der administrativen Maßnahmen. Die 1865 erschienene Darstellung des dem Protestantismus nahestehenden E. Quinet führte die Französische R. auf das Scheitern der Reformation in Frankreich zurück.

Eine weitere bedeutsame Phase der Revolutionsinterpretation setzte mit der Entstehung der III. Republik ein. H. Taine (1876) verurteilte – vom Standpunkt des französischen Konservativen aus – als erster Autor die Französische R., indem er die Mißhelligkeiten der Gegenwart ausschließlich auf die R. zurückführte, besonders auf den *esprit classique,* d.h. auf eine dem französischen Denken geläufige Neigung, politische und soziale Probleme abstrakt und generalisierend zu lösen. Taine zu widerlegen unternahm der Republikaner A. Aulard, der als erster Professor den 1885 geschaffenen Lehrstuhl für Revolutionsgeschichte an der Sorbonne einnahm. Aulard (1901) schuf den Mythos vom *guten Danton* und machte den Gegenspieler Robespierres so zum Nationalhelden der III. Republik. Er begeisterte sich besonders für die republikanisch-laizistische Phase der R., die er in zahlreichen Werken behandelte.

Seit Aulard haben sich die Interpretationen der Französischen R. in zahlreiche Richtungen aufgespalten. J. Jaurès verfaßte 1901–04 die erste konsequent sozialistische Interpretation. Er führte die Französische R. auf Klassengegensätze zurück. Die posthum erschienenen Arbeiten von A. Cochin (1924, 1925; verfaßt 1904–14) machten die sog. *Sociétés de Pensée* für den Ausbruch der R. verantwortlich. Mit A. Mathiez, G. Lefebvre und A. Soboul erstanden nach dem 1. Weltkrieg drei überragende sozialistische Interpreten in der Nachfolge von Jaurès, deren Schule einer an den Quellen modifizierten marxistischen Interpretation inzwischen in Frankreich vorherrschend geworden ist (C.-E. Labrousse, M. Reinhard, G. Walter, M. Bouloiseau, J. M. Thompson, G. Rudé, R. Cobb, R. Robin, M. Vovelle). Daneben traten ideengeschichtlich orientierte (P. Sagnac), strukturanalytische (J. Godechot), bonapartistische (L. Madelin) und neo-royalistische (P. Gaxotte, O. Aubry) Gesamtdarstellungen. Gelegentlich objektiver, weil aus neutraler Distanz verfaßt, sind die zu einer Synthese der verschiedenen Auffassungen neigenden Gesamtinterpretationen vor allem amerikanischer und englischer Historiker (C. Brinton, L. Gottschalk, L. Gershoy, A. Goodwin, R. R. Palmer, E. J. Hobsbawm, M. J. Sydenham). Eindringliche Versuche einer sozialgeschichtlichen Interpretation der Französischen R. unternahmen in den letzten Jahrzehnten A. Cobban, N. Hampson sowie zuletzt D. Richet und F. Furet. Eine Systematisierung der revol. Gedankenwelt in Form einer Philosophie des Typus des *bourgeois* hat aus marxistischer, von Dilthey beeinflußter Sicht B. Groethuysen gegeben. Daneben nehmen sich die übrigen Interpretationsbemühungen der internationalen Historie bescheiden aus. Zu erwähnen sind davon die Darstellungen des konservativen Engländers J. E. E. D. Acton (1910; verfaßt 1895–99), des Italieners G. Salvemini (1905), des russischen Anarchisten P. A. Kropotkin (1893), des in die Schweiz emigrierten Italieners G. Ferrero (1951; verfaßt 1940–42), des Sowjetrussen A. Z. Manfred (1950) und des konservativ-liberalen Deutschen M. Göhring (1950–51).

Daneben hat fast jeder kleinere Sektor der Revolutionsgeschichte seine Spezialbearbeiter, deren Einzelforschungen erst die Mosaiksteine ergeben, aus denen sich das Bild der Gesamtrevolution zusammensetzt. Diese Forschung unterhalb der Ebene der Gesamtinterpretation hat seit etwa einem halben Jahrhundert zu beachtlicher Sachlichkeit und Vorurteilslosigkeit gefunden. Sie hat allein seit Ende des 1. Weltkrieges rund 40 000 Einzelstudien (Monographien, Artikel, Miszellen, Quelleneditionen) hervorgebracht. Aus zahlreichen dieser begrenzten Untersuchungen haben sich bahnbrechende Forschungsansätze ergeben, die fruchtbar auf neue Beurteilungen bestimmter Phänomene der Französischen R. wirkten und darüber hinaus häufig neue Perspektiven bei der Behandlung anderer Epochen eröffneten. Von dieser Ebene der Revolutionsgeschichtsschreibung gehen heute so gut wie alle Neuinterpretationen der Französischen R. aus.

## III. Die konservative Interpretation

Unter den Hauptströmen der Revolutionsinterpretationen bildet – neben der bürgerlich-idealisierenden Deutung der Ereignisse – die konservative Kritik die älteste Schule. Entsprechend einer im konservativen Lager verbreiteten Neigung, unter Berufung auf traditionelle, empirisch und transzendent fundierte Wertmaßstäbe bei konkretem Anlaß punktuell Kritik zu üben, setzte die entsprechende Kritik an der Französischen R. sofort mit deren bürgerlichem Beginn, d.h. mit dem 17. Juni 1789, ein. Unter den verschiedensten ablehnenden Gesichtspunkten wurde sie zunächst von den konservativen Sprechern der *Assemblée nationale constituante* (Cazalés, Lally-Tollendal, Abbé Maury) vorgetragen. Sie äußerte sich in periodischen Veröffentlichungen (Mercure de France) und in zahlreichen Einzelschriften, die ab Herbst 1789 zunehmend aus Emigrantenkreisen kamen. In der Periode zwischen der Gefangensetzung und dem Tod Ludwigs XVI. (1792/93) und der Wiedereinsetzung der Bourbonen (1814/15) kam diese konservative Kritik zwangsläufig aus dem Ausland, ob sie nun von Franzosen, Engländern oder Deutschen stammte; meist stand sie in direkter oder indirekter Beziehung zu den außenpolitischen Verwicklungen, die sich durch die Revolutionskriege seit 1792 ergeben und die das europäische Staatensystem von Grund auf verändert hatten.

1. Den Anfang hatte bereits im Herbst 1790 der Ire E. Burke mit seinen „Reflections on the Revolution in France and on the Proceedings in Certain Societies in London Relative to That Event“ gemacht, die bis zum Erscheinen der systematischen Zurückweisung der Fran-

zösischen R. durch Taine die radikalste Infragestellung der revolutionären Prinzipien, Ereignisse und Ziele überhaupt darstellten. Burkes Fundamentalkritik wurde bemerkenswerterweise bereits zwei Jahre vor der Zeit der „Grande Terreur“ und damit vor dem Höhepunkt der R. verfaßt. Dennoch fiel sie so scharf aus, als sei die Jakobinerherrschaft schon damals Realität gewesen. Burkes wichtigster Kunstgriff ist fast aller konservativen Kritik gemeinsam: Er zeichnete zunächst ein rosiges Bild der Epoche vor 1789. Hiernach besaß das französische Königreich des *Ancien régime* eine gute, ausgewogene Verfassung, deren zuverlässige Hüter die Parlamente (die obersten Gerichtshöfe) waren; es hatte einen tugendsamen, tapferen Adel, einen sittenstrengen Klerus und ein fleißiges, bescheidenes Volk. Alles Unheil habe erst am 17. Juni 1789 mit der Erklärung des *Tiers-État* zur *Assemblée nationale* begonnen. In dieser Nationalversammlung hätten skrupellose Advokaten den Ton angegeben. Ehrgeizig und ohne Respekt vor der Würde des Monarchen hätten sie Zug um Zug die tragenden Säulen der alten Verfassung gestürzt und ihr eigenes lärmendes Regime errichtet, das darauf ziele, in rationalistischer Gleichmacherei die menschliche Natur und die Erfahrungen der Geschichte zu vergewaltigen. Da Burke die Verhältnisse des alten Frankreich und der R. bis 1790 im großen und ganzen nur aus Berichten von Emigranten und ihnen nahestehenden Kreisen kannte, waren seine Vorstellungen einseitig geprägt. Seine Geschichtsdeutung ist daher dank falscher Prämissen fehlerhaft und fragwürdig: Burke weiß nichts von der das *Ancien régime* blockierenden Opposition der Parlamente, er weiß nichts von den Vorgängen der *Pré-Révolution,* vom Finanzgebaren der Krone und dem schließlichen Staatsbankrott, von der diffamierenden Zurücksetzung des *Tiers-État,* der Korruption in der Verwaltung, der Frivolität am Versailler Hof, der allgemeinen Bevölkerungsexplosion und dem überall fühlbaren Preisanstieg für Lebensmittel in den Jahren 1787–1789. So steht er fassungslos vor einer Kette von Ereignissen, die er mißbilligt, weil sie seinen politischen Überzeugungen zuwiderlaufen.

Burkes Deutung ist der Ausgangspunkt der englischen konservativen Interpretation der Französischen R. durch das ganze 19. Jahrh. hindurch bis zur Gegenwart (D. W. Brogan) geblieben. Ihr tieferer Grund ist von Burke bis heute ein tiefverwurzelter Respekt vor altüberkommenen, gewachsenen Ordnungen im Bereich des Politischen, demgegenüber die Französische R. das Prinzip der willkürlichen Veränderung und der Machbarkeit politischer und sozialer Ordnungen verkörpert.

2. Ein ähnlicher Ausgangspunkt läßt sich auch für die erste konservative Kritik der französischen Emigranten festhalten. Schon 1789 wurde die inzwischen vielfach wiederholte, bis heute nicht aus Quellen belegte *Konspirations-* oder *Komplotthese* geboren, nach der eine Reihe

geheimer Zirkel der Illuminaten, Freimaurer und Jakobiner die Französische R. schon Jahre im voraus minutiös geplant und dann 1789 verabredungsgemäß herbeigeführt habe (Comte DE FERRAND, Abbé BARRUEL, Abbé DUVOISIN). Über die Vordergründigkeit dieser These ging dann allerdings die legitimistische Staatstheorie der Bourbonenrestauration rasch hinaus, die durch die Namen DE MAISTRE, DE LAMARTINE und DE BONALD charakterisiert ist und die bis zum 1. Weltkrieg weitgehend die Revolutionsinterpretation des katholischen Frankreich darstellte. Diese Auffassung deutete die ganze revolutionäre Epoche als unmittelbar von Gott herbeigeführtes Strafgericht über das sittenlose, vom Glauben verlassene *Ancien régime,* sie sah mit de Maistre „un caractère satanique dans la Révolution" (Considérations sur la France. Lausanne 1795, S. 66). Diese Ablehnung der R. als Inbegriff der Anarchie und der Zerstörung ging zweifellos auf existentielle Erschütterungen zurück, in denen sich das Erlebnis des Bruchs der R. mit der katholischen Kirche und besonders die harten Priesterverfolgungen und die Proklamierung eines nichtchristlichen „Kults des höchsten Wesens" zur Staatsreligion auswirkten. Diese religiös fundierte Deutung und Ablehnung der R. ist bis heute in Frankreich weit verbreitet (B. FAY, J. OUSSET), obwohl die Kirche selbst sich seit der Jahrhundertwende von ihr distanziert hat. Sie hat hinsichtlich der Ursachen der R. in den zwanziger Jahren durch die Arbeiten von COCHIN eine neue, wissenschaftlich formulierte Bestärkung erfahren. Cochin machte politische Clubs, Freimaurerlogen, Lese- und Korrespondenzzirkel, die sog. *Sociétés de Pensée,* für den Ausbruch der R. verantwortlich. Er hat zwar diese These niemals restlos aus Quellen belegen können, jedoch den Blick der Revolutionshistorie nachdrücklich auf das Phänomen aktivistischer politischer Plattformgruppierungen gelenkt, die im Stil der englischen und amerikanischen *Caucuses* als Wahlvorbereitungskomitees allgemeine taktische Schachzüge hinter verschlossenen Türen verabredeten. Konservative Historiker haben an der Tätigkeit dieser Komitees stets nur den konspirativen Charakter hervorgehoben. Eine solch einseitige Auffassung übersieht jedoch, daß sich die moderne konstitutionelle Bewegung durchweg in Organisationsformen dieser Art und mit Hilfe entsprechender Techniken entwickelt hat. In Frankreich entstand diese Bewegung in aller Breite im Verlauf der Wahlvorbereitungen für die Generalstände des Jahres 1789. In ihr nur eine Verschwörung gegen das *Ancien régime* zu sehen, ist ein Mißverständnis.

3. Ähnliches gilt in gewissem Sinn auch für die deutschsprachige konservative Interpretation der Französischen R. bis etwa zum 1. Weltkrieg. Diese Deutung (F. VON GENTZ, A. VON MÜLLER, J. VON HALLER, J. STAHL, H. VON SYBEL, L. VON RANKE, H. VON TREITSCHKE, A. WAHL) stellte trotz erheblicher Differenzierungen die mangelnde Achtung der Revolutionäre vor der staatlichen Ordnung, vor Institutionen und verfassungsmäßig und gesetzlich geregelten politischen

und sozialen Beziehungen innerhalb eines Staatswesen in den Vordergrund. In diesem Zusammenhang wurden zumal die Gesichtspunkte der gewachsenen ständischen Verfassung, des monarchischen Prinzips und des Staats als Ordnungsmacht dem Denken und Handeln der R. gegenübergestellt. Bei einer von solchen Kategorien ausgehenden Wertung verfiel die Französische R. selbstredend dem Verdikt. Es war wohl kein Zufall, daß die meisten der genannten Autoren in Preußen oder Österreich beheimatet waren, in Staaten also, die aus Motiven der Staatsräson oder der nationalen Bewegung die Französische R. stärker bekämpft hatten als etwa die deutschen Rheinbundstaaten.

4. Von der religiös motivierten Deutung des revolutionären Gesamtkomplexes ist in Frankreich eine andere konservative Interpretation zu unterscheiden: die erstmals durch TAINE vorgetragene machtstaatlich-nationalistische Kritik der Französischen Revolution. Bezeichnenderweise war es die bittere Erfahrung vom Untergang des Zweiten Kaiserreiches, die Taine zur Reflexion über die Entstehung der Französischen R. veranlaßte. Sein ab 1876 erschienenes Werk „Les origines de la France contemporaine“ stellte sich die Frage, wie man Frankreich vor den endlosen Umwälzungen bewahren könne, die seit 1789 seinen politischen Bestand erschütterten. Die Fragestellung der Untersuchung war also aktuell-politischer Natur, und die Ergebnisse dieser Untersuchung ließen erkennen, daß die Antworten schon vorher feststanden. Taine sah zwar als erster Historiker die Entstehung der R. als Ergebnis des allmählichen Autoritätsverlusts der Regierung unter Ludwig XVI. und des Infragestellens der alten sozialen Ordnung. Er identifizierte die Revolutionäre jedoch nicht mit dem ganzen Volk. Für ihn waren sie vielmehr *contrebandiers, vagabonds, mendiants, la dernière plèbe* oder *bandits*. Ähnlich bezeichnete er die Jakobiner als charakterlose soziale Mißgeburten. Für Taines Beurteilung ist letztlich die Einsicht maßgebend, daß alle Anläufe zu nationaler Größe und Selbstbestätigung seit der Französischen R. regelmäßig in einem Desaster endeten. Der Glanz der Epoche des Sonnenkönigs wurde nie wieder erreicht. Aus dieser historischen Erinnerung heraus verurteilen noch heute neo-royalistische Autoren (O. AUBRY, P. GAXOTTE) die Französische R. und finden dabei in der Öffentlichkeit bedeutende Resonanz.

## IV. Die bürgerlich-idealisierende Interpretation

Die bürgerlich-idealisierende Deutung der Französischen R. beginnt ebenso wie die konservative mit dem revolutionären Akt der Erklärung des *Tiers-État* zur *Assemblée nationale* am 17. Juni 1789. Zahllose Zeitgenossen (so Mirabeau, Sieyès, Bailly, Étienne Dumont de Genève) haben die Bedeutung dieses Schrittes erkannt, die darin bestand, daß er in einem Zug die durch die Verfassungskonvention seit einem halben Jahrtausend bestehende partikulare Interessenrepräsentation der privilegierten Stände liquidierte und gleichzeitig die Prärogativen der Krone, im wesentlichen die Kompetenz über die politischen Grundentscheidungen, weitgehend usurpierte. In der Erinnerung haben allerdings der spontane Akt des Schwurs im Ballspielhaus (20. Juni 1789) und der rasch zum Mythos hochstilisierte Sturm auf die Bastille (14. Juli 1789) dank ihres stärkeren Symbolgehalts größere Bedeutung gewonnen als der juristisch komplizierte, jedoch viel folgenreichere Schritt vom 17. Juni, der ohne äußeren Glanz vor sich ging.

Die beiden Höhepunkte der R. aus der Sicht des zeitgenössischen Bürgertums waren dann die Erklärung der Menschen- und Bürgerrechte vom 26. August 1789 und die Schaffung der ersten geschriebenen Verfassung Frankreichs vom 3. September 1791, des Vorbilds der kontinentalen Repräsentativverfassung für das ganze 19. Jahrh. Es versteht sich von selbst, daß die bürgerlichen Kreise bis zum Beginn der Konventsdiktatur im Herbst 1793 ihre eigenen Errungenschaften hochschätzten und sich in einzigartiger Weise „auf der Höhe der Zeit" fühlten. Fast einhellige Zustimmung fand dieses Hochgefühl zunächst besonders in Deutschland und der Schweiz (J. G. Fichte, J. von Görres, G. Forster, J. G. Herder, F. Schiller, I. Kant, Ch. M. Wieland, F. G. Klopstock, G. W. F. Hegel, W. von Humboldt), aber auch – trotz der Kritik Burkes – in England und Amerika (C. Fox, Th. Paine, Th. Jefferson). Diese positive Resonanz schlug jedoch nach Beginn der revolutionären Expansion und angesichts der Jakobinerdiktatur fast durchweg in Ablehnung um. Die daraus resultierende zwiespältige Haltung charakterisiert bis heute die bürgerlich-idealisierende Interpretation der Französischen Revolution. Sie unterscheidet im Gegensatz zur konservativen und zur marxistischen Deutung recht genau zwischen bejahenswerten und negativen Entwicklungen, Handlungen und Grundsätzen der Revolution. Im Verlauf des 19. und 20. Jahrh. hat sie unterschiedliche Züge angenommen, dabei teilweise stark beeinflußt von der Opposition gegen die verschiedenen monarchistischen und cäsaristischen Systeme der Zeit, aber auch von einem Unbehagen vor den entstehenden sozialen Massenbewegungen.

Im einzelnen hat die bürgerlich-idealisierende Interpretation stets die Rolle der Aufklärung als konditionierendes Element der R. betont. So gelten aus der Retrospektive vor allem Montesquieu (den die bürgerlichen Zeitgenossen von 1789 noch als „aristocrate" diffamierten), Voltaire und Rousseau als die geistigen Wegbereiter der großen revolutionären Neugestaltung Frankreichs. Hinsichtlich der politischen und sozialen Verhältnisse bedient sich diese Deutung – in ähnlicher Weise wie die konservative Interpretation – eines Kunstgriffs: War aus deren Sicht das *Ancien régime* bei Ausbruch der R. ein blühendes Staatswesen, so waren aus bürgerlicher Sicht die Mißstände in diesem Staat im Jahr 1789 gar nicht mehr zu überbieten. Hoher Klerus und

Adel erscheinen als eine privilegierte Kaste, die, ohne Leistungen zu erbringen, die höchsten Positionen im Staatsapparat auf Kosten der Allgemeinheit besetzt hielt. Dem *Ancien régime* werden vorgehalten: die durch *Lettres de cachet* geübte Willkürjustiz, die Frivolität und die Intrigen am königlichen Hof, die finanzielle Mißwirtschaft der Regierung, die Korruption der Verwaltung, das ungleiche Besteuerungssystem, die mangelnden Aufstiegschancen für *roturiers,* die Vernachlässigung der Lehren der *philosophes;* als diese allgemeinen Mißstände schließlich ein unüberbietbares Ausmaß angenommen hatten, mußten sich notwendig die richtigen Grundsätze des *Dritten Standes* durchsetzen, weil einfach jedermann außer den Privilegierten von ihnen überzeugt und der Staat nicht länger ohne ihre Durchsetzung aufrechtzuerhalten gewesen sei. Dabei wurden die Verankerung der bürgerlich-revolutionären Grundsätze im natürlichen Recht und ihr Bezug zu den Prinzipien der Freiheit, der Gleichheit, der Rationalität, der Transparenz und der Moral hervorgehoben.

An dieser Stelle setzt in den bürgerlich-idealisierenden Darstellungen im allgemeinen die Handlung des *revolutionären Dramas* ein. Bei dem Romantiker MICHELET ist es das *gute Volk von Frankreich,* das seine Ketten zerbrochen hat und nunmehr handelt. Anonyme Kollektive wie „ganz Paris", „die Nation", „die öffentliche Meinung" sind die Agierenden. Die Einzelpersönlichkeiten treten dahinter zurück; sie sind entweder Interpreten des Volkswillens oder werden von diesem auf die Guillotine geschickt. Eigensüchtige Interessen, institutionelle Bindungen bleiben bei Michelet unerwähnt. Für ihn – wie für die gesamte bürgerlich-idealisierende Interpretation – ist charakteristisch, daß er den Terror der Jakobinerdiktatur zwar entsetzlich findet, aber angesichts der Bedrohung Frankreichs durch die monarchischen Mächte Europas für unvermeidlich hält, sozusagen in der unerbittlichen Logik der Geschichte begründet. Die Vertreter dieser Richtung waren durchweg überzeugte Republikaner, und so gehörten sie mit Beginn der III. Republik der politischen Linken, meist den Radikalsozialisten, an; denn Annahme oder Zurückweisung der Botschaft von 1789 machten damals das Hauptkriterium für die Unterscheidung zwischen republikanischen Linken und monarchischen Rechten aus. In der III. Republik wurde dann auch der 14. Juli 1789 zum Nationalfeiertag erhoben; aus der Berufung auf die Menschen- und Bürgerrechte von 1789 wurde ein nationaler Kult, dem sich noch Patriotismus und Laizismus zugesellten. Am vollkommensten hat AULARD all diese Tendenzen verkörpert. Im wesentlichen seine Geschichtsschreibung hat Danton kanonisiert; sie hat ihn als den Mann der Milde, den Promotor einer aufgeklärten laizistischen Republik, als empirischen Politiker und vor allem als Helden des bedrohten Vaterlandes gesehen und so als Vorläufer Gambettas gedeutet. Als sein böser Gegenspieler erschien Robespierre: „93, das ist 89, das sich verteidigt, aber 94, das ist Robespierre, der angreift" (vgl. Gérard, 1970, S. 72). Doch gelang es Clemenceau mit seiner berühmten „Blockthese", auch diese Gegensätze zu überbrücken. War die Auffassung von der Einheit der R. zunächst nur ein Kampfmittel gegen Boulangismus und Neo-Royalismus, so wurde sie in der Folge allmählich zu einem nationalen politischen Mythos. Kaum gesehen wurden von dieser Interpretationstendenz die sozialen Probleme der Revolution.

## V. Die französische sozialistische Interpretation

Die französische sozialistische Interpretation der Französischen R. bietet das Beispiel einer weitgehend verselbständigten Version des historischen Materialismus, die so viel Tradition und Selbstbewußtsein besitzt, daß sie eines besonderen Bezugs auf Marx entraten kann. Sie pflegt ebenso das Bewußtsein der weltgeschichtlichen Einzigartigkeit der R. wie das nationale Erbe, das mit ihr verbunden ist, und kann heute für sich in Anspruch nehmen, zumindest in Frankreich die stärkste Resonanz unter allen Deutungen der Französischen R. zu besitzen. Mit J. Jaurès, A. Mathiez, G. Lefebvre, A. Soboul zählen einige der bedeutendsten Revolutionshistoriker des 20. Jahrh. zu ihren Vertretern. Mehr als jede andere Deutung der R. (mit Ausnahme der marxistisch-leninistischen) hat die sozialistische Interpretation den Charakter einer einheitlichen Schule, und zur Erforschung der Einzelphänomene wie des Gesamtvorgangs der Französischen R. hat sie mehr beigetragen als jede andere Gruppierung. Diese Schule besitzt in der „Société des Études Robespierristes" eine eigene wissenschaftliche Vereinigung und in der Vierteljahresschrift „Annales historiques de la Révolution française" ein traditionsreiches, zur allgemeinen wissenschaftlichen Information unentbehrliches Publikationsorgan. Die in den eigenen Reihen häufigen Kontroversen über Interpretationsprobleme der Französischen R. spiegeln eine Fülle von Divergenzen wider. So ist denn auch nur der linke Flügel dieser Schule mit der KP Frankreichs liiert.

Die Tradition dieser Auffassung der Französischen R. reicht zurück bis in die Zeit vor Veröffentlichung des Kommunistischen Manifests. 1847 hatte Blanc die erste sozialistische Darstellung der Geschichte der Französischen R. veröffentlicht, in der er sich für die Diktatur Robespierres erwärmte. Blanc sah in der *Terreur* den ersten Schritt zu einem Zukunftsstaat der *Fraternité* und in Robespierre den großen gescheiterten Sozialisten, dessen Werk fortzusetzen war. Diese Interpretation wurde von Jaurès 1901 in seiner „Histoire socialiste de la Révolution française" wiederaufgenommen und begeisterte die Generation um L. Febvre, A. Mathiez und G. Lefebvre leidenschaftlich. Jaurès' Darstellung war getragen von einem überzeugten sozialistischen Humanismus. Die Französische R. war für ihn das historische Modell der politischen Machtergreifung einer Klasse, die wirtschaftlich bereits herrschte und gleichzeitig das Modell einer – unter Robespierre sich andeutenden – sozialen Demokratie. Bei Jaurès ist die revolutionäre Botschaft jedoch unverkennbar der Konzeption einer reformerisch orientierten Demokratie nahe. Seine Interpretation wurde denn auch weniger von den Arbeitern aufgenommen als von den Intellektuellen.

Mathiez wurde wenig später (1907 Gründung der Société des Etudes Robespierristes) der eigentliche Wiederentdecker Robespierres, dessen uneigennütziges Handeln und dessen makellose Tugend er dem korrumpierten Charakter Dantons gegenüberstellte. Mathiez forderte damit die auf Aulard eingestimmte republikanische Linke heraus, die Danton zum Symbol des pragmatischen, umsichtigen Republikaners erhoben hatte. Im Verlauf dieser Kontroverse verglich Mathiez seinen Helden, den *Unbestechlichen,* mit Lenin, dem „Robespierre, der Erfolg gehabt hat". Mathiez stellte so zum erstenmal eine Beziehung der Französischen R. zur russischen Oktoberrevolution her. In der folgenden Diskussion ging es dann um die Frage, ob die R. von 1917 als eine Fortsetzung der R. von 1792 angesehen werden könne oder nicht.

Mathiez vertrat die Auffassung, beide Ereignisse stellten im Grund den gleichen Vorgang dar: Sie hatten die gleichen Ursachen, gebrauchten die gleichen Mittel und hatten dieselbe Vision, nämlich die Umformung der gesamten Gesellschaft. Wenn Robespierre scheiterte, so deshalb, weil er keine kohärente, dem Marxismus vergleichbare Doktrin besaß. Nichtsdestoweniger war Robespierre in den Augen von Mathiez der Vorfahre der Oktoberrevolution und die Jakobinerdiktatur die erste Diktatur des Proletariats, das erste kollektivistische Experiment. Lefebvre und Soboul sind dieser Deutung später nicht gefolgt. Wohl sahen auch sie, wie Mathiez, in der Politik der Jakobinerdiktatur egalitäre Züge, auch Ansätze zur Vergemeinschaftung der Konsumgüter (Maximum-Gesetzgebung, Ernte-Beschlagnahmung u. ä.); aber sie lehnten es ab, diese Politik *sozialistisch* zu nennen. Unter Sozialisierung verstanden sie im streng marxistisch-leninistischen Sinn des Wortes eine Enteignung der Produktionsmittel, die ja in der Tat während der Jakobinerdiktatur niemals ins Auge gefaßt worden ist. Dementsprechend war für sie die Französische R. in keiner Phase sozialistisch; lediglich für gewisse Gedankengänge der *Enragés* (J. Roux, Hébert, Chaumette) oder für die „Verschwörung der Gleichen" (Babeuf) trifft ihrer Auffassung nach diese Qualifizierung zu. So steht die Lefebvre-Soboul-Schule in ihrer Grundbeurteilung der Französischen R. der marxistisch-leninistischen Auffassung sehr nahe.

Für Mathiez wie für Lefebvre und Soboul stand im übrigen fest, daß die R. das Ergebnis eines Klassenkampfes war, des Kampfes der *bourgeoisie* gegen den Feudaladel. Der Sieg des Bürgertums bedeutete dabei gleichzeitig den Sieg des modernen Kapitalismus und die Französische R. den Prototyp des revolutionären Wegs dahin. Dabei wollte das Bürgertum keineswegs von vornherein den Ruin der Aristokratie. Doch die Intransigenz der Privilegierten und die vom Ausland gesteuerte Konterrevolution zwangen es dann, das gesamte *Ancien régime* kompromißlos zu liquidieren. Zu diesem Zweck verbündete es sich mit den ländlichen und städtischen Volksmassen: So kam es zur Volksrevolution der Jahre 1792–94, zur „Terreur", zur Installierung der Demokratie. Die Zunftmonopole wurden aufgehoben, der Feudalbesitz wurde zerstört, die Freiheit der kleinen Produzenten hergestellt und Frankreich zu einem großen nationalen Markt zusammengeschmolzen. Auf diese Weise wurde die kapitalistische Produktion von allen feudalen und staatsmerkantilistischen Hemmnissen und Auflagen befreit, sowohl auf dem Agrarsektor wie auf dem der industriellen Fertigung. Zwei Bedingungen dieses Wegs zur kapitalistischen Gesellschaft sind klar erkennbar: die Zerstückelung des feudalen Grundeigentums und die Befreiung der Bauern. Deshalb bildet die Agrarfrage geradezu eine „position axiale" (Soboul) der Französischen Revolution.

Von daher erklärt sich auch das große Interesse dieser sozialistischen Schule der Revolutionsdeutung an der Sozial- und Wirtschaftsgeschichte, die für sie gleichzeitig eine Geschichte der Unterschichten, der „Massen", und nicht der „Helden" ist. C.-E. Labrousse hat zum erstenmal das Problem der zyklischen und saisonalen Lohn- und Preisschwankungen des *Ancien régime* und der R. untersucht (1944) und damit starke Impulse zu ähnlichen quantitativen Studien gegeben. G. F. E. Rudé hat eine Untersuchung über die Struktur und Mentalität der revolutionären Massen aus Quellen der Pariser Polizeipräfektur erarbeitet (1959) und dabei ebenfalls die Möglichkeiten der quantitativen Methode aufgezeigt. Im übrigen weiß sich diese sozialistische Deutung der R. darin einig, daß der *dynamische Part* der Französischen R. keineswegs von der Handelsbourgeoisie, sondern von der Masse der kleinen Produzenten gespielt wurde, denen bislang der Klerus und der Adel den Mehrgewinn abgenommen hatten. Die Groß- oder Handelsbourgeoisie – so besonders Lefebvre und Soboul – habe sich jeder politischen Lösung, solange sie ihren eigenen Interessen nicht entgegenstand, flexibel angepaßt: zuerst den konstitutionellen Monarchisten, dann den Feuillants, dann den Girondisten. Die Jakobinerdiktatur dagegen sei das kurzlebige politische Instrument der kleinen autonomen Bauern- und Handwerkerproduzenten gewesen, die ihr Ideal in einem demokratischen Gemeinwesen kleinster unabhängiger Unternehmer gesehen hätten. Die Überspannung des Reglementierungsinstrumentariums habe jedoch zum Scheitern der jakobinischen Politik, einer echten „Volksfront-Lösung" (Lefebvre), geführt. Insgesamt sei die R. zwar Etappe auf dem Weg zur kapitalistischen Gesellschaft gewesen, sie sei jedoch in dreifacher Weise als einzigartiges französisches Ereignis charakterisiert: als *Révolution de la Liberté* habe sie das bedeutendste Dokument der modernen bürgerlichen Freiheiten geschaffen. Als *Révolution de l'Égalité* habe sie u. a. versucht, Preise und Löhne in ein gerechtes, stabiles Verhältnis zueinander zu bringen (Maximum-Gesetz vom 29. September 1793), ein Sozialversicherungssystem und Gleichheit der Bildungschancen einzuführen und so eine echte soziale Demokratie zu errichten. Als *Révolution de l'Unité* habe sie den nationalen Einheitsstaat hervorgebracht und damit das Modell eines vielkopierten Staatstypus. Durch diese drei Qualifizierungen wird die französische sozialistische Interpretation der Französischen R. bei aller längst erzielten wissenschaftlichen Differenzierung einem häufigen tagespolitischen Bedürfnis nach Deutung der Vergangenheit der französischen Nation gerecht und wirkt so in eminenter Weise in die Öffentlichkeit hinein.

## VI. Die marxistisch-leninistische Interpretation

Die marxistisch-leninistische Interpretation der Französischen R. ist so gut wie ausschließlich in der Sowjetunion sowie in den mit ihr verbundenen Volksdemokratien verbreitet. Sie stützt sich in ihrer konkreten historischen Anschauung der R. auf zahlreiche, voneinander isolierte Aussagen von K. Marx, gelegentlich F. Engels, besonders aber von V. I. Lenin und – jedenfalls bis 1953 – von I. V. Stalin, die mit den theoretischen Ansätzen der marxistisch-leninistischen Geschichtsauffassung verknüpft werden. Danach bildet die „französische bürgerliche Revolution des 18. Jahrhunderts" – so die offizielle Sprachregelung – das klassische Beispiel einer *vollendeten bürgerlichen, demokratischen Revolution.* Sie ist das Ergebnis eines siegreichen Kampfes der kapitalistischen Bourgeoisie, der sich vorübergehend Bauernschaft, Kleinbürgertum, Proletariat und Stadtarme (Plebejer) angeschlossen hatten, gegen das „reaktionäre feudalabsolutistische System" des damaligen Frankreich. Die Marxisten-Leninisten legen dabei das größte Gewicht auf den Umstand, daß die Französische R. das Ergebnis eines Klassenkampfes, also eines sozialen Konfliktes, gewesen sei.

Marx selbst hatte sich dem Gegenstand zunächst unter philosophischen Gesichtspunkten zugewandt. Seine erste Beschäftigung mit der Französischen R. erfolgte im Zusammenhang mit der Frage nach der Aufhebung der menschlichen *Entfremdung.* Zu diesem Zweck setzte er sich ab 1843 eingehend mit den Menschen- und Bürgerrechten von 1789 und 1793 auseinander, die ihm als Symbol der Bestrebungen der gesamten R. erschienen (vgl. „Zur Judenfrage", in: MEW, Bd 1, S. 347–377, und: „Zur Kritik der Hegelschen Rechtsphilosophie. Einleitung", ebd. S. 378–391). Er ging hierbei davon aus, daß zwischen der politischen Emanzipation durch den Staat und der menschlichen Emanzipation ein Unterschied bestehe. Das Musterbeispiel einer bloß politischen Emanzipation war für ihn jener revolutionäre Prozeß, der in der Erklärung der Menschen- und Bürgerrechte seinen Ausdruck gefunden hatte; dieses Urteil galt gleichermaßen für die Deklarationen von 1789 wie für die von 1793. Im Verlauf des damaligen revolutionären Prozesses sei der Staat von der bürgerlichen Gesellschaft abgespalten und isoliert worden; Staatsbürger und Privatmensch, staatliche und soziale Organisation seien auseinandergerissen worden. Dabei habe die hemmungslose Apologie des Privatmenschen zu einer totalen Materialisierung der Gesellschaft und zu einer extremen Individualisierung der Menschen geführt, in deren Gefolge seither die Privatinteressen, das Privateigentum und der ihnen zugehörige Egoismus den Lebenslauf prägten und den auf das allgemeine Wohl verpflichteten Staatsbürger zu einer abstrakt-moralischen Person hätten werden lassen. Diesem Zustand setzte Marx bewußt den einer humanen Emanzipation entgegen. Eine solche Aufhebung der Entfremdung müsse die Abschaffung des Privateigentums – der Quelle des privaten Egoismus – zur Voraussetzung haben. Diese Beseitigung des Privateigentums könne aber nur das Werk einer proletarischen, nicht einer bürgerlichen R. sein. Insofern habe die Französische R. unmittelbar nichts zur Aufhebung der menschlichen Entfremdung beigetragen.

Ab 1844 studierte Marx intensiv die Zeit der Jakobinerherrschaft. Er las die Protokolle des Konvents, die Schriften Babeufs, die Reden Robespierres und Saint-Justs sowie eine Reihe von periodischen Blättern der Revolutionsepoche, außerdem die Revolutionsdarstellungen von Mignet, Thiers und Guizot. Diese Studien bestätigten ihm seine Auffassung: In der Auseinandersetzung zwischen Girondisten und Jakobinern waren die ersten Anzeichen für den Beginn eines Klassenkampfes zwischen Bourgeoisie und Proletariat zu sehen. Ferner meinte er zu erkennen, daß der politische Staat stets die Interessen der herrschenden Klasse auf Kosten der anderen Klassen vertreten und daß tiefgreifende politische und soziale Veränderungen nur in härtesten revolutionären Kämpfen gegen eine herrschende Klasse zu erreichen seien. Am Beispiel der Französischen R. wandte er sich sodann gegen die Vorstellung, solche Veränderungen seien auf Grund von gedanklichen Entwürfen zu erreichen: „*Ideen* können nie über einen alten Weltzustand, sondern immer nur über die Ideen des alten Weltzustandes hinausführen" (MEW, Bd 2, S. 126). So sei zwar auch die Französische R. im Namen von Ideen geführt worden; worum aber tatsächlich gekämpft worden sei und was wirklich gesiegt habe, das seien nicht Ideen gewesen, sondern die realen Klasseninteressen der Bourgeoisie:

„Das *Interesse* der Bourgeoisie in der Revolution von 1789 ... hat alles *‚gewonnen'* und hat *‚den eingreifendsten Erfolg'* gehabt, so sehr der *‚Pathos'* verraucht und so sehr die *‚enthusiastischen'* Blumen, womit dieses Interesse seine Wiege bekränzte, verwelkt sind. Dieses *Interesse* war so mächtig, daß es die Feder eines Marat, die Guillotine der Terroristen, den Degen Napoleons wie das Kruzifix und das Vollblut der Bourbonen siegreich überwand. ‚Verfehlt' ist die Revolution nur für *die* Masse, die in der *politischen* ‚Idee' nicht die Idee ihres wirklichen *‚Interesses'* besaß, deren wahres Lebensprinzip also mit dem Lebensprinzip der Revolution nicht zusammenfiel, deren reale Bedingungen der Emanzipation wesentlich verschieden sind von den Bedingungen, innerhalb deren die Bourgeoisie sich und die Gesellschaft emanzipieren konnte" (ebd. S. 85f.).

Mit diesem Verdikt über die Französische R. meint Marx nicht nur die Zeit der konstitutionellen Monarchie von 1789–1792, sondern auch die Phase der Konventsherrschaft. Robespierres Irrtum habe darin bestanden, die staatliche Exekutive stark gemacht zu haben. Darüber habe er die sozialen Gebrechen des Gemeinwesens vernachlässigt, die überdies vom politischen Bereich her auch gar nicht zu lösen gewesen seien. Sein Sturz sei auf ein zu starkes Abweichen seines politischen Wollens von den Interessen der Bourgeoisie zurückzuführen. Später sei Napoleon ähnlich daran gescheitert, daß er die Staatsmacht gegen die Grundinteressen der Bourgeoisie auszuüben begonnen habe. Sein Regime sei am Ende das Auslaufen „des *revolutionären Terrorismus* gegen die gleichfalls durch die Revolution proklamierte *bürgerliche Gesellschaft* und deren Politik" gewesen (ebd. S. 130). Endgültig zu Ende gegangen sei die Ära der Französischen R. jedoch erst 1830, als die Bourgeoisie mit der Bourbonenrestauration die letzte Behinderung abgeschüttelt und sich politisch – unter Verzicht auf allgemeinmenschliche Zwecke – als ausschließliche Trägerin ihres Interesses erkannt und etabliert habe. Marx – wie auch Engels – sah in der Französischen R. stets eine historische Erscheinung von europäischem Ausmaß, sie war für ihn Ausdruck „der Bedürfnisse der damaligen Welt" (MEW, Bd 6, S. 108).

Bei Lenin schlug diese relativ nüchterne Beurteilung um in eine hohe Wertschätzung der Französischen R., insbesondere der aktivistischen Phase des Jakobinertums. In dem Artikel „Kann man die Arbeiterklasse mit dem ‚Jakobinertum' schrecken" (LW, Bd 25, S. 112–114) erklärte er 1917 emphatisch:

„Es liegt in der Natur der Bourgeoisie, das Jakobinertum zu hassen, und in der Natur des Kleinbürgertums, es zu fürchten. Die klassenbewußten Arbeiter und Werktätigen glauben an den Übergang der Macht an die revolutionäre, unterdrückte Klasse, denn *dies* ist das Wesen des Jakobinertums..." (ebd. S. 114). In anderem Zusammenhang nannte er die Bolschewiki „die Jakobiner der heutigen Sozialdemokratie" (LW, Bd 9, S. 47). Im Unterschied zu Marx und Engels interessierte Lenin vor allem der Aktivismus der R., sodann die Dynamik, die sich aus der Beteiligung der Volksmassen an den verschiedenen Erhebungen ergeben hatte: „Die Französische Revolution ... heißt eben deshalb die Große, weil sie es verstanden hat, zur Verteidigung ihrer Eroberungen die breiten Volksmassen zu mobilisieren, die der ganzen Welt eine Abfuhr erteilten; hierin gerade liegt eines ihrer großen Verdienste" (LW, Bd 29, S. 52). „Für ihre Klasse, für die sie wirkte, für die Bourgeoisie, hat sie so viel getan, daß das ganze 19. Jahrhundert, jenes Jahrhundert, das der gesamten Menschheit Zivilisation und Kultur gebracht hat, im Zeichen der Französischen Revolution verlief. Dieses Jahrhundert hat überall in der Welt nur das durchgesetzt, stückweise verwirklicht und zu Ende geführt, was die großen französischen Revolutionäre geschaffen hatten..." (ebd. S. 360).

Wie für Lenin, so bestand auch für STALIN zwischen einer bürgerlichen und einer sozialistischen R. ein grundlegender Unterschied. Hatte aber Lenin die Französische R. stets als den Prototyp der bürgerlichen R. hervorgehoben, so ordnete Stalin sie ohne weitere Differenzierung in eine Reihe ein mit der *Glorious Revolution* von 1688 und den verschiedenen kontinentalen R.en von 1830 und 1848. Auch ihn beeindruckte die Französische R. am stärksten in ihrer Eigenschaft als *Volksrevolution.* Er zeigte daher großes Interesse für die revolutionären Kampfmethoden der Jahre 1792–94.

Auch in der modernen sowjetischen Revolutionsgeschichtsschreibung überwiegt heute – im Unterschied zu den Auffassungen von Marx und Engels – die Betonung des aktivistischen Elements der Revolution (V. P. VOLGIN, E. V. TARLE, V. M. DALIN, A. R. NAROČNICKIJ, A. R. IOANNISJAN, A. V. ADO, V. S. ALEKSEEV-POPOV, A. Z. MANFRED). Themen ihrer Darstellungen sind vor allem Babeuf, die Enragés, die Sansculotten, die Außenpolitik der Jakobinerdiktatur und das kommunistische Gedankengut der Revolution. An nichtrussischen Autoren, die der gleichen Interpretationsschule zugehören, sind vor allem der Leipziger W. MARKOV (Studien über J. ROUX und die Sansculotten) und der Franzose C. MAZAURIC zu nennen. Aufs Ganze gesehen, ergibt sich aus heutiger marxistisch-leninistischer Sicht – unter Einbeziehung häufig zitierter Aussagen von Marx, Engels, Lenin und Stalin – folgende Deutung der Französischen Revolution:

Die tiefere Ursache der R. ist in dem Umstand zu sehen, daß das *feudalabsolutistische System* des alten Frankreich den ökonomischen und sozialen Verhältnissen des Landes im späten 18. Jahrh. nicht mehr entsprochen habe, sondern einen Hemmschuh für die Entwicklung und das Wachstum der Produktivkräfte bildete. Unmittelbar ausgelöst wurde sie dann – so Manfred – durch Bauernrevolten um die Jahreswende 1788/89 und durch Unruhen der hungernden städtischen Plebejer im Frühjahr 1789. Diese aktive Beteiligung der Volksmassen war die Grundbedingung für den Sieg der nach Macht dürstenden Bourgeoisie, welche dann die Gesellschaft nach „ihren Interessen entsprechenden kapitalistischen Grundsätzen" umzugestalten begann (Manfred, 1950, dt. Ausg. 1952, S. 13).

Folgerichtig bildet aus marxistisch-leninistischer Sicht der 14. Juli – der Sturm auf die Bastille – den Beginn der Französischen R., da bei dieser Gelegenheit die revolutionären Volksmassen erstmals geschlossen in Erscheinung traten. Von da an hat sich dann nach dieser Deutung die Revolution kontinuierlich bis zur Jakobinerdiktatur weiterentwickelt. Dabei genoß jedoch zunächst nur die Großbourgeoisie die Früchte des errungenen Sieges. Sie sicherte sich dank ihres Kapitals beim Verkauf der Nationalgüter den größten Teil an Grund und Boden. 1791 setzte sie die *Loi le Chapelier* durch, ein Dekret, das den Zusammenschluß der Arbeiter in Vereinen und Gewerkschaften und die Durchführung von Streiks verbot: „Gleich im Beginn des Revolutionssturms wagte die französische Bourgeoisie, das eben erst eroberte Assoziationsrecht den Arbeitern wieder zu entziehn... Dies Gesetz, welches den Konkurrenzkampf zwischen Kapital und Arbeit staatspolizeilich innerhalb dem Kapital bequemer Schranken einzwängt, überlebte Revolutionen und Dynastiewechsel" (MEW, Bd 23, S. 769 f.). Die Verfassung von 1791 beschränkte dann in offenem Widerspruch zur Erklärung der Menschen- und Bürgerrechte die politischen Rechte auf die Klasse der Besitzenden und enthüllte so den wahren Charakter der Geschehnisse: „Das Ziel der Französischen Revolution war die Liquidierung des Feudalismus zwecks Festigung des Kapitalismus" (so Stalin; StW, Bd 13, S. 109). Damals habe sich die Großbourgeoisie von den übrigen revolutionären Kräften (demokratische mittlere Bourgeoisie, Kleinbourgeoisie, Bauern, Arbeiter, Stadt- und Landarme) getrennt und sei zu einer konservativen, offen konterrevolutionären Kraft geworden.

Doch das *Volk* – so diese Deutung – ging seinen Weg weiter. Durch den Volksaufstand vom 10. August 1792 (Sturm auf die Tuilerien, Außerkraftsetzung der Verfassung von 1791) gewann ein neues Gremium den Charakter eines Regierungsorgans: die revolutionäre *Commune,* die Dachorganisation der 48 Pariser Sektionen. Mit ihrer Hilfe und der des Jakobinerklubs gelang es im neuen Konvent der *Bergpartei* um Robespierre, die auf Beendigung der Revolution bedachten Girondisten auszuschalten. Diese Jakobinerdiktatur war „einer der *Höhepunkte* im Befreiungskampf der unterdrückten Klassen" (LW, Bd 25, S. 113). Sie „löste in kürzester Zeit in plebejischer Manier die Hauptaufgaben der bürgerlichen Revolution, wozu bis dahin weder die feuillantistische noch die girondistische Bourgeoisie fähig oder willens gewesen war" (Manfred, 1950, dt. Ausg. 1952, S. 167). Sie schuf die Verfassung von 1793, „eine der demokratischsten bürgerlichen Verfassungen der Neuzeit" (ebd. S. 99). Durch Einführung eines Höchstpreissystems für die wichtigsten Verbrauchsgüter *(Maximum),* durch straffe Zentralisierung und Requisitionen griff sie energisch in die Interessensphäre der Großbourgeoisie ein. Doch war ihre Politik voll innerer Widersprüche: Sie tastete die Produktionsmittel und -weisen der Großbourgeoisie nicht an und bewegte sich im Zickzackkurs zwischen den „Opportunisten" um Danton und den „Enragés" und „linken Jakobinern" um Roux, Hébert und Chaumette.

Dieser marxistisch-leninistischen Kritik unterliegt in besonderer Weise Robespierre: Er blieb „stets ein *bürgerlicher* Revolutionär – wenn er auch in seiner Art der fortschrittlichste war –, mit der ganzen, einem bürgerlichen Politiker eigenen Borniertheit und Zwiespältigkeit behaftet. Stark im Kampf gegen die Feinde der Revolution, fand er doch kein Mittel, um die demokratischen Errungenschaften der Revolution unter den damaligen Umständen weiterzuentwickeln oder auch nur zu schützen. Er wußte nicht, auf welche Klasse und welche sozialen Kräfte sich die Jakobinerdiktatur stützen sollte, und war in dieser für die Revolution entscheidenden Frage stets schwankend. Robespierre erkannte, welche Gefahren von seiten der Großbourgeoisie drohten, die danach strebte, die demokratischen Errungenschaften der Revolution zu zerstören. Er bekämpfte sie deshalb, konnte sich jedoch nicht entschließen, sich ausschließlich auf die unteren demokratischen Schichten – die Stadt- und Dorfarmen – zu stützen, die doch die zuverlässigsten Pfeiler der Jakobinerdiktatur waren. Den Forderungen der unteren Schichten, besonders den Nöten und Wünschen der Arbeiter gegenüber, verhielt er sich gleichgültig, er behandelte sie mit nur wenig Verständnis und oft sogar mit offener Feindschaft" (Manfred, ebd. S. 105).

Ähnlich hatte schon Marx über Robespierre geurteilt: „Es ist sehr charakteristisch für Robespierre, daß zu einer Zeit, wo es guillotinenwürdiges Verbrechen war, ‚konstitutionell' im Sinne der Assemblée von 1789 zu sein, alle ihre Gesetze *gegen* die Arbeiter aufrechterhalten blieben" (MEW, Bd 31, S. 48). Mit dem Sturz Robespierres am 9. Thermidor des Jahres II (27. Juli 1794) endete die Revolution. Dieser Sturz sei möglich geworden, weil die Hauptkräfte der Bourgeoisie und der Bauernschaft, betroffen über die Durchführung des Maximums und ein Dekret über völlige Beschlagnahmung der Ernten, umgeschwenkt seien und sich dem konterrevolutionären Block angeschlossen hätten.

Die marxistisch-leninistische Interpretation lehnt jeden Versuch ab, einen Zusammenhang zwischen der Französischen R. und der russischen Oktoberrevolution herzustellen. Die bürgerliche R. habe sich darauf beschränkt, die Herrschaft einer Ausbeutergruppe durch die einer anderen Ausbeutergruppe zu ersetzen, die Oktoberrevolution dagegen sei durch den Sieg der sozialistischen Produktionsweise und durch die völlige Beseitigung jeder Ausbeutung des Menschen durch den Menschen charakterisiert. Die Französische R. sei jedoch im Vergleich zum vorhergehenden Regime des „Feudalabsolutismus" als eine neue Phase in der kontinuierlichen Aufwärtsentwicklung der französischen Gesellschaft zu sehen. Im einzelnen betont diese Interpretation den *revolutionären Instinkt* der Massen als motorisches Element der Entwicklung bis 1793/94 und trägt so zu einer Mythifizierung des Verhaltens der Mittel- und Unterschichten während der Französischen R. bei. Das gilt für die Erklärung des 14. Juli 1789 ebenso wie für die Deutung der Rolle der Sansculotten, der Pariser Sektionen und der *Commune* 1792 bis 94. In Analogie zum „Großen Vaterländischen Krieg" der Sowjetunion werden die Kriege der Girondisten und Jakobiner als „patriotische und gerechte Kriege" qualifiziert, im Gegensatz zu den „Raubkriegen" des „bürgerlichen Chauvinismus und Napoleons" nach 1794. Lediglich während der „Grande Terreur" hätten sich in der Umgebung von Roux, Hébert, Chaumette, Babeuf gewisse Ansätze zu sozialistischen Vorstellungen gezeigt, doch seien sie für die Anschauungen der Jakobinerdiktatur nicht typisch gewesen. „Die Schreckensherrschaft mußte daher in Frankreich nur dazu dienen, durch ihre gewaltigen Hammerschläge die feudalen Ruinen wie vom französischen Boden wegzuzaubern. Die ängstlich-rücksichtsvolle Bourgeoisie wäre in Dezennien nicht mit dieser Arbeit fertig geworden. Die blutige Aktion des Volkes bereitete ihr also nur die Wege" (MEW, Bd 4, S. 339).

## VII. Der strukturanalytische Forschungs- und Interpretationsansatz

Die Richtungskonflikte innerhalb der Historiker um das Monopol der authentischen Deutung der Französischen R. haben seit den dreißiger Jahren, verstärkt seit dem 2. Weltkrieg, zu Bemühungen geführt, durch eine Synthese der bislang quellenmäßig gesicherten Aussagen sowie durch Schließung der noch vorhandenen Forschungslücken zu einer von weltanschaulichen Postulaten unabhängigen Interpretation zu kommen. Dieser Forschungs- und Deutungsansatz der *wissenschaftlichen Strukturanalyse* geht zurück auf den Constitutionnel A. P. J. M. Barnave (1792) und auf A. de Tocqueville (1856). Heute rechnen insbesondere C. Brinton, L. Gottschalk, G. Ferrero, A. Cobban, J. Godechot, R. R. Palmer, D. Richet, F. Furet und G. V. Taylor zu dieser Gruppierung. Sie versuchen, mittels neuer, an sozial-, wirtschafts-, rechts-, institutionen-, mentalitäts- und begriffsgeschichtlichen Fragestellungen geschulter Methoden zu neuen Aussagen über die Französische R. zu kommen. Dabei geht es diesen Wissenschaftlern zunächst um eine quellenmäßige Überprüfung der bisherigen Forschung, verbunden mit einer Neubearbeitung und Neuinterpretation bestimmter, bisher vernachlässigter oder einseitig gesehener Phänomene der Französischen R.; erst in zweiter Linie bemüht man sich um eine Gesamtinterpretation, die ihrer Auffassung nach erst nach Jahrzehnten intensiver Arbeit erstellt werden kann. Die Vertreter dieser Richtung suchen ein den Quellen entsprechendes Vokabular zu verwenden und so vorab zu einer Versachlichung der wissenschaftlichen Auseinandersetzung zu gelangen. Sie trennen zeitgenössische und retrospektive Deutungselemente religiöser oder ideologischer Natur vom eigentlichen Bestand des Denkens, Handelns und Geschehens der R. und ordnen dieses Denken, Handeln und Geschehen in die gesamte europäische Geschichte des 18. Jahrh. ein. Bei der Quellenbehandlung selbst sucht man methodisch in vergleichender Analyse die tieferen Ursachen und die lediglich auslösenden Momente einzelner Ereignisse, die Motivationen der Träger und Trägergruppen einzelner Handlungen und Handlungsketten sowie Gruppenmentalität, Taktiken, Ziele, Programme, innere Konflikte, Koordinationsmethoden u. ä. zu ermitteln.

Dieser Forschungs- und Interpretationsansatz berührt sich im einzelnen häufig mit den differenzierten wissenschaftlichen Bemühungen der Schule der französischen sozialistischen Interpretation; deren Grundthese steht man aber ebenso skeptisch gegenüber wie denen der konservativen und bürgerlich-idealisierenden Interpretation. Palmer und Godechot haben die Französische R. in eine größere „atlantische Revolution" zwischen 1770 und 1799 eingeordnet und so ihren Einzelfallcharakter in Frage gestellt. Gottschalk und Cobban haben die marxistisch-leninistische These, die R. sei das Ergebnis eines Klassenkonflikts, an Hand eindringlicher Analysen aufgelockert und dabei gleichzeitig die Vorstellung widerlegt, die R. sei in Ursachen und Ablauf determiniert gewesen. Richet und Furet schließlich haben dargelegt, daß die Französische R. in zwei verschiedene Vorgänge zerfalle: in eine durch die Aufklärung getragene *Revolution der Bourgeoisie* und in eine diese R. überlagernde gewaltsame, an Idealen der Vergangenheit orientierte *Volksrevolution.* Sie kritisieren an der marxistisch-leninistischen Interpretation vornehmlich den inneren Widerspruch, der darin bestehe, daß einerseits die Phase der *Terreur* als Höhepunkt einer typisch bürgerlichen R. gedeutet werde und andererseits gerade die diese Phase auszeichnenden Maßnahmen einer straffen wirtschaftlichen, politischen und geistigen Reglementierung wegen ihres antibürgerlichen Charakters den Sturz der Jakobinerdiktatur herbeigeführt haben soll. Mit anderen Worten: Sie stellen an die marxistisch-leninistischen Interpreten die Frage, wie sie logisch den vorgegebenen Modellcharakter der Jakobinerdiktatur als Höhepunkt einer bürgerlichen R. mit der von ihnen ebenfalls vertretenen These vereinbaren, daß eben das Bürgertum das jähe Ende dieser Diktatur gewünscht und herbeigeführt habe. Durch derartige Infragestellungen bestimmter, als gesichert erscheinender Positionen haben die Vertreter des strukturanalytischen Forschungs- und Interpretationsansatzes vielfach die wissenschaftliche Diskussion belebt und einen Anstoß zur Klärung zahlreicher offener Fragen gegeben.

## *C. Kontroversbereiche der gegenwärtigen Forschung*

### I. Französische oder atlantische Revolution?

Die Konzeption eines Zeitalters der *atlantischen Revolution* bzw. der *demokratischen Revolution des Westens* wurde erstmals 1955 auf dem Internationalen Historikerkongreß in Rom von Palmer und Godechot vorgetragen. Palmer versteht darunter den Zeitraum von 1763 bis 1801, Godechot den von 1770 bis 1799; über die wesentlichen Züge dieser Epoche bestehen zwischen beiden Historikern jedoch keine Differenzen. Beide Autoren verweisen darauf, daß in diesem Zeitraum in ganz Europa wie in seinem amerikanischen Annex eine Fülle von politischen Konflikten aufbrach, die nur die Bezeichnung „revolutionär" zuließen: Die Abfolge dieser Konflikte habe 1760 in Genf eingesetzt, habe sich dann fortgesetzt in den dreizehn amerikanischen Kolonien, in Irland, in den Vereinigten Niederlanden, in Frankreich, in Ungarn und in den österreichischen Niederlanden. Im Gefolge der Französischen R. von 1789 habe es revolutionäre Bewegungen in Polen, wiederum in den Niederlanden, im westlichen Deutschland, in Italien und in der Schweiz gegeben. Zur Stützung ihrer Konzeption verweisen Palmer und Godechot darauf, daß die als Sprengkraft wirkenden Forderungen nach *Autonomie der persönlichen Entfaltung* der ganzen Epoche gemeinsam seien; überall habe es sowohl eine Erhebung des Adels wie des Bürgertums gegeben, und überall seien die Erhebungen von Kriegen begleitet gewesen. Die Zeit selbst sei sich nach Aussage der Quellen der Einheit der Epoche bewußt gewesen; erst der Nationalismus des 19. Jahrh. habe die heute üblichen isolierten Interpretationen besonders der amerikanischen und französischen R. bewirkt.

Gegen diese Konzeption sind zahlreiche Einwände ins Feld geführt worden; unter anderem der, daß Amerika im Gegensatz zu Europa den wichtigen Faktor des Feudalismus nicht gekannt habe und daß die vergleichende Methode noch nicht genügend entwickelt sei, um über eine Analogie der politischen, sozialen, wirtschaftlichen und demographischen Strukturen gültige Aussagen machen zu können. Der sowjetische Historiker MANFRED warf Palmer und insbesondere Godechot vor, eine historische Rechtfertigungsideologie für das Militärbündnis der NATO konstruiert zu haben. Die Frage, ob das jeweils Besondere oder das Gemeinsame der revolutionären Bewegungen des letzten Drittels des 18. Jahrh. überwiege, ist jedoch noch offen; Forschungen darüber sind im Gange. Fast unbehandelt ist im übrigen die Frage, ob gegebenenfalls auch die gegenrevolutionären Strömungen der Zeit eine Einheit bilden. Es scheint, als würde die Konzeption einer *atlantischen Konterrevolution* dank eines erdrückend eindeutigen Materials auf weniger Widerstand stoßen als die These Palmers und Godechots.

## II. Die Ursachen der Französischen Revolution

Über die Ursachen der Französischen R. sind die Aussagen seit jeher auseinandergegangen. War sie das Ergebnis einer Konspiration (BURKE, BARRUEL, COCHIN), eine Folge der Aufklärung (HEGEL, TAINE), Resultat eines Versagens der Regierungsführung und so hauptsächlich der spezifischen politischen Verhältnisse um 1788/89 (SAINTE-BEUVE, TOCQUEVILLE, GOTTSCHALK, EGRET, E. SCHMITT), Ergebnis eines unausweichlichen Klassenkonflikts (so die marxistisch-leninistische Interpretation), Folge der Not des Volkes (MICHELET) oder der bürgerlichen Prosperität (JAURÈS)? Unter all diesen Konzeptionen wird heute allein die Konspirations- oder Komplotthese mangels triftiger Beweise und angesichts der Vielschichtigkeit des revolutionären Phänomens nicht mehr diskutiert. Die übrigen Antworten jedoch verbinden sich in der modernen Forschung mehr und mehr zu neuen, komplexeren Aussagen und neuen Fragestellungen; in keinem Bereich der Revolutionshistorie ist gegenwärtig ein stärkeres Bemühen um Neuorientierung zu erkennen als hier.

Fest steht zunächst, daß die Zeit monokausaler Begründungen der Französischen R. wohl für immer vorbei ist. Zur Zeit geht es um die Untersuchung zweier Gruppen von Kausalitäten: um den Einfluß der wirtschaftlichen Konjunktur auf den Ausbruch der R. und um die Rolle der politischen, sozialen, wirtschaftlichen, demographischen und mentalen Strukturen bei Entstehung der Ereigniskette „Französische Revolution".

1. Die Untersuchung der *wirtschaftlichen und demographischen Fluktuationen* im späten *Ancien régime* ist erst in den letzten dreißig Jahren in Gang gekommen. Labrousse hat nachgewiesen (1944), daß sich in einen langfristigen Konjunkturaufschwung von 1733 bis 1817 eine vorübergehende Phase (1778–1789) der Rezession eingelagert hatte, mit allen typischen Folgen: steigende Preise, sinkende Produktion, sinkender Profit, sinkende Löhne. Aus der konjunkturellen Krise sei die soziale Krise entstanden und aus dieser die politische. Die Ergebnisse Labrousses eliminieren eindeutig die bisherige Alternative *Prosperität–Armut* als Ursachen der Revolution. 1788/89 gab es sowohl bürgerliche Prosperität wie Hunger auf den Straßen; das eine schloß das andere nicht aus. Der Einfluß der Bevölkerungsentwicklung auf diesen Konjunkturablauf ist im übrigen noch ungeklärt. Unser bisheriges Wissen darüber stützt sich auf Arbeiten von M. Reinhard und L. Henry, die von einer mittleren Bevölkerungszunahme von 20 bis 40% während des 18. Jahrh. sprechen. D. Richet hat in diesem Zusammenhang die Frage aufgeworfen, ob die steigenden Preise besonders des letzten Jahrhundertdrittels nicht ein Indiz für ein wachsendes Mißverhältnis zwischen agrarischem Angebot und Lebensmittelnachfrage sein könnten. Dieser völlig neue Aspekt führt freilich zur Kernfrage, der nach der inneren Struktur des *Ancien régime,* ohne deren Kenntnis eine umfassende Antwort auf die Frage nach den Ursachen der Französischen R. sinnvoll überhaupt nicht versucht werden kann.

2. Die an die Kernfrage nach der inneren Struktur des *Ancien régime* anknüpfenden Forschungen haben die marxistisch-leninistische Grundposition stark ins Wanken gebracht. Diese Position beruhte auf der These, die Epoche des Feudalismus sei die dem Kapitalismus vorangehende Phase; das *Ancien régime* stelle das Zeitalter des *Feudalabsolutismus* dar, die Französische R. den Beginn des Durchbruchs des Kapitalismus. Die neueren Forschungen erbringen jedoch eine Kritik sowohl an der Bezeichnung „Feudalismus" für die sozialen Beziehungen des 18. Jahrhunderts, da sie angesichts der gleichen Bezeichnung für die soziopolitischen Beziehungen des Mittelalters Verwirrung stifte, wie an den damit verbundenen Vorstellungen von der historischen Realität des 18. Jahrhunderts. Untersuchungen über die tatsächlichen oder lediglich symbolischen Feudal-, Seigneural- und Dominialbelastungen der Bauern des *Ancien régime* (etwa durch Cobban und Taylor) haben gezeigt, wie unterschiedlich die Verhältnisse in den einzelnen Provinzen waren. In einigen Teilen Frankreichs waren die Bauern praktisch völlig freie Herren über den von ihnen bebauten Grund und Boden, obwohl sie der Rechtskonstruktion nach ihrem Seigneur unterworfen waren. Zu klären wäre also, worin die „feudalabso-

lutistische“ Realität in den ländlichen Lebensbeziehungen im einzelnen bestand. Seit den Forschungen von Lefebvre scheint es, als sei die R. auf dem flachen Land von den Bewegungen der Bourgeoisie und der städtischen Volksmassen völlig unabhängig gewesen, zudem in ihrem Kern zutiefst antikapitalistisch.

Weitere Einwände richten sich gegen den marxistisch-leninistischen Gebrauch des Wortes „Klasse“. Die „Klasse der Bourgeoisie“ ist hiernach definiert durch ihre bestimmende Rolle in der modernen kapitalistischen Produktion. Doch die Verhältnisse des 18. Jahrh. passen nicht in dieses Schema. Es gibt zahlreiche Beispiele für bürgerlichen Reichtum, der aus Grundrenten stammte, während umgekehrt der Adel in typisch kapitalistische Transaktionen (an der Börse, in der frühindustriellen Produktion) verwickelt war. Studien von TAYLOR und SENTOU weisen nach, daß es vielerorts – so in Bordeaux – engste Interessenliaison und -solidarität zwischen Adel und Bourgeoisie gab. War also die Bourgeoisie als Gesamtheit überhaupt Motor der Revolution? Oder gab es in ihr schon 1789 so starke Differenzierungen und Interessengegensätze, daß man von einer „Klasse“ gar nicht mehr sprechen kann? Die neuere strukturanalytische Forschung neigt dieser letzteren Auffassung zu. Einige Autoren (insbesondere E. EISENSTEIN) vertreten die Auffassung, nur eine aktivistische Minderheit habe 1788/89 die politische Entwicklung bestimmt. In diesem Zusammenhang wäre die Rolle des *Comité breton* – der wahrscheinlich ersten parlamentarischen *Pressure Group* des Kontinents – auf den Generalständen von 1789 und zurück bis in den Herbst 1788 neu zu untersuchen. Cobban hat darauf aufmerksam gemacht, daß zwei Drittel der Mitglieder der Konstituierenden Nationalversammlung von 1789 freien Berufen angehörten und weit eher auf öffentliche Ämter hofften als auf etwaige Posten in der „kapitalistischen Produktion“. Dieser Feststellung hat SOBOUL entgegengehalten, daß in der Geschichte nur die Tatsachen zählten und nicht die Intentionen, und „objektiv“ habe die R. den Weg zur kapitalistischen Konzentration geöffnet. Auch hier bleibt also die wissenschaftliche Diskussion bis zu eindringlicheren Analysen offen.

Daneben ist die Frage aufgeworfen worden, ob Adel und Bürgertum nicht überhaupt nur in miteinander konkurrierenden Eliten tätig geworden seien, während sie als Ganzes keine Klassen darstellten. Diese Frage bedarf gründlicher Studien, u.a. über die soziale Resonanz der großen Schriftsteller des 18. Jahrh. im Adel und in der Bourgeoisie, über die geläufige politische Mentalität der Führungsgruppen also, die sich aus dem verwendeten wirtschaftlichen, sozialen, politischen und moralischen Vokabular rekonstruieren ließe.

So hat die Frage nach den Ursachen der Französischen R., zumal in den letzten Jahrzehnten, ein weites Feld für Detailforschungen eröffnet, deren Ergebnisse erst zusammenzutragen sein werden, bevor eine neue gültige Antwort möglich wird; inzwischen sind die alten Antworten weitgehend suspendiert.

*Zeitschriften*

La Révolution française. Paris 1 (1881) – (1939). – Revue historique de la Révolution française. Paris 1 (1910) bis (1923). – Annales révolutionnaires. Paris 1 (1908) – 15 (1923), fortgesetzt u. d. T.: Annales historiques de la Révolution française. Paris 1 (1924) – 17 (1940), 18 (1946)ff. Dazu Registerbände: Table des matières des tomes I à X (Annales révolutionnaires). Repr. Ldn, Paris 1965. Table analytique des Annales révolutionnaires (1919–1923) et des Annales historiques de la Révolution française (1924 à 1940). Paris 1949. Annales historiques de la Révolution française. Table alphabéthique et index (1946–1962). Paris 1965.

*Bibliographien und Handbücher*

E. **Boursin,** J. B. M. A. **Challamel:** Dictionnaire de la Révolution française. Paris 1893. – J. **Robinet,** A. **Robert,** J. **Le Chaplain:** Dictionnaire historique et biographique de la Révolution et de l'Empire. 2 vols. Paris 1899. – P. **Caron:** Manuel pratique pour l'étude de la Révolution française. Paris 1912. Nouv. éd. 1947. – A. **Martin,** G. **Walter:** Catalogue de l'histoire de la Révolution française. 6 vols. Paris 1936–55. – G. **Walter:** Répertoire de l'histoire de la Révolution française. 2 vols. Paris 1941–1952. – E. **Dolléans,** M. **Crozier:** Mouvements ouvrier et socialiste, chronologie et bibliographie: Angleterre, France, Allemagne, États-Unis ⟨1750–1918⟩. Paris 1950. – J. **Massin:** Almanach de la Révolution française. Paris 1963. – B. **Melchior-Bonnet:** Dictionnaire de la Révolution et de l'Empire. Paris 1965.

*Interpretationsgeschichte*

Th. **Carlyle:** The French Revolution. A history. 3 vols. Ldn 1837. New ed. 2 vols. N. Y., Ldn 1955. Dt. Ausg.: Ders.: Die franz. Revolution. 3 Bde. Lpz. 1845. Neuaufl. 1 Bd. Bln 1948. – G. P. **Gooch:** History and Historians in the Nineteenth Century. Ldn 1913. Rev. ed. 1961. Dt. Ausg.: Ders.: Geschichte u. Geschichtsschreiber im 19. Jahrh. Frankfurt/M. 1964. – J. **Bourdon:** Les tendences politiques et l'interprétation de l'histoire de France de 1787 à 1848. In: Bull. Soc. hist. mod. 37 (1937) 12, S. 2–4. – P. R. **Rhoden:** Die franz. Revolution im Spiegel der europäischen Geschichtsschreibung. In: C. Brinton: Europa im Zeitalter der Franz. Revolution. Wien 1939. S. 5–38. – P. **Farmer:** France Reviews Its Revolutionary Origins. N. Y. 1944. – H. **Calvet:** Sur l'histoire de la Révolution française. In: Rev. hist. mod. contemporaine 1 (1954), S. 301–305. – A. **Cobban:** The Myth of the French Revolution. Ldn 1955. – P. **Geyl:** Debates with Historians. Groningen, Ldn 1955. N. Y. 1956. – J. **Bourdon:** Histoire et psychologie. Points de vue nouveaux sur la Révolution française. In: Rev. synthèse 77 (1956), S. 35–42. – G. **Lefebvre:** Le mythe de la Révolution française. In: Ann. hist. Révolution franç. 28 (1956) 145, S. 337–345. – A. **Cornu:** Karl Marx' Stellung zur franz. Revolution u. zu Robespierre ⟨1843–1845⟩. In: Maximilien Robespierre. 1758–1794. Hrsg.: W. Markov, G. Lefebvre. Bln[-Ost] 1958. S. 553–571. – P. **Stadler:** Geschichtsschreibung u. hist. Denken in Frankreich 1789–1871. Zürich 1958. – St. J. **Idzerda:** The Background of the French Revolution. Washington 1959. – M. **Reinhard:** Sur l'histoire de la Révolution française. In: Annales 14 (1959), S. 553–570. – R. R. **Palmer:** Révolution française, occidentale ou atlantique? In: Bull. Soc. Hist. Mod. (1960), S. 2–7. – G. F. E. **Rudé:** Interpretations of the French Revolution. Ldn 1961. – J. L. **Godechot:** Problèmes et directions de recherche. In: Ders.: Les révolutions, 1770–1799. Paris 1963. S. 233–369. – The Eighteenth-Century **Revolution:** French or Western? Ed.: P. Amann. Boston 1963. – H. **Bock:** 1789 u. 1813. Das Zeitalter der Franz. Revolution in der reaktionären dt. Geschichtsschreibung. In: Z. Gesch.-Wiss. 12 (1964) 8, S. 1359–1383. – A. **Cobban:** The Social Interpretations of the French Revolution. Cambridge (Mass.) 1964. – New

**Perspectives** on the French Revolution. Ed.: J. Kaplow. N. Y. 1965. – P. **Renouvin:** Research in Modern and Contemporary History: Present Trends in France. In: J. Mod. Hist. 38 (1966) 1, S. 1–12. – H. **Ben-Israel:** English Historians on the French Revolution. Ldn 1968. – The French **Revolution:** Conflicting Interpretations. Eds.: F. A. Kafker, J. M. Laux. N. Y. 1968. – A. Z. **Manfred:** Die Große Franz. Revolution des 18. Jahrh. u. die Gegenwart. In: Studien über die Revolution. Hrsg.: M. Kossok. Bln[-Ost] 1969. S. 157–176. – A. **Soboul:** La Révolution française dans l'histoire du monde contemporain. Ebd. S. 62–93. – A. **Gérard:** La Révolution française, mythes et interprétations, 1789–1970. Paris 1970. – C. **Mazauric:** Sur une nouvelle conception de la Révolution. In: Ders.: Sur la Révolution française. Paris 1970. S. 21–61. – F. **Furet:** Le catéchisme révolutionnaire. In: Annales 26 (1971), S. 255–289. – Die klassischen Revolutionen in England, Amerika, Frankreich. Hrsg.: H.-C. Schröder, E. Schmitt. Köln (Neue Wiss. Bibliothek) (in Vorbereitung).

*Gesamtdarstellungen*

L. A. **Thiers:** Histoire de la Révolution française. 10 vols. Paris 1823–27. 13e éd. 1857–61. – F. **Mignet:** Histoire de la Révolution Française depuis 1789 jusqu'en 1814. 2 vols. Paris 1824. 14e éd. 1833. Dt. Ausg.: Ders.: Geschichte der franz. Revolution, 1789–1814. Lpz. 1848. 11. Aufl. 1904. – L. **Blanc:** Histoire de la Révolution française. 12 vols. Paris 1847–62. – A. de **Lamartine:** Histoire des Girondins. 8 vols. Paris 1847. Nouv. éd. 5 vols. 1881. – J. **Michelet:** Histoire de la Révolution française. 7 vols. Paris 1847–53. Nouv. éd. 2 vols. 1954. Dt. Ausg.: Ders.: Geschichte der Franz. Revolution. 10 Bde. Hamburg [1929–30]. – H. v. **Sybel:** Geschichte der Revolutionszeit, 1789–1800. 5 Bde. Düsseldorf 1853–79. – E. **Quinet:** La Révolution. 2 vols. Paris 1865. 14e éd. 3 vols. 1909. – H. A. **Taine:** Les origines de la France contemporaine. 6 vols. Paris 1876–94. Dt. Ausg.: Ders.: Die Entstehung des modernen Frankreich. 2. Aufl. 6 Bde. Lpz 1893–94. Ders.: 1 Bd. Bln, Frankfurt/M 1954. – P. A. **Kropotkin:** La Grande Révolution. Paris 1893. Ders. 1909. Dt. Ausg.: Ders.: Die franz. Revolution, 1789–1793. 2 Bde. Lpz. 1909. Ders. 1 Bd. Weimar 1948. – F. V. A. **Aulard:** Histoire politique de la Révolution française. Paris 1901. Dt. Ausg.: Ders.: Polit. Geschichte der franz. Revolution. 2 Bde. München 1924. – J. **Jaurès:** Histoire socialiste. Vol. 1–4: 1789–1794. Paris 1901–04. Nouv. éd. [u. d. T.:] Histoire socialiste de la Révolution française. 8 vols. 1922–24. – G. **Salvemini:** La rivoluzione francese, 1788 a 1792. Milano 1905. 4. ed. Roma 1919. – J. E. E. D. **Acton:** Lectures on the French Revolution. Ldn 1910. – L. **Madelin:** La Révolution. Paris 1911. 8e éd. 1922. – G. **Pariset:** La Révolution, 1792–1799. Paris 1920. – P. **Sagnac:** La Révolution, 1789–1792. Paris 1920. – A. **Mathiez:** La Révolution française. 3 vols. Paris 1922–1927. Dt. Ausg.: Ders., G. Lefebvre: Die franz. Revolution. 3 Bde. Hamburg 1950. – P. **Gaxotte:** La Révolution française. Paris 1928. Nouv. éd. 1963. Dt. Ausg.: Ders.: Die franz. Revolution. München 1949. – L. R. **Gottschalk:** The Era of the French Revolution, 1715–1815. Boston [1929]. – G. **Lefebvre,** R. **Guyot,** Ph. **Sagnac:** La Révolution française. Paris 1930. – L. **Gershoy:** The French Revolution and Napoleon. N. Y. 1933. – C. **Brinton:** A Decade of Revolution, 1789–1799. Ldn, N. Y. 1934. Dt. Ausg.: Ders.: Europa im Zeitalter der franz. Revolution. Wien 1939. 2. Aufl. 1948. – Ph. **Sagnac,** J. **Robiquet:** La Révolution de 1789. 2 vols. Paris 1934. – O. **Aubry:** La Révolution française. 2 vols. Paris 1942–45. Nouv. éd. 1 vol. 1952. Dt. Ausg.: Ders.: Die franz. Revolution. 2 Bde. Erlenbach/Zürich 1948. – J. M. **Thompson:** The French Revolution. Oxford 1943. New ed. 1959. – M. **Göhring:** Geschichte der großen Revolution. 2 Bde. Tübingen 1950–51. – A. Z. **Manfred:** Francuzskaja buržuaznaja revoljucija konca XVIII veka, 1789 do 1794. M. 1950. Dt. Ausg.: Ders.: Die franz. bürgerliche Revolution am Ende des 18. Jahrh. ⟨1789–1794⟩. Bln[-Ost] 1952. – G. **Ferrero:** Les deux révolutions françaises

1789–1796. Neuchâtel 1951. – G. **Lefebvre:** La révolution française. Paris 1951. 3^e^ éd. 1963. – A. **Goodwin:** The French Revolution. Ldn, N. Y. 1953. 4. ed. Ldn 1966. – R. **Mousnier,** E. **Labrousse,** M. **Bouloiseau:** Le XVIII^e^ siècle. Paris 1953. 5^e^ éd. rev. 1967. – A. **Cobban:** A History of Modern France. Vol. 1: 1715–1799. Baltimore, Harmondsworth 1957. Rev. ed. 1961. – R. R. **Palmer:** The Age of the Democratic Revolution. 2 vols. Princeton (N. J.) 1959–64. Dt. Ausg.: Ders.: Das Zeitalter der demokratischen Revolution. Eine vgl. Geschichte Europas u. Amerikas von 1760 bis zur Franz. Revolution. [Bd 1.] Frankfurt/M. 1970. – E. J. E. **Hobsbawm:** The Age of Revolution. Europe 1789–1848. Ldn 1962. N. Y. 1964. Dt. Ausg.: Europäische Revolutionen. Zürich 1962. – A. **Soboul:** Précis d'histoire de la Révolution française. Paris 1962. – J. L. **Godechot:** Les révolutions 1770–1799. Paris 1963. 2^e^ éd. 1965. – G. F. E. **Rudé:** Revolutionary Europe, 1783–1815. Ldn, Cleveland, N. Y. 1964. Repr. Ldn 1967. – A. **Soboul:** La Révolution française. 2 vols. Paris 1964. – D. **Richet,** F. **Furet:** La Révolution. 2 vols. Paris 1965–66. – M. J. **Sydenham:** The French Revolution. Ldn, N. Y. 1965. – E. **Naujoks:** Die Franz. Revolution u. Europa. Stuttgart, Bln, Köln, Mainz 1969.

*Vorgeschichte der französischen Revolution*
A. P. J. M. **Barnave:** Introduction à la révolution française. [1792]. In: Œuvres de Barnave. Ed.: M. Bérenger de la Drôme. Vol. 1. Paris 1843. S. 1–220. Nouv. éd. Paris 1960. Dt. Ausg.: Ders.: Theorie der franz. Revolution. München 1972. – F. X. J. **Droz:** Histoire du règne de Louis XVI pendant les années où l'on pouvait prévenir ou diriger la révolution française. 3 vols. Paris 1839–1842. Nouv. éd. 1858. – A. de **Tocqueville:** L'ancien régime et la Révolution. Paris 1856. 8^e^ éd. 1877. Dt. Ausg.: Ders.: Der alte Staat u. die Revolution. Bremen 1959. – H. **Glagau:** Reformversuche u. Sturz des Absolutismus in Frankreich ⟨1774–1788⟩. München 1908. – O. **Becker:** Die Verfassungspolitik der franz. Regierung bei Beginn der großen Revolution. Bln 1910. – M. **Marion:** Les causes financières de la Révolution. In: Rev. cours conf. 23 (1921/22), S. 367–380, 521–536. – A. **Cochin:** La Révolution et la libre-pensée. Paris 1924. – **Ders.:** Les Sociétés de pensée et la Révolution en Bretagne, 1788–1789. 2 vols. Paris 1925. – B. **Fay:** L'esprit révolutionnaire en France et aux Etats-Unis à la fin du XVIII^e^ siècle. Paris 1925. – B. **Groethuysen:** Origines de l'esprit bourgeois en France. Paris 1927. Dt. Ausg.: Ders.: Die Entstehung der bürgerlichen Welt- u. Lebensanschauung in Frankreich. 2 Bde. Halle 1927–30. – L. **Gottschalk:** The French Revolution: Conspiracy or Circumstances? In: Persecution and Liberty. Essays in honor of G. L. Burr. N. Y. 1931. S. 445–472. – H. **Sée:** The Economic and Social Origins of the French Revolution. In: Econ. Hist. Rev. 3 (1931/32) 1, S. 1–15. – E. **Cassirer:** Die Philosophie der Aufklärung. Tübingen 1932. – D. **Mornet:** Les origines intellectuelles de la Révolution française, 1715 à 1787. Paris 1933. 2^e^ éd. 1954. – A. **Le Flamanc:** Les utopies prérévolutionnaires et la philosophie du 18^e^ siècle. Paris 1934. – Ch. H. van **Duzer:** Contribution of the Ideologues to French Revolutionary Thought. Baltimore 1935. – R. R. **Palmer:** The National Idea in France before the Revolution. In: Hist. Ideas 1 (1940), S. 95–111. – L. **Gershoy:** From Despotism to Revolution, 1763–1789. N. Y., Ldn [1944]. Repr. 1953. – Ph. **Sagnac:** La formation de la société française moderne. 2 vols. Paris 1945–46. – M. **Göhring:** Weg u. Sieg der modernen Staatsidee in Frankreich. Tübingen 1946. 2. Aufl. 1947. – A. **Cobban:** The Causes of the French Revolution. Ldn 1946. New ed. [u. d. T.:] Historians and the Cause of the French Revolution. Ldn 1958. – A. **Goodwin:** Calonne, the Assembly of French Notables of 1787 and the Origins of the „Révolte Nobiliaire“. In: Engl. Hist. Rev. 61 (1946), S. 202–234, 329–377. – D. W. **Brogan:** Was the French Revolution a Mistake? In: Cambridge J. 1 (1947/48), S. 43 to 55. – L. **Gottschalk:** Philippe Sagnac and the Causes of the French Revolution. In: Mod. Hist. 20 (1948), S. 137–148. –

R. **Derathé:** Jean-Jacques Rousseau et la science politique de son temps. Paris 1950. 2$^{e}$ éd. 1971. – R. **Roux:** La Révolution française et l'idée de lutte des classes. Rev. hist. écon. soc. 29 (1951) 3, S. 252–279. – F. L. **Ford:** Robe and Sword. The regrouping of the French aristocracy after Louis XIV. Cambridge (Mass.) 1953. – I. L. **Horowitz:** Claude Helvetius: Philosopher of Democracy and Enlightenment. N. Y. 1954. – G. **Lefebvre:** Études sur la Révolution française. Paris 1954. 2$^{e}$ éd. 1963. – E. G. **Barber:** The Bourgeoisie in 18$^{th}$ Century France. Princeton (N. J.) 1955. Dass. 1956. – G. E. **Rudé:** The Outbreak of the French Revolution. In: Past & Present (1955), S. 28–42. – M. **Reinhard:** Elite et noblesse dans la seconde moitié du XVIII$^{e}$ siècle. In: Rev. hist. mod. contemporaine 3 (1956) 1, S. 5–37. – E. **Weis:** Geschichtsschreibung u. Staatsauffassung in der franz. Enzyklopädie, Wiesbaden 1956. – The Economic **Origins** of the French Revolution: Poverty or Prosperity? Ed.: R. W. Greenlaw. Boston 1958. – R. **Koselleck:** Kritik u. Krise. Ein Beitr. zur Pathogenese der bürgerlichen Welt. Freiburg/Br., München 1959. – V. P. **Volgin** (Volguine): L'idéologie révolutionnaire en France au XVIII$^{e}$ siècle. In: Pensée, N. S. no. 87 (1959), S. 83–98. – J. **Egret:** La pré-révolution française, 1787–1788. Paris 1962. – A. **Davies:** The Origins of the French Peasant Revolution of 1789. In: History 49 (1964), S. 24–41. – The **Influence** of the Enlightenment on the French Revolution: Creative, Disastrous or Non-Existent? Ed.: W. F. Church. Boston 1964. – E. L. **Eisenstein:** Who Intervened in 1788? In: Amer. Hist. Rev. 71 (1965/66) 1, S. 77–103. – L. **Goldmann:** La pensée des „Lumières". In: Annales 22 (1967) 4, S. 752–779. – J. **Dupaquier:** Sur la population française au XVII$^{e}$ et au XVIII$^{e}$ siècle. In: Rev. hist. 239 (1968), S. 43–79. – R. **Forster:** Obstacles to Agricultural Growth in Eighteenth-Century France. In: Amer. Hist. Rev. 75 (1969/70) 6, S. 1600–1615. – D. **Richet:** Autour des origines idéologiques lointaines de la Révolution française. In: Annales 24 (1969), S. 1–23. – E. **Schmitt:** Repräsentation u. Revolution. München 1969. – H. **Méthivier:** La fin de l'Ancien Régime. Paris 1970. – R. **Robin:** La société française en 1789: Semur-en-Auxois. Paris 1970. – A. **Soboul:** La civilisation et la Révolution française. Vol. 1: La crise de l'Ancien Régime. Paris 1970. – M. **Vovelle:** La chute de la monarchie 1787–1792. Paris 1972. – Die Franz. **Revolution.** Anlässe u. langfristige Ursachen. Hrsg.: E. Schmitt. Darmstadt 1973.

*Einzelbereiche der Französischen Revolution*

*a) Darstellung einzelner Phasen*

A. **Vandal:** L'avènement de Bonaparte, 2 vols. Paris 1902–1907. Nouv. éd. 1912. – F. **Braesch:** La Commune du dix août, 1792. Paris 1911. – A. **Cochin,** Ch. **Charpentier:** Les actes du gouvernement révolutionnaire ⟨23 août 1793 à 27 juillet 1794⟩. 3 vols. Paris 1920–35. – L. **Barthou:** Le neuf thermidor. Paris 1926. – A. **Meynier:** Les coups d'État du Directoire. 3 vols. Paris 1927–28. – A. **Mathiez:** Le dix août. Paris 1931. – G. **Lefebvre:** La grande peur de 1789. Paris 1932. Nouv. éd. 1956. – **Ders.:** Les thermidoriens. Paris 1937. – **Ders.:** Quatre-vingt-neuf. Paris 1939. – A. **Soboul:** 1789. L'an I de la liberté. Paris 1939. 2$^{e}$ éd. 1950. – F. **Braesch:** 1789, l'année cruciale. Paris 1941. – R. R. **Palmer:** Twelve Who Ruled. Princeton (N. J.) 1941. New ed. 1959. – G. **Lefebvre:** Le Directoire. Paris 1946. 3$^{e}$ éd 1958. – A. **Ollivier:** Le dix-huit brumaire, 9 novembre 1799. Paris 1959. – M. **Bouloiseau:** Le Comité de salut public, 1793–1795. Paris 1962. – J. L. **Godechot:** La prise de la Bastille, 14 juillet 1789. Paris 1965. – A. **Soboul:** La I$^{ère}$ République, 1792–1804. Paris 1968.

*B) Die revolutionäre Expansion*

A. **Sorel:** L'Europe et la Révolution française. 8 vols. Paris 1885–1904. 12 $^{é}$d. 1908–11. – J. L. **Godechot:** La grande nation. L'expansion révolutionnaire de la France dans le monde de 1789 à 1799. 2 vols. Paris 1956. – S. S. **Biro:** The German

Policy of Revolutionary France. 2 vols. Cambridge (Mass.) 1957. – W. **Real:** Von Potsdam nach Basel. Basel, Stuttgart 1958.

*c) Das Problem der Gegenrevolution*

L. **Madelin:** La contre-révolution sous la Révolution, 1789 à 1815. Paris 1935. – D. **Greer:** The Incidence of the Emigration during the French Revolution. Cambridge (Mass.) 1951. – L. **Jacob:** Les suspects pendant la Révolution, 1789–1794. Paris 1952. – J. L. **Godechot:** La contre-révolution, doctrine et action, 1789–1804. Paris 1961.

*d) Verfassung und Institutionen*

**Archives** parlementaires de 1787 à 1860. Recueil complet des débats législatifs et politiques des chambres françaises. 1ere sér: 1787 à 1799. Paris 1867 ff. [Bisher 89 Bde.] – E. **Seligman:** La justice en France pendant la Révolution, 1789–1792. 2 vols. Paris 1901–13. – A. **Lajusan:** Le plébiscite de l'an III. In: Révolution franç. 60 (1911), S. 5–37, 106–132, 237–263. – M. Ch. E. **Deslandres:** Histoire constitutionnelle de la France de 1789 à 1870. Paris 1932. – J. D. **Sirich:** The Revolutionary Committees in the Departments of France, 1793–1794. Cambridge (Mass.) 1943. – J. L. **Godechot:** Les institutions de la France sous la Révolution et l'Empire. Paris 1951. Nouv. éd. 1968. – J. J. **Chevallier:** Histoire des institutions politiques de la France de 1789 à nos jours. Paris 1952. – E. **Thompson:** Popular Sovereignty and the French Constituent Assembly, 1789–1791. Manchester 1952. – D. L. **Dowd:** Security and the Secret Police during the Reign of Terror. In: South Atl. Quart. 54 (1955) 3, S. 328–339. – H. **Kläy:** Zensuswahlrecht u. Gleichheitsprinzip. Aarau 1956. – A. **Soboul:** Robespierre et la formation du gouvernement révolutionnaire ⟨27 juillet – 10 octobre 1793⟩. In: Rev. hist. mod. contemporaine 5 (1958) 4, S. 283–294. – R. K. **Gooch:** Parliamentary Government in France: Revolutionary Origins, 1789–1791. Ithaca (N. Y.) 1960. – M. **Bouloiseau:** Le Comité de salut public, 1793–1795. Paris 1962.

*e) Ideengeschichte, politische Theorie*

R. **Redslob:** Die Staatstheorien der franz. Nationalversammlung von 1789, ihre Grundl. in der Staatslehre der Aufklärungszeit u. in den engl. u. amer. Verfassungsgedanken. Lpz. 1912. – K. **Loewenstein:** Volk u. Parlament. München 1922. Nachdr. Aalen 1964. – P. **Bastid:** Sieyès et sa pensée. Paris 1939. Nouv. éd. 1971. – J. P. **Mayer:** Political Thought in France from Sieyès to Sorel. Ldn 1943. Rev. ed. 1949. – B. **Groethuysen:** Philosophie de la Révolution française. Paris 1956. Dt. Ausg.: Ders.: Philosophie der franz. Revolution. Neuwied, Bln 1971. – **Grundpositionen** der franz. Aufklärung. Bln[-Ost] 1957.

*f) Gesellschaftsschichtung, politische und soziale Kräfte*

A. **Mathiez:** Robespierre terroriste. Paris 1920. – G. **Lefebvre:** Les paysans du Nord pendant la Révolution française. 2 vols. Paris, Lille 1924. Nouv. éd. Bari 1959. – G. **Michon:** Essai sur l'histoire du parti Feuillant, Adrien Duport. Paris 1924. – A. **Mathiez:** La vie chère et le mouvement social sous la Terreur. Paris 1927. – **Ders.:** Girondins et Montagnards. Paris 1930. – E. **Soreau:** La loi Le Chapelier. In: Ann. hist. Révolution franç. 8 (1931), S. 287–314. – D. M. **Greer:** The Incidence of the Terror during the French Revolution. Cambridge (Mass.) 1935. – E. V. **Tarle:** Žerminal'i Prerial'. M. 1937. 3. izd. 1957. Franz. Ausg.: Ders.: Germinal et Prairial. M. 1959. – D. **Guérin:** La lutte de classes sous la Première République. 2 vols. Paris 1946. Nouv. éd. 1968. – P. **Sainte-Claire Deville:** La Commune de l'an II. Paris 1946–48. – J. **Poperen,** G. **Lefebvre:** Études sur le ministère de Narbonne. In: Ann. hist. Révolution franç. 19 (1947), S. 1–36, 193–217, 292–321. – J. **Egret:** La Révolution des notables. Mounier et les monarchiens, 1789. Paris 1950. – R. **Cobb:** Note sur la répression contre le personnel sansculotte de 1795 à 1801. In: Ann. hist. Révolution franç. 26 (1954), S. 23–49. – R. **Cobb,** G. **Rudé:** Le dernier mouvement populaire de la Révolution à Paris: les journées de Germinal et de Prairial. In: Rev. hist. 214 (1955), S. 250–281. – **Jakobiner** u. Sansculotten, Hrsg.: W. Markov. Bln[-Ost] 1956. – A. **Soboul:** Problèmes du travail en l'an II. In: Ann. hist. Révolution franç. 28 (1956), S. 236–254. – Die **Sansculotten** von Paris. Hrsg.: W. Markov, A. Soboul. Bln[-Ost] 1957. – A. **Soboul:** Les Sans-culottes parisiens en l'an II. La Roche-Sur-Yon, Paris 1958. Dt. Ausg.: Ders.: Die Sektionen von Paris im Jahre II. Bln[-Ost] 1962. – G. F. E. **Rudé:** The Crowd in the French Revolution. Oxford 1959. Dt. Ausg.: Ders.: Die Massen in der Franz. Revolution. München, Wien 1961. – K. D. **Tønnesson:** La défaite des sansculottes. Oslo 1959. – M. J. **Sydenham:** The Girondins. Ldn 1961. – C. **Mazauric:** Babeuf et la conspiration pour l'égalité. Paris 1962.

*g) Wirtschaft, Handel, Finanzwesen*

M. **Marion:** Histoire financière de la France depuis 1715. 6 vols. Paris 1914–31. Nouv. éd. 1965. – J. **Morini-Comby:** Les assignats. Révolution et inflation. Paris 1925. – G. **Lefebvre:** Les recherches relatives à la vente des biens nationaux. In: Rev. hist. mod. 3 (1928) 1, S. 188–219. Erw. [u. d. T.:] La vente des biens nationaux. In: Ders.: Etudes sur la Révolution française. Paris 1954. 2$^{e}$ éd. 1963. S. 307–337. – S. E. **Harris:** The Assignats. Cambridge (Mass.) 1930. – F. **Braesch:** Finances et monnaie révolutionnaires. Nancy 1934. – H. **Sée:** Histoire économique de la France. Vol. 2: Les temps modernes, 1789 à 1914. Paris 1943. Nouv. éd. 1952. Dt. Ausg.: Ders.: Franz. Wirtschaftsgeschichte. Bd 2. Jena 1936. – C.-E. **Labrousse:** La crise de l'économie française à la fin de l'Ancien Régime et au début de la Révolution. Paris 1944. – G. **Dejoint:** La politique économique du Directoire. Paris 1951. – W. F. **Shepard:** Price Control and the Reign of Terror: France, 1793–1795. Berkeley (Calif.) 1953. – A. **Rémond:** Etudes sur la circulation marchande en France aux XVIII$^{e}$ et XIX$^{e}$ siècles. Vol. 1. Paris 1956.

*h) Kultur und Religion*

H. T. **Parker:** The Cult of Antiquity and the French Revolutionaries. Chicago (Ill.) 1937. – L. **Grimaud:** Histoire de la liberté d'enseignement en France depuis la chute de l'Ancien Régime jusqu'à nos jours. Paris 1898. Nouv. éd. [u. d. T.:] Histoire de la liberté d'enseignement en France. Vol. 2: La Révolution. Grenoble, Paris 1944. – A. **Latreille:** L'église catholique et la Révolution française. 2 vols. Paris 1946–50. – G. **Walter:** La Révolution française vue par ses journaux. Bourges, Paris 1948. – K. D. **Erdmann:** Volkssouveränität u. Kirche. Köln 1949. – B. C. **Poland:** French Protestantism and the French Revolution. Princeton (N.J.) 1957. – A. **Soboul:** Sentiment religieux et cultes populaires pendant la Révolution. In: Ann. hist. Révolution franç. 29 (1957), S. 193–213. – H. **Maier:** Revolution u. Kirche. Freiburg/Br. 1959. 3. Aufl. 1973. – J. **Palou:** La franc-maçonnerie. Paris 1964.

*i) Militärwesen*

E. **Déprez:** Les volontaires nationaux, 1791–1793. Paris 1908. – G. **Six:** Les généraux de la Révolution et de l'Empire. Paris 1948. – N. **Hampson:** La marine de l'an II. Paris 1959. – A. **Soboul:** Les soldats de l'an II. Paris 1959. – R. **Cobb:** Les armées révolutionnaires. 2 vols. Paris 1961–63.

*k) Einzelpersonen*

J. L. **Barthou:** Danton. Paris 1932. – L. R. **Gottschalk:** Lafayette. 5 vols. Chicago (Ill.) 1935–69. – P. **Jolly:** Necker. Paris 1947. Nouv. éd. 1951. – M. **Dommanget:** Jacques Roux, le curé rouge ⟨1752–1793⟩ et le Manifeste des „Enragés“. Paris

1949–50. – M. **Reinhard:** Le grand Carnot. 2 vols. Paris 1950–52. – A. **Ollivier:** Saint-Just et la force des choses. Paris 1954. – M. **Bouloiseau:** Robespierre. Paris 1957. – A. **Mathiez:** Études sur Robespierre ⟨1758–1794⟩. Paris 1958. – **Robespierre.** In: Ann. hist. Révolution franç. 30 (1958), S. 28–96. – Maximilien **Robespierre.** 1758–1794. Hrsg.: W. Markov. Bln[-Ost] 1958. – L. **Jacob:** Hébert, le père Duchesne, chef des Sans-culottes. Paris 1960. – J. **Massin:** Marat. Paris 1960. – V. M. **Dalin:** Babeuf-Studien. [Übers. aus d. Russ.] Bln[-Ost] 1961. – **Babeuf** et les problèmes du babouvisme. Ed.: Soboul. Paris 1964. – W. **Markov:** Jacques Roux oder vom Elend der Bibliographie. Bln[-Ost] 1966. – Ders.: Die Freiheiten des Priesters Roux. Bln[-Ost] 1967. – Ders.: Jacques Roux, Scripta et Acta. Bln[-Ost] 1969. – Ders.: Exkurse zu Jacques Roux. Bln[-Ost] 1970. – L. S. **Greenbaum:** Talleyrand Statesman-Priest. The Agent-General of the Clergy and the Church of France at the End of the Old Regime. (Massachusetts) 1970.

*Anmerkung des Verfassers:*
Für Hinweise, die zur Verbesserung des Textes der Erstfassung dieses Artikels dienten, danke ich meinen Kollegen Jacques Godechot und Ernst Hinrichs.
Was die Bibliographie angeht, so ist sie nach den Richtlinien des Verlags geordnet.

# Die Revolutionen von 1848

Von Andreas Dorpalen

## *A. Ursachen und Verlauf der Revolutionen*

### I. Der Aufstieg der revolutionären Bewegungen

Die Revolutionen (R.en), die 1848 in zahlreichen Ländern des kontinentalen Europas ausbrachen, bedeuteten den Höhepunkt der politischen Krise, die seit der Französischen Revolution (siehe oben: Zweite Abteilung) Europa erschütterte und die durch die antirevolutionäre Politik in der Zeit der Restauration nur vorübergehend überdeckt werden konnte. Diese revolutionäre Gesamtkrise ging auf den sozialen Wandel zurück, der zu Anfang des 19. Jahrh. durch die Auflösung der traditionellen Agrarverfassung und den Beginn der Industrialisierung in weiten Teilen Europas hervorgerufen worden war. Auf der einen Seite entstanden hierdurch zunehmend breitere Schichten sozial Unbefriedigter. Diese rekrutierten sich vor allem aus den bäuerlichen Unterschichten, die keine Besitztitel auf den von ihnen bearbeiteten Boden hatten, und aus dem Handwerkerstand, dessen wirtschaftliche Selbständigkeit durch die Entstehung des Industriesystems bedroht wurde. Bauern und Handwerker bildeten das Reservoir für das Industrieproletariat, dessen Heraufkunft sich in den R.en von 1848 unübersehbar anzeigte. Auf der anderen Seite formierte sich das Bürgertum als Nutznießer des wirtschaftlichen und gesellschaftlichen Veränderungsprozesses zu einer politischen Klasse, die Anspruch auf Teilnahme an der politischen Herrschaft erhob. Die daraus sich ergebenden sozialen und politischen Konfliktlagen wurden durch die aufkommende nationale Dynamik verstärkt, von der zumal die geteilten oder unterdrückten europäischen Völker erfaßt wurden. Die R.en von 1848 müssen daher gleichermaßen auf dem Hintergrund von sozialer Frage, bürgerlichem Verfassungsstreben und der Forderung nach nationaler Selbstbestimmung gesehen werden.

Als eine Art Vorspiel zu den R.en brach 1847 in der Schweiz ein Bürgerkrieg aus zwischen einem aufständischen *Sonderbund* konservativ-katholischer Kantone und der übrigen Eidgenossenschaft, die eine Reihe liberaler Reformen einführen wollte. Die Niederlage des Sonderbundes stärkte die Zentralgewalt; in einer neuen Bundesverfassung wurden die Gleichheit vor dem Gesetz sowie andere Bürgerrechte anerkannt und die Schweiz zu einem einheitlichen Wirtschaftsgebiet zusammengeschlossen. Der Schweizer Sonderbundskrieg ist der einzige damalige Konflikt, in dem die liberalen Elemente endgültig siegreich blieben.

Die Schweizer Erfolge wirkten ermutigend auf oppositionelle Kräfte in anderen Ländern. In *Italien* beendete im Januar 1848 ein Aufstand in Palermo die unbeschränkte Macht König FERDINANDS II. von Neapel und Sizilien und erzwang die Gewährung einer Verfassung. Kurz darauf verlangten und erhielten die Liberalen in der Toscana, in Piemont-Sardinien und im Kirchenstaat Verfassungen. Im Februar verlor der französische König LOUIS-PHILIPPE seinen Thron, und *Frankreich* wurde wieder zur Republik erklärt. Die schnell gebildete provisorische Regierung bestand aus Liberalen und Demokraten, man nahm aber auch zwei Sozialisten auf (LOUIS BLANC und, als Konzession gegenüber den Pariser Massen, den Arbeiter ALBERT). Die Arbeitszeit wurde auf elf Stunden verkürzt, und um Arbeitsplätze zu schaffen, wurden staatliche Nationalwerkstätten errichtet. Die Regierung beseitigte gleichzeitig alle Bürgerrechtsbeschränkungen und schrieb demokratische Wahlen zu einer verfassunggebenden Versammlung aus.

Frankreichs Beispiel belebte die Reformbestrebungen in den *deutschen Staaten.* Baden, Württemberg, Hannover und Sachsen erhielten liberale Regierungen. Der bayerische König LUDWIG I., der durch seine Liaison mit der Tänzerin Lola Montez und deren Einmischung in die Politik kompromittiert war, mußte zugunsten seines Sohnes MAXIMILIAN II. abdanken. In Wien wich METTERNICH, der mit seiner staatskonservativen Legitimitätspolitik das Europa der Restaurationszeit drei Jahrzehnte lang wesentlich beeinflußt hatte, einer liberalen Regierung. Nach Zusammenstößen zwischen Demonstranten und Truppen in Berlin bildete König FRIEDRICH WILHELM IV. von Preußen eine Regierung mit dem rheinischen Industriellen LUDOLF CAMPHAUSEN als Ministerpräsidenten. Sowohl in Berlin wie in Wien traten verfassunggebende Versammlungen zusammen. Höhepunkt der R. in Deutschland war die Wahl und der Zusammentritt einer *gesamtdeutschen Nationalversammlung* in Frankfurt am Main, die den Weg für die Schaffung eines einheitlichen Deutschen Reiches ebnen sollte.

Aufstände brachen auch in *Spanien* und *Griechenland* aus, hatten aber nur kurze Erfolge. Erhebungen in *Böhmen,* im *lombardisch-venezianischen Königreich,* in *Ungarn, Polen* und den *Donau-Fürstentümern* waren zugleich Unabhängigkeits- und Reformbewegungen. Unter LUDWIG KOSSUTHS Führung schuf Ungarn sich eine fast völlig selbständige Regierung. In Prag forderten tschechische Nationalisten Verfassung und Selbstverwaltung und wandten sich gegen die Aufnahme Böhmens in den deutschen Nationalstaat. Die polnische Erhebung wurde zunächst von Frankreich, Preußen und Österreich unterstützt in der Erwartung, sie würde sich gegen Rußland richten. Als man aber in Berlin das Versprechen, den Polen Preußens eine eigene

Verwaltung zu geben, nicht einhielt, bekam die polnische Erhebung einen antipreußischen Charakter. Der rumänische Aufstand war anfangs auf die Walachei beschränkt; eine provisorische Regierung versuchte, die türkische Herrschaft und damit zugleich die überlebten Feudalverhältnisse zu beseitigen. Eine entsprechende Unabhängigkeitsbewegung in Siebenbürgen, die gegen Österreich gerichtet war, verlief sich infolge interner Streitigkeiten.

Im lombardisch-venezianischen Königreich zwang die Mailänder Bevölkerung die Österreicher zum Rückzug aus der Lombardei; eine gleichzeitige Erhebung in Venedig führte zur Errichtung einer venezianischen Republik. Liberale und Demokraten in ganz Italien begrüßten diese Ereignisse. König KARL ALBERT von Piemont-Sardinien und FERDINAND II. von Neapel traten daraufhin in den Krieg gegen Österreich ein.

## II. Der Niedergang der revolutionären Bewegungen

Es ist kennzeichnend für die Ereignisse von 1848, daß die revolutionären Bewegungen nach raschen Anfangserfolgen schon sehr bald ihren Höhepunkt überschritten. Innerhalb *Italiens* restaurierte die Gegenrevolution zuerst in Neapel den Absolutismus FERDINANDS II. und erzwang dann den Rückzug der neapolitianischen Truppen aus der Lombardei. Papst PIUS IX. lehnte daraufhin jede Hilfe für die nationale Bewegung ab, um einen Zusammenstoß mit dem katholischen Österreich zu vermeiden. Völlig isoliert und von den Lombarden mit großem Mißtrauen behandelt, mußten die Piemontesen nach militärischen Niederlagen gegen die Österreicher den Rückzug antreten. Spannungen zwischen Adel und Großbürgertum auf der einen und Radikaldemokraten auf der anderen Seite verschlechterten die Aussichten der nationalen Revolution. Im August 1848 waren die Piemontesen aus der Lombardei vertrieben. Piemont hielt auch nach der Abdankung von Karl Albert an seiner Verfassung fest, aber in den anderen Staaten wurden die liberalen Reformen wieder beseitigt. Die *Römische Republik,* die GIUSEPPE MAZZINI und GIUSEPPE GARIBALDI im Februar 1849 als Sammelpunkt für ein auf demokratischer Grundlage geeintes Italien ausriefen, wurde mit französischer Hilfe nach ein paar Monaten unterdrückt und die Herrschaft des Papstes wiederhergestellt.

In *Frankreich* machte sich die konservative Gegenströmung in den Wahlen zur Nationalversammlung im April 1848 bemerkbar. Von 900 Sitzen gewannen die gemäßigten Republikaner 500, die Monarchisten 300, die Radikalen dagegen nur 100. Anders als Paris war die französi sche Provinz überwiegend konservativ gesonnen und zudem verbittert über die Erhöhung der Grundsteuer, mit der die Regierung ihre Sozialreformen finanzierte. In Paris dagegen waren die Nationalwerkstätten ein Anziehungspunkt für Tausende von Arbeitslosen.

Diese Werkstätten sollten nur eine vorübergehende Einrichtung sein; und um nicht mit den Privatunternehmen zu konkurrieren, mußten sie sich auf wenig produktive Arbeiten beschränken. Als nicht genug Arbeit beschafft werden konnte, brachen dann im Mai Unruhen aus. Die Werkstätten wurden daraufhin geschlossen und die entlassenen Arbeiter vor die Wahl gestellt, entweder Paris zu verlassen oder in die Armee einzutreten. Die Arbeiter fühlten sich um die Früchte der R. gebracht und gingen auf die Straße. Vom 23. bis 25. Juni lieferten sich Aufständische und Regierungstruppen eine blutige Straßenschlacht. Sie endete mit der Niederlage und dem Tod oder der Verwundung von etwa 10000 Insurgenten. Diese *Junitage* verstärkten die konservativen Strömungen; verängstigte Liberale billigten nun auch die von den konservativen Parteien verlangten Beschränkungen der Presse- und Versammlungsfreiheit. Die im November 1848 verkündete Verfassung schuf eine starke, vom Parlament unabhängige Regierungsgewalt. Im Dezember 1848 wurde LOUIS NAPOLÉON BONAPARTE zum Präsidenten der Republik gewählt, im April 1849 die Nationalversammlung aufgelöst; Neuwahlen gaben den Konservativen eine große Mehrheit. Die Radikalen schalteten sich im Juni 1849 durch einen – rasch unterdrückten – Aufstand selbst aus; Louis Napoléon konnte daraufhin seine Halbdiktatur errichten.

In den *deutschen Staaten* ebbte die revolutionäre Bewegung fast ebenso schnell ab wie in Frankreich. Zum Teil lag das daran, daß die Revolutionäre versäumten, Heere und Beamtenschaft unter ihre Kontrolle zu bringen, zum Teil an der Furcht des Bürgertums vor den unteren Schichten, besonders nach den Pariser Junitagen. Sobald die alten staatlichen Machthaber die Schwäche der aufständischen Elemente erkannten, versteifte sich ihr Widerstand. Es zeigte sich im übrigen, daß Liberale und Konservative manche gemeinsamen Interessen hatten. Als Besitzende waren beide mißtrauisch gegenüber den eigentumslosen Klassen; als Deutsche waren sie sich darüber einig, daß Nicht-Deutsche nicht notwendig die gleichen Rechte beanspruchen konnten, die sie für sich selbst forderten. Der preußische König hatte den Beifall der Liberalen nicht nur, als er der deutschen Bevölkerung Schleswig-Holsteins in ihrem Kampf gegen Dänemark zu Hilfe kam; sie stimmten ihm ebenfalls zu, als er polnische Autonomiebestrebungen in den preußischen Ostprovinzen unterdrückte. Im November 1848 fühlte sich FRIEDRICH WILHELM IV. stark genug, nach Straßenzusammenstößen in Berlin, die das Bürgertum tief beunruhigten, die preußische verfassunggebende Versammlung aus Berlin auszuweisen. Im Dezember löste er die Versammlung auf und oktroyierte Preußen eine Verfassung, die in beschränktem Maß den Interessen des Besitzbürgertums entgegenkam.

In *Österreich* konnten die Revolutionäre die konservative Gegenströmung zunächst aufhalten. Sie entwarfen eine demokratische Verfassung und befreiten die Bauern von allen feudalen Belastungen. Als jedoch Arbeiter und Studenten sich im Oktober nochmals erhoben, um ihre Erfolge weiter abzusichern, wurde der Aufstand vom Heer, das auf eine Entscheidung drängte, niedergeschlagen und der Reichstag aus Wien vertrieben. Der schwachsinnige Kaiser FERDINAND I. dankte ab; sein Nachfolger, FRANZ JOSEPH I., lehnte jede Bindung an Ferdinands Zugeständnisse ab. Im März 1849 gab er dem Lande eine Verfassung, die aber nie in Kraft trat. Auch in Bayern und Württemberg waren konservativ-partikularistische Kräfte im Frühjahr 1849 wieder im Besitz der Regierungsgewalt.

Zur gleichen Zeit stand auch die deutsche Nationalversammlung in Frankfurt vor ihrer Auflösung, ohne etwas erreicht zu haben. Im Unterschied zur französischen Nationalversammlung von 1789 war das Paulskirchenparlament nicht nur vor die Aufgabe gestellt, eine Verfassung zu schaffen, sondern auch einen geeinten Nationalstaat zu errichten. Es mußte sich als verfassunggebende Versammlung für einen Staat verstehen, den es erst noch zu schaffen galt. Voll Vertrauen in die Rechtlichkeit ihrer Aufgabe und jedem gewaltsamen Eingriff abhold, unterließ sie es, sich ein Machtinstrument zu schaffen. Sie blieb daher auf die freiwillige Zusammenarbeit mit den einzelstaatlichen Regierungen angewiesen. Diese waren zwar durch die R. zunächst erheblich geschwächt, aber sie übten weiter die Befehlsgewalt über Heer und Beamtenschaft aus. Die durch die Nationalversammlung gebildete provisorische Reichsgewalt war daher zu immer größerer Ohnmacht verurteilt, je mehr die einzelstaatlichen Regierungen, vor allem in Preußen und Österreich, wieder erstarkten und die Befürworter des alten monarchisch-feudalen Systems es sich zur Aufgabe machten, die Autorität der Paulskirche zu untergraben. Zudem brachte die Nationalversammlung erst einmal lange Monate mit der Beratung der „Grundrechte des deutschen Volkes" zu. Diese Debatte zeigte, daß die große Mehrheit der Versammlung gesellschafts- und rechtspolitische Vorstellungen vertrat, die nur den Interessen des Bildungs- und Besitzbürgertums entsprachen. Die Nationalversammlung hatte wenig Verständnis für die Forderungen der Handwerker, Bauern und Arbeiter, so daß diese sich zunehmend von ihr abwandten und durch selbständige Aktionen und eigene Organisationen ihre Ansprüche durchzusetzen versuchten.

Die Ungewißheit über die Zugehörigkeit Deutsch-Österreichs (zusammen mit dem vorwiegend slawischen Böhmen) zu dem neuen Staat behinderte ebenfalls die Handlungsfähigkeit der Nationalversammlung. Als Österreich darauf bestand, mit dem ungeteilten Bestand der Monarchie in den gesamtdeutschen Nationalstaat einzutreten, beschloß die Paulskirchenversammlung, Österreich auszuschließen und dem preußischen König FRIEDRICH WILHELM IV. die deutsche Kaiserkrone anzutragen. Seine Ablehnung der deutschen Kaiserwürde leitete die Endphase der revolutionären Bewegung in Deutschland ein. Nach dem Auszug der Österreicher und der Anhänger eines Erbkaisertums aus der Nationalversammlung blieb nur noch ein *Rumpfparlament* bestehen, das von der Linken beherrscht wurde. Gegen dieses sammelte sich der konzentrierte Widerstand der gegenrevolutionären Kräfte. Das Rumpfparlament mußte Frankfurt verlassen und nach Stuttgart übersiedeln. Radikaldemokratische Aufstände in Sachsen, Rheinland-Westfalen und in der Pfalz, welche die revolutionäre Bewegung erneut beleben sollten, wurden schnell niedergeschlagen. Mit der Auflösung der Stuttgarter Versammlung im Juni 1849 war die deutsche R. auch formal beendet.

Inzwischen waren auch fast alle Erhebungen in den nicht-deutschen Teilen Preußens und Österreichs unterdrückt worden. Die polnische Autonomiebewegung wurde – zur Genugtuung des polnischen Adels und Großbürgertums – im Mai 1848 von preußischen Truppen niedergeschlagen. Kurz darauf beendeten österreichische Truppen den tschechischen Aufstand; auch hier standen die Oberschichten auf seiten der Sieger. Die Unterwerfung Ungarns war schwieriger, da die Aufständischen inzwischen alle Verbindungen mit dem Habsburgerreich abgebrochen und eine unabhängige Republik gegründet hatten. Mit russischer Hilfe wurden sie schließlich im August 1849 besiegt. Die Aufstände in den Donau-Fürstentümern wurden in einem gemeinsamen Gegenangriff österreichischer, russischer und türkischer Truppen niedergeschlagen.

## *B. Nicht-marxistische Interpretationen*

### I. 1848–1948

Nicht-marxistische Historiker begannen sich erst spät für die revolutionären Ereignisse von 1848/49 zu interessieren. Für französische Forscher blieb die R. von 1789 *die* R., während 1848 als ein unerfreuliches Zwischenspiel kleinbürgerlicher Unentschlossenheit oder eines proletarischen Radikalismus abgetan wurde. Deutschen Historikern galt 1848 als das Jahr doktrinärer Verstiegenheit oder politischer Naivität. Das *tolle* Jahr wurde völlig überschattet von den Erfolgen der nationalen Einheitspolitik Bismarcks. Die Italiener hatten in bezug auf die italienischen Erhebungen ähnliche Ansichten.

Als die Forschung sich den Problemen von 1848 ernsthaft zuwandte, galt ihr Interesse vor allem den politischen Vorgängen. Deutsche und österreichische Historiker sahen in diesen Ereignissen ein gutgemeintes, aber verfehltes Vorspiel zur Einigung Deutschlands (H. v. SYBEL, A. SPRINGER) oder einen Markstein in der Geschichte der politischen Parteien und der liberalen Bewegung (H. ONCKEN, F. MEINECKE). Für die Österreicher bedeuteten die Aufstände der nicht-deutschen Völkerschaften zugleich ein warnendes Vorzeichen kommender Dinge (SPRINGER).

In der Zeit der Weimarer Republik fand 1848 die wohlwollende Behandlung von Historikern, die in der Paulskirche einen Vorläufer der Weimarer Demokratie sahen (V. Valentin, W. Goetz). Dagegen machten liberale Historiker die Radikalen für die Niederlage der R. verantwortlich: mit ihren maßlosen Forderungen hätten sie das gemäßigte Bürgertum in das konservative Lager getrieben. Andere Forscher beschäftigten sich mit außenpolitischen Fragen und sahen die Einheitsbewegung von den europäischen Großmächten bedroht (E. Marcks). Für Österreich war zur Zeit der Anschlußbewegung besonders die großdeutsch-kleindeutsche Kontroverse von Wichtigkeit; österreichische Forscher bezeichneten die Aufgabe der großdeutschen Lösung als einen tragischen Fehler (R. Kaindl, V. Bibl). In der nationalsozialistischen Zeit betonte der Wiener Historiker H. von Srbik die natürliche Einheit von Deutschen und Österreichern. Daneben erschienen auch die üblichen Traktate, in denen die Ereignisse von 1848 auf eine jüdisch-kommunistische Verschwörung zurückgeführt wurden (vgl. Th. S. Hamerow, 1954/55, S. 34f.). Der 2. Weltkrieg wiederum lenkte die Aufmerksamkeit auf die chauvinistischen Tendenzen, die in den Debatten der Frankfurter Versammlung zum Ausdruck kamen (L. B. Namier).

Auch in Frankreich wandte sich die wissenschaftliche Forschung erst nach langer Zeit der R. von 1848 zu. Die ersten wissenschaftlichen Untersuchungen kamen zu dem Ergebnis, daß die Erhebung ein Zufall war, der mit dem Regime Louis-Philippes kaum etwas zu tun hatte (vgl. P. H. Amann, 1962, S. 411). Nachdem man aber die R. mit der Unzulänglichkeit der Juli-Monarchie begründete, wurden die Führer der R. als wohlmeinende Phantasten angesehen (P. de la Gorce). Vielfach wurden auch die Massen als vertrauensvoll und gutwillig geschildert (Ch. Seignobos, 1921, S. 3f., 10f., 25; vgl. Amann, 1962/1963, S. 941f.). Dagegen sahen andere Historiker die R. als einen mit großer Bitterkeit ausgefochtenen Klassenkampf an, der seinen Höhepunkt in den Junitagen erreichte (D. C. McKay; vgl. Amann, 1962/63, S. 941).

Die italienische Geschichtsschreibung befaßte sich hauptsächlich mit den politischen Vorgängen der R. (E. Masi, B. Croce). Der Einheitsfrage als einem wesentlichen Aspekt des Risorgimento galt das besondere Interesse der Forschung. Bemühungen, die Monarchie aufzuwerten, führten in der faschistischen Zeit zu einer Neubeurteilung Karl Alberts von Piemont, der lange als eine der fragwürdigsten Gestalten der Ereignisse von 1848 gegolten hatte. Auch Ferdinand II. von Neapel wurde nunmehr als patriotischer und ehrenhafter Monarch dargestellt (vgl. K. R. Greenfield, 1935, S. 62ff.). In der liberalen italienischen Geschichtsschreibung wurde die Tatsache, daß der Kampf um Italiens Einheit erfolglos blieb, weiterhin auf das persönliche Eigeninteresse der italienischen Fürsten zurückgeführt, die es vorzogen, Österreich über die Lombardei und Venezien herrschen zu sehen, anstatt Piemont zum Sammelpunkt eines geeinten Italien werden zu lassen. Daß Pius IX. der Nationalbewegung seine Hilfe versagte, wurde für besonders gravierend befunden, da die Einigungsbewegung damit die Unterstützung seitens einer Institution verloren habe, die in gewissem Sinne selbst nationale Bedeutung hatte (Croce, 1932, dt. Ausg. 1947, S. 182). Die demokratischen Radikalen in der italienischen Revolutionsbewegung von 1848 wurden auch von dieser Seite als theoretisierende Intellektuelle und Idealisten oder als Verschwörer und Agitatoren abgetan (Romeo, 1950, S. 268ff., 288ff.).

## II. Neuere Analysen

1. *Allgemeines.* – Anläßlich der hundertjährigen Wiederkehr des Revolutionsjahres wurden frühere Urteile über die R. einer Überprüfung unterzogen. Die Forschung wandte sich besonders der *wirtschaftlichen und sozialen Bedeutung* der Erhebungen zu. In diesem Zusammenhang sieht jetzt eine Reihe von Historikern Frankreich als den Mittelpunkt der Ereignisse an, da dort die soziale Programmatik der R. am offenkundigsten war (R. Stadelmann; A. J. P. Taylor, in: Opening, 1948, S. XXVI). Im Einklang mit dem gegenwärtigen Rückgang nationalistischer Strömungen sind Historiker heute auch mehr dazu geneigt, die *europäischen Gemeinsamkeiten* der R. zu sehen. So weisen sie darauf hin, daß die Erhebungen die gleichen Ziele – liberale Verfassung, radikale Demokratie, soziale Gerechtigkeit – und das gleiche Verlangen nach nationaler Einheit und/oder Unabhängigkeit verfolgten. Gleichzeitig bestanden offene und geheime Verbindungen zwischen den Führern der verschiedenen Nationalbewegungen, zwischen Mazzini und Kossuth, zwischen Alexandre-August Ledru-Rollin und Ludwik Mierosławski, aber auch zwischen den Herrschern; ein weiteres Merkmal des überstaatlichen Charakters der R.en (P. Henry, in: Europe, 1959, S. 181; F. Valsecchi, ebd. S. 278; Taylor, in: Opening, 1948, S. XIXff.). Nationalistische Gegenströmungen gewannen dagegen an Stärke, als die Stoßkraft der Erhebungen verebbte – auch dies eine Entwicklung, die in einem bemerkenswerten Parallelismus in jedem Lande eintraf. Frankreich, das zunächst seine Solidarität mit Polen und Italienern erklärt hatte, war später um die Erhaltung des Friedens bemüht, was jede aktive Unterstützung der unterdrückten Völker in Österreich und Rußland ausschloß. Ähnlich schlug Preußens Befürwortung der polnischen Unabhängigkeitsbestrebungen in die Forderung nach der Unterdrückung der polnischen Nationalbewegung um, als diese die preußische Herrschaft im Osten bedrohte. Auch die Haltung der Österreicher gegenüber ihren nichtdeutschen Völkerschaften änderte sich im Verlauf der Revolution. Die italienischen Staaten kamen von ihrem Plan einer Verbindung mit Frankreich gegen Österreich ab (Valsecchi, a.a.O. S. 278ff.; F. Fejtö, in: Opening, 1948, S. 419). Neuere Forschungen sehen auch einen direkten Zusammenhang zwischen dieser zunehmend national-egoistischen Einstellung und der wachsenden Furcht des Bürgertums vor einer Mobilisierung der Volksmassen: Unabhängigkeitsbestrebungen

mit ihren überstaatlichen Verbindungen waren Massenbewegungen, die leicht vom Bereich nationaler Befreiung auf das Gebiet sozialer Emanzipation überspringen konnten und daher als Gefahren angesehen wurden. Aus diesem Grund fanden sich die polnischen und tschechischen Oberschichten gegen ihre eigenen Nationalbewegungen zusammen. Selbst England, das die neuen liberalen Regierungen zuerst warm begrüßt hatte, entzog ihnen später seine Unterstützung aus Sorge, die Forderungen nach Selbstbestimmung und Unabhängigkeit könnten sich auch auf die Völker des Empire auswirken und dort Unruhe stiften (ebd. S. 419, 423).

Bürgerliche Historiker betonen jetzt stärker die *Bedeutung der unteren Schichten* als revolutionäre Kräfte. Sie hatten den revolutionären Massenbewegungen wenig Beachtung geschenkt, da sie in den neugebildeten Regierungen gar nicht und in den Parlamenten nur in geringem Maß vertreten waren. Jetzt wird dagegen die Tatsache hervorgehoben, daß die Erhebungen in erster Linie Massenbewegungen waren: „Es hätte 1848 keine Revolution gegeben, wenn die Entscheidung bei den Führern gelegen hätte. Die Revolutionen brachen spontan aus, und die wahren Helden von 1848 waren die Volksmassen" (Taylor, ebd. S. XXIV; s. auch Hamerow, 1958, S. VIIIf.).

2. *Einzelne Länder.* – Die genannten Gesichtspunkte haben ihren Niederschlag vor allem in den neueren Forschungen zu den revolutionären Ereignissen von 1848 in Frankreich gefunden. Auch nicht-marxistische Historiker beurteilen jetzt die damaligen Aktionen und Bestrebungen der Arbeiterklasse, besonders die Forderung nach einem *Recht auf Arbeit,* mit größerem Verständnis als früher, nachdem, wie L. Girard bemerkt, soziale Fragen stärker im Mittelpunkt des Gegenwartsinteresses stehen (in: Europe, 1959, S. 525ff.). Da Frankreichs Existenz heute von überstaatlicher Zusammenarbeit abhängt, hat eine Reihe von Forschern sich ferner mit der Frage beschäftigt, warum die *Zweite Republik* so schnell den Versuch aufgab, eine europäische Rolle in den R.en zu spielen (Henry, ebd. S. 189f.; G. Bourgin, in: Opening, 1948, S. 107f.). Einige Historiker sehen in Frankreichs Haltung den Beweis dafür, daß es seine europäische Führungsrolle aufgegeben hatte: Ruhe und Frieden schienen ihm wichtiger als die Wiedergewinnung seiner Stellung als Mittelpunkt und Schiedsrichter Europas, ein Ziel, das die aktive Beteiligung Frankreichs an der Befreiung der unterdrückten Völker erfordert hätte (Valsecchi, in: Europe, 1948, S. 281f.; Taylor, in: Opening, 1948, S. XXVI). Keiner dieser Kritiker hat jedoch zu zeigen vermocht, wie ein solcher Befreiungskrieg hätte erfolgreich geführt werden können. Es ist auch fraglich, ob er in Frankreich eine Massenbasis gefunden hätte, denn neuere Untersuchungen haben ergeben, daß 1848 infolge der großen Arbeitslosigkeit der Fremdenhaß in Frankreich weit verbreitet war: französische Arbeiter sahen in Polen und Italienern, die in Frankreich Arbeit suchten, Kon-

kurrenten und nicht Mitbrüder einer überstaatlichen Gemeinschaft (Amann, 1962/63, S. 940f.).

Das wachsende Interesse an sozialen Problemen hat auch weitere Erkenntnisse über die Junitage gebracht: Es handelte sich nicht einfach um einen Klassenkampf zwischen Bourgeoisie und Proletariat; denn damals gab es in Paris überhaupt noch kein Industrieproletariat von Bedeutung (anders in Industriezentren wie Rouen, Lille und Lyon), vielmehr schlossen sich zahlreiche kleine Angestellte, Händler und Gastwirte ebenso den Aufständischen an, wie umgekehrt Arbeiter in nicht unerheblichem Umfang auf der anderen Seite der Barrikaden kämpften (ebd. S. 945f.). Zudem ist neuerdings festgestellt worden, daß in vielen Gegenden ausgedehnte Bauernaufstände ausbrachen; 50000 Soldaten wurden benötigt, um sie niederzukämpfen (F. PONTEIL; Amann, 1962/63, S. 947ff.). Über die Erhöhung der Grundsteuer sind ebenfalls neue Fakten bekannt geworden: Mit den zusätzlichen Steuereinnahmen wurden in Wirklichkeit nicht nur die Nationalwerkstätten und andere Sozialreformen finanziert, sondern auch Unternehmern erhebliche Kredite gewährt. Daher hat man auch nach der Schließung der Werkstätten die Zuschläge beibehalten, und der Widerstand der Bauern richtete sich daraufhin gegen die Nationalversammlung und später gegen Louis Napoléon (ebd. S. 948f.). Agrarunruhen flammten noch 1851 auf, lange nachdem der Widerstand in den Städten gebrochen war (ebd. S. 949f.).

Neuere Arbeiten über die *deutschen Erhebungen* befassen sich ebenfalls mehr mit der Rolle der unteren Schichten. In früheren Jahren war das fast ausschließlich ein Anliegen sozialistischer Autoren gewesen (VALENTIN war eine wichtige Ausnahme); jetzt wird die Bedeutung der Arbeiterschaft in den Ereignissen von 1848 allgemein anerkannt. Die organisierte Bewegung der Arbeiter-Handwerker (W. CONZE) wird als verzweifelter Widerstand gegenüber dem Vormarsch des Industriekapitalismus angesehen. Das Interesse gilt vor allem der Dachorganisation örtlicher Arbeitervereine, der „Allgemeinen deutschen Arbeiter-Verbrüderung", die höhere Löhne und bessere Arbeitsbedingungen forderte, zu genossenschaftlicher Selbsthilfe und zur Bildung von Gewerkschaften aufrief, aber auch das Wahlrecht für alle Arbeiter verlangte. Wie die Untersuchungen von F. BALSER und P. H. NOYES ergeben haben, hatte die Arbeiter-Verbrüderung eine erheblich größere Gefolgschaft als der Bund der Kommunisten, dessen Einfluß im wesentlichen auf das Rheinland beschränkt blieb (F. Balser: Sozial-Demokratie 1848/49–1863, Textbd, Stuttgart, 1962, S. 49ff.; Noyes, 1966, S. 212ff.). Demgegenüber betonte J. DROZ, daß die „Neue Rheinische Zeitung", die Marx und Engels herausgaben, weit über das Rheinland hinaus gelesen wurde. Er glaubte daraus folgern zu können, daß die politischen und wirtschaftlichen Analysen der Zeitung große Teile der deutschen Arbeiterschaft beeinflußten. Droz hat jedoch nur wenige Belege für seine Auffassung beibringen können

(Droz, 1957, S. 525f., 528, 540ff., 545). Auch die von DDR-Historikern vorgelegten Belege für die Verbreitung der „Neuen Rheinischen Zeitung“ sind für den Einfluß des Blattes nur beschränkt beweiskräftig (vgl. A. Dorpalen, 1970, S. 348f.).

Die Handwerkerbewegung litt auch unter Gegensätzen zwischen Meistern und Gesellen; die Meister lehnten jede politische und organisatorische Zusammenarbeit mit den Gesellen ab. Beide Lager fanden zudem in Frankfurt wenig Verständnis; die liberale Mehrheit der Paulskirchenversammlung vertrat das Prinzip unbeschränkter Wirtschaftsfreiheit und wies sowohl die Forderungen nach Sozialreformen seitens der Handwerksgesellen wie auch die Anträge der Meister auf Steuererleichterungen und die Wiederherstellung der alten Innungsbeschränkungen ab. Daß die Arbeitervereine und die kleinbürgerliche demokratische Bewegung nur geringe Verbindung hatten, trug ebenfalls zur Schwächung sowohl der Arbeiter- wie der demokratischen Bewegung bei. Die Meister wandten sich ihrerseits enttäuscht den alten Gewalten zu, die ihnen für die Unterstützung der Monarchien wirtschaftlichen Schutz und eine feste Sozialordnung boten (Stadelmann, 1948; Hamerow, 1958, S. 155; Noyes, 1966, S. 378).

Auch die Forderungen der Bauern sind neuerdings eingehender untersucht worden. Der Nationalversammlung wird vorgehalten, sie hätte Bodenreformen zu Unrecht als eine Verletzung des Eigentumsrechts abgelehnt. Der Adel habe seinen Landbesitz zumeist gleichzeitig mit seinen Feudalprivilegien erworben, welche die Paulskirche abschaffen wollte; sie hätte daher auch einer Aufteilung des Großgrundbesitzes zustimmen müssen, da dessen Rechtsgrundlage ebenso fragwürdig war wie die der Feudalrechte (Hamerow, 1958, S. 171). Überhaupt werden Paulskirche und liberales Bürgertum jetzt kritischer beurteilt als in der Weimarer Zeit (Stadelmann, 1948, S. 87ff.; Hamerow, 1958, S. 161; anders dagegen A. Ramm, 1967, S. 196f., die diese Kritik zurückweist mit der Begründung, daß man damit den Liberalen vorhielte, nicht gegen ihre eigene Natur gehandelt zu haben). Demgegenüber tritt die Tatsache in den Hintergrund, daß die R. von 1848 den Großteil des deutschen Volkes auf einen kurzen Augenblick über Staatsgrenzen und soziale Abgrenzungen hinweg in gemeinsamer Begeisterung vereinte und damit ein konkretes Bewußtsein nationaler Zusammengehörigkeit erweckte, das auch die Niederlage der R. nicht mehr auslöschen konnte (so Th. Schieder, in: Gebhardts Handbuch der dt. Geschichte, Bd 3, 9. Aufl., Stuttgart 1970, S. 154f.; H. Holborn: Dt. Geschichte in der Neuzeit, Bd 2, München 1970, S. 332).

Die *italienischen Liberalen* werden in der neueren Forschung ebenfalls kritisch beurteilt. Auch sie widersetzten sich allen Agrarreformen, um die unteren Klassen nicht zu stark werden zu lassen. Die Liberalen des neapolitanischen Königreichs begrüßten es sogar, daß Ferdinand II. seine frühere umfassende Regierungsgewalt wiedergewann, als

Bauernunruhen auszubrechen begannen (R. Romeo, 1950, S. 299ff.; A. W. Salomone, 1949, S. 280ff.). Ähnlich sind König Karl Albert von Piemont und das norditalienische Bürgertum beschuldigt worden, im Kampf gegen die Österreicher Siegeschancen versäumt zu haben aus Angst vor den Volksbewegungen, die ihre Unterstützung anboten (C. Spellanzon, 1932–40, vol. 4, 1938, S. 674ff.; D. Cantimori, in: Opening, 1948, S. 129ff.).

## *C. Die marxistische Interpretation*

### I. 1848–1948

Im Gegensatz zu Nicht-Marxisten, die R.en in der Regel als gewalttätige, zerstörerische Vorgänge ansehen, auch wenn sie rückblickend ihr Ergebnis billigen, sind R.en für Marxisten *gesetzmäßige* Beschleunigungen fortschrittlicher gesellschaftlicher Entwicklung, *„Lokomotiven der Geschichte"*, wie Marx sie nannte (MEW, Bd 7, S. 85), und daher zu begrüßen. In dieser Perspektive war es die Aufgabe der R.en von 1848, den Übergang von feudal-absolutistischen zu bürgerlich-kapitalistischen Gesellschaftsordnungen zu erleichtern (außer in Frankreich, wo bereits das Stadium des Kampfes zwischen Bourgeoisie und Proletariat erreicht war). Die revolutionären Handlungsträger werden danach beurteilt, ob sie die „historischen Aufgaben" erfüllten, die ihnen in den R.en zugefallen waren.

Die marxistische Geschichtsschreibung über die R.en von 1848 geht auf die Analysen von K. Marx und F. Engels zurück. Marx befaßte sich hauptsächlich mit der R. in Frankreich (Die Klassenkämpfe in Frankreich 1848 bis 1850; Der achtzehnte Brumaire des Louis Bonaparte), Engels behandelte die deutschen Aufstände (Die deutsche Reichsverfassungskampagne; Revolution und Konterrevolution in Deutschland).

Für Marx lag die besondere Bedeutung der französischen R. von 1848 rückblickend darin, daß sie mit der Abschaffung der Monarchie die Herrschaft der Bourgeoisie offenbar machte. Gleichzeitig habe die Arbeiterklasse zum erstenmal eigene Forderungen gestellt, sei aber noch nicht stark genug gewesen, um die Rechte, die sie erkämpft hatte, zu bewahren und zu erweitern. So wurde sie bald zur Seite gedrängt, und die Bourgeoisie blieb die alleinige Nutznießerin der Revolution. Marx wies darauf hin, daß der Gang der Ereignisse die feudal-absolutistischen Mächte im übrigen Europa begünstigte, da Frankreich unter dem Druck seiner eigenen internen Spannungen den unterdrückten Völkerschaften in Preußen, Österreich und Rußland nicht zur Hilfe kommen konnte. Er war jedoch überzeugt, daß die französische Bourgeoisie trotz ihrer Erfolge ihrem Ende entgegenging: sie triebe Arbeiter, Bauern und Kleinbürgertum zur Verzweiflung und würde daher bald von einer sozialen R. hinweggefegt werden.

Engels fand in seiner Analyse der deutschen Vorgänge, daß die deutsche Bourgeoisie im Gegensatz zur französischen nicht die Kraft hatte, die Macht an sich zu reißen, nachdem die bis dahin herrschenden Klassen besiegt waren. Vor die Frage gestellt, ob sie die alten Gewalten mit Hilfe der Arbeiter und Bauern besiegen oder sich mit Hilfe der Monarchien des Feudaladels und des Beamtentums den aufbegehrenden Massen entgegenstellen sollte, entschied sie sich für letzteres. Ebenso sah Engels in den verfassunggebenden Versammlungen in Frankfurt und den verschiedenen deutschen Hauptstädten Vertretungen eines verängstigten Bürgertums, die den alten Gewalten Hilfe leisteten und den Freiheitskampf ihrer eigenen Landsleute wie den der nicht-deutschen Völker sabotierten. Engels sah Zeichen dieser Furchtsamkeit auch bei den unterdrückten Nationalitäten selbst. Daher fand er sich mit der weiteren Unterdrückung von Tschechen, Slowaken und anderen slawischen Völkerschaften (mit Ausnahme der Polen) ab; er befürchtete, sie würden unter den Einfluß eines reaktionären Panslawismus geraten, sollte das österreichische Kaiserreich auseinanderbrechen (MEW, Bd 6, S. 165ff., 270ff.).

Aus dem Gang der Ereignisse folgerten Marx und Engels – und hier ging Geschichte über in politische Praxis –, daß die Arbeiter sich nie wieder einer bürgerlich-demokratischen Bewegung anschließen durften, wie sie das 1848 getan hatten. In Zukunft sollten sie vielmehr eine eigene Partei organisieren, die zwar mit anderen Klassen zusammenarbeiten mochte, aber ihre getrennte Stellung beibehalten und ihre eigenen Ziele verfolgen mußte. Nur so könnten sie den Verlauf einer künftigen R. beeinflussen, ihr die nötige Stoßkraft vermitteln und die anderen Klassen zwingen, sich ihnen anzuschließen (MEW, Bd 7, S. 248ff.). Zu jener Zeit glaubten beide noch, daß eine solche Arbeiterpartei bald die Gelegenheit haben würde, sich an einer weiteren sozialen R. zu beteiligen. Sie hatten inzwischen in dem wirtschaftlichen Aufschwung seit Mitte 1848 einen Grund für die Niederlage der R. gefunden, waren aber überzeugt, daß dieser Aufschwung den unvermeidlichen Zusammenbruch des Kapitalismus nur kurz aufhalten konnte (ebd. S. 245). Als jedoch die wirtschaftliche Prosperität in die fünfziger Jahre hinein andauerte, erkannten sie, daß der Zusammenbruch nicht unmittelbar bevorstand und die R. folglich nicht allzubald herbeigeführt werden konnte.

In der Folgezeit beschäftigten sich marxistische Forscher verhältnismäßig wenig mit den Ereignissen von 1848. F. Mehring behandelte die deutschen Vorgänge in seiner „Geschichte der deutschen Sozialdemokratie" (Stuttgart 1897) im großen und ganzen in Übereinstimmung mit Marx und Engels. Im Gegensatz zu diesen billigte er jedoch die Bestrebungen jener Arbeiterführer, die – wie Stefan Born, der Mitbegründer der Arbeiterverbrüderung – die Lage der Arbeiter durch Reformen zu bessern suchten und revolutionäre Aktionen für zwecklos hielten. V. I. Lenin lehnte dagegen Mehrings Einstellung ab.

Wie Engels sah er in Tschechen und Südslawen Werkzeuge des Zarismus und wollte ihnen zur Zeit der Erhebungen von 1848 kein Recht auf Unabhängigkeit zuerkennen; er hob jedoch hervor, daß seine Bedenken sich nur auf die vierziger und fünfziger Jahre bezogen (J. Schleifstein: Franz Mehring, Bln[-Ost] 1959, S. 211f.; LW, Bd 22, S. 152, Anm.). Später wies K. KAUTSKY Engels' Auffassung von den slawischen Völkerschaften zurück; auch die sowjetischen Historiker haben sie heute fallengelassen.

Nach dem 1. Weltkrieg wandte sich die marxistische Forschung auch der Agrarfrage zu. Der Italiener A. GRAMSCI wies in seinem Werk über das Risorgimento auf das Versäumnis der R. hin, eine Bodenreform durchzuführen. Er sah hierin einen der Hauptgründe für das Scheitern der demokratischen R. in Italien. Der Historiker A. ROSENBERG hob die wichtige Rolle der französischen Bauernbewegung hervor und nahm an, daß das Fehlen jeglicher Zusammenarbeit zwischen Bauern und Arbeitern wesentlich zur Niederlage der R. beitrug (Rosenberg, 1938, Ausg. 1962, S. 110ff.).

## II. Neuere Analysen

1. *Allgemeines.* – Neuerdings haben sich marxistische Forscher wiederholt mit den revolutionären Vorgängen auf dem Lande befaßt. A. SOBOUL hat nachgewiesen, daß die Bauern in vielen Gegenden Frankreichs hartnäckig um ihre Rechte kämpften. Nach seiner Ansicht unterlagen sie, weil sie ein veraltetes Besitzsystem aufrechterhalten wollten (La question paysanne en 1848, in: Pensée, 1948, no. 18, S. 55–66). Andere sahen den eigentlichen Grund für die Niederlage der R. in der fehlenden Zusammenarbeit zwischen Bauern und Arbeitern (G. COGNIOT, 1948; J. DAUTRY, 1948, nouv. éd. 1957, S. 95f.). DDR-Historiker haben nachgewiesen, daß es auch in Deutschland viel mehr Bauernunruhen gegeben hat, als früher vermutet wurde. Sie sehen die Hauptursache für das Fehlschlagen der Erhebungen ebenfalls in dem getrennten Vorgehen von Bauern, Arbeitern und Kleinbürgertum (K. OBERMANN, 1961, 3. Aufl. 1967, S. 297ff.; vgl. DORPALEN, 1970, S. 340f.). Italienische Marxisten heben diesen Punkt hinsichtlich Italiens gleichfalls hervor (F. DELLA PERUTA, G. BERTI).

Andere Untersuchungen behandeln die Rolle der Bourgeoisie. Sie ergeben, daß diese mit dem Adel manche gemeinsamen wirtschaftlichen Interessen hatte – als Agrarkapitalisten und dank weitverzweigter Beteiligungen am Eisenbahnbau (Dorpalen, ebd. S. 327ff.). Infolgedessen lehnte das Großbürgertum mehr denn je revolutionäre Erhebungen ab, obwohl ihm daran lag, unmittelbaren politischen Einfluß auf Regierung und Gesetzgebung zu gewinnen. Dank seiner wirtschaftlichen Verflechtungen verfügte es aber über genügend einflußreiche Beziehungen zur Regierung, um dort Gehör finden zu können. Beim Ausbruch der R. stellte sich daher eine Reihe führender Großbürger den Regierungen zur Verfügung und half, die demokratischen Forderungen einzudämmen. Einige DDR-Historiker haben daraus gefolgert, daß die R. bereits bei ihrem Ausbruch verloren war (Geschichte, 1966, S. 99, 163).

Obwohl die Bourgeoisie nach marxistischer Lehre erwarten mußte, vom Proletariat verdrängt zu werden, halten die Marxisten-Leninisten die bürgerlichen Bemühungen in der R. von 1848, die unteren Klassen von politischem Einfluß fernzuhalten, für völlig ungerechtfertigt. Einige DDR-Historiker sehen zwar das Widersprüchliche in dieser Anschauung, halten aber weiterhin daran fest, daß es die historische Aufgabe des Bürgertums war, die Führung zu übernehmen im Kampf um die Einigung Deutschlands und den Sieg des bürgerlichen Kapitalismus, die beide voneinander abhingen. Gleichzeitig betonen sie, daß das Bürgertum Verrat an den Volksmassen beging, denen es den ursprünglichen Sieg über die alten Gewalten verdankte, indem es sich mit letzteren verbündete. Die bürgerliche Furcht vor dem Proletariat sei „verfrüht" gewesen, da der „gesellschaftliche Hauptwiderspruch" noch zwischen dem herrschenden Halbfeudalismus und dem aufsteigenden Kapitalismus bestand (Dorpalen, 1970, S. 335ff.; Obermann, a.a.O. S. 145f., 169). Die Haltung der deutschen Bourgeoisie war keine Ausnahme. Im Fall des italienischen Großbürgertums hat eine neuere Untersuchung von Soboul (1961) gezeigt, daß auch dieses mit dem italienischen Adel gemeinsame Wirtschaftsinteressen hatte, die sogar bedeutend weiter zurückreichten als entsprechende Verbindungen in Deutschland.

Marxisten haben die R.en von 1848 seit jeher als Phase einer allgemeinen europäischen Krise gesehen, die durch den Zusammenprall von feudaler Reaktion und kapitalistischem Fortschritt verursacht wurde. Dem europäischen Charakter der Erhebungen entsprach die Klassensolidarität, durch die das vaterlandslose Proletariat zusammengehalten wurde (MEW, Bd 2, S. 614). Marxistische Forscher haben sich daher in neueren Untersuchungen nicht eigens mit diesen europäischen Aspekten der R. befaßt. In einigen Arbeiten wurde aber erneut darauf hingewiesen, daß nur Arbeiter- und andere demokratische Organisationen während der ganzen Zeit an ihren überstaatlichen Grundsätzen festgehalten hätten (Obermann, in: Z. Gesch.-Wiss., 1965, S. 828).

2. *Einzelne Länder.* – In Untersuchungen über den Revolutionsverlauf in einzelnen Ländern sind Historiker aus der DDR besonders der Rolle von Marx und Engels sowie ihrer Anhänger in den deutschen Erhebungen nachgegangen. Da die Arbeiterklasse für marxistische Forscher als Vorhut der revolutionären Bewegung gilt, die im gesetzmäßigen Ablauf der Dinge die kapitalistische Ausbeutung beenden und den Sozialismus einführen wird, ist für sie die Tätigkeit des *Bundes der Kommunisten,* der diese Entwicklung bewußt zu fördern suchte,

von größter Bedeutung. Dabei verkennen sie nicht, daß der kommunistische Einfluß in der R. begrenzt war: „Ausschlaggebend für die historische Wertung des Bundes der Kommunisten ist der Fakt, daß mit ihm zum erstenmal eine Arbeiterorganisation einen vollkommenen Bruch mit bürgerlicher Ideologie, Politik und Organisation vollzog ... Im Bund der Kommunisten trat der Marxismus weltgeschichtlich zum erstenmal als eine, wenn auch kleine, ... *organisierte* Kraft in Erscheinung" (W. Schmidt, R. Dlubek, in: Z. Gesch.-Wiss., 1966, S. 1293). Im Vergleich mit den Kommunisten, den bewußten Vertretern historischer Gesetzmäßigkeit, gilt die *Arbeiter-Verbrüderung* angesichts ihrer vorwiegend wirtschaftlich-reformistischen Orientierung als weit weniger wichtig. Daß die Verbrüderung einen bedeutend größeren Anhang hatte, ist danach unwesentlich. Westdeutsche Hinweise auf diese Tatsache werden zurückgewiesen als Versuche, für die gegenwärtige *opportunistische* Taktik der Sozialdemokratie eine historische Legitimierung zu finden. Für marxistische Forscher ist die Verbrüderung nur insoweit interessant, als auch sie ein gewisses Klassenbewußtsein entwickelte und erkannte, daß die Ziele der Arbeiter letztlich nur nach Beseitigung des Kapitalismus durchgesetzt werden konnten. Auf diese Weise half sie, den Weg zur Bildung einer revolutionären Arbeiterpartei zu ebnen (Geschichte, 1966, S. 138ff.; Kritik der bürgerlichen Geschichtsschreibung, Hrsg.: W. Berthold [u. a.], Köln 1970, S. 326f.; R. Weber, in: Z. Gesch.-Wiss., 1964, S. 514f.). Damit wird gleichzeitig das wichtigste Anliegen marxistischer Historiker berührt: festzustellen, inwieweit das Klassenbewußtsein der Arbeiter während der Ereignisse von 1848 gestärkt wurde.

Die ostdeutsche Forschung hat auch weiteres Material über Verbreitung und Leserschaft der „Neuen Rheinischen Zeitung" ausfindig gemacht sowie über die Rolle der Arbeiter in den Aufständen vom Frühjahr 1849, die eine Reihe von bürgerlichen Historikern als unerheblich bezeichnet hatten (s. Dorpalen, 1970, S. 348f., 364f.). Die großdeutsch-kleindeutsche Auseinandersetzung in der Paulskirche wird als ein Zusammenstoß zwischen preußischen und österreichischen Handels- und Industrieinteressen interpretiert (Obermann, 1961, 3. Aufl. 1967, S. 374ff.). Entsprechend wird das *Drei-Klassen-Wahlrecht* als ein Schutzwall bürgerlicher Interessen angesehen, da es auf dem wirtschaftlichen Status beruhte und die Bourgeoisie erwarten konnte, den Land besitzenden Adel auf diesem Gebiet in Kürze zu überholen (G. Schilfert, 1952, S. 270ff., 282ff.; Dorpalen, 1970, S. 360f.).

In Frankreich haben sich marxistische Historiker erneut mit den Pariser Juni-Aufständen befaßt. Die Ausbeute ist nicht sehr ergiebig. Während der sowjetische Historiker A. Molok feststellt, daß nicht wenige der in den Nationalwerkstätten Beschäftigten Ladenbesitzer und andere kleine *patrons* waren, halten andere Marxisten weiter daran fest, daß fast alle Aufständischen Arbeiter waren (Molok, 1952, franz. Übers. 1954, S. 69, 83ff.; Dautry, 1948, nouv. éd. 1957, S. 183).

Molok hat wohl eine gewisse Zusammenarbeit zwischen den verschiedenen aufständischen *arrondissements* aufgedeckt, aber er fand sie zu improvisiert, um die fehlende politische Partei zu ersetzen, welche die Führung hätte übernehmen können (Molok, 1952, franz. Übers. 1954, S. 85f.). Daß es einer solchen Partei bedurfte, war die wichtigste taktische Konsequenz, welche die Marxisten aus den R.en von 1848 zogen.

### *D. Kritische Schlußbemerkungen*

Das Bild der R.en von 1848, das die neuere Forschung entwickelt hat, entspricht den Anliegen der gegenwärtigen Zeit. Wenn die Gemeinsamkeiten der Erhebungen heute stärker betont werden, so ist das z.T. eine Folge der Tatsache, daß der aggressive Nationalismus früherer Zeiten in Europa an Bedeutung verloren hat. Entsprechend sehen Historiker die Aufstände als ein im wesentlichen europäisches Phänomen an mit Variationen in den einzelnen Ländern und nicht mehr als örtlich bedingte Vorgänge, die durch einige überstaatliche Zusammenhänge lose verbunden waren.

Vor allem hat diese Auffassung jedoch an Bedeutung gewonnen infolge der zunehmenden Beschäftigung nicht-marxistischer Forscher mit sozialen und Wirtschaftsproblemen, die für Marxisten stets von grundlegender Wichtigkeit waren. Die Untersuchungen dieser Seite der R.en haben die bemerkenswerte Parallelität im Verlauf der meisten Erhebungen aufgedeckt. Überall waren die Gegensätze zwischen den oberen Schichten und der Arbeiterklasse entscheidend für ihren Ausgang. Selbst dort, wo die nationale Unabhängigkeit zunächst das wichtigste Ziel war, bestimmten am Ende gesellschaftliche und nicht nationale Gesichtspunkte die politischen Entscheidungen.

Infolge der Akzentverschiebung von im engeren Sinn politischen Fragen auf sozial- und wirtschaftsgeschichtliche Probleme werden heute auch die Auswirkungen der gescheiterten R.en anders beurteilt als früher. Es wird die Wirkung der Sozial- und Wirtschaftsreformen hervorgehoben, die auf die Erhebungen folgten. Die wirtschaftsliberalen Maßnahmen der Folgezeit leiteten den erstaunlichen wirtschaftlichen Aufstieg des deutschen und französischen und in beschränkterem Ausmaß auch den des norditalienischen Bürgertums ein. Wenn die R.en mit der politischen Niederlage des Bürgertums endeten, so beeindruckten die Erhebungen die politischen Sieger doch tief genug, um sie zur Förderung seiner wirtschaftlichen Interessen zu veranlassen. Die neueren nicht-marxistischen Arbeiten über 1848 haben somit die Kluft zwischen bürgerlichen und marxistischen Auffassungen verengt, und viele der Fakten, die beide Seiten aufgedeckt haben – über die Haltung der einzelnen Klassen oder überstaatliche Vorgänge –, ergänzen sich gegenseitig. Beide Seiten sind sich auch darüber einig, daß die R.en trotz des Mißerfolgs der nationalen Bewegungen als Inspiration künftiger Aktionen der Einheits- bzw. Unabhängigkeitsbewegungen in den einzelnen Ländern fortwirkten.

Die grundsätzlichen Unterschiede bestehen jedoch weiter und müssen weiterbestehen angesichts der ganz unterschiedlichen Auffassungen beider Lager über das Wesen geschichtlicher Vorgänge und den Charakter und die Rolle der Revolutionen. Für orthodoxe Marxisten, die von den Gesetzen des dialektischen und historischen Materialismus ausgehen, sind die R.en von 1848 ein „gesetzmäßiger" Höhepunkt des Konflikts zwischen Feudalismus und Kapitalismus und somit eine Bestätigung dieser Gesetze. Sie sind daher viel selbstgewisser in Kritik und Schlußfolgerungen als Nicht-Marxisten, die keinen gesetzmäßigen voraussehbaren Ablauf der Dinge anerkennen, menschliche Faktoren weit mehr als wesentliche Gegebenheiten berücksichtigen und Schlußfolgerungen als bloße Hypothesen ansehen.

Entsprechend beruht die nicht-marxistische Auffassung des Verhältnisses zwischen Bürgertum und Arbeiterschaft, die grundlegende Streitfrage zwischen den beiden Lagern, auf ganz anderen Voraussetzungen als die marxistische. Erstere hält dem Bürgertum vor, die Arbeiter von sich gestoßen zu haben, anstatt in ihnen Bundesgenossen zu sehen. Sie tut das, weil sie die Klassengegensätze nicht als unüberbrückbar ansieht und gerade 1848 die Klassenfronten nicht scharf abgegrenzt findet. Dagegen bestehen Marxisten darauf, daß die Arbeiterschaft sich nicht ohne weiteres mit dem Bürgertum verbünden durfte. Bei der unversöhnlichen Feindschaft zwischen den beiden Klassen hätten die Arbeiter nicht darauf hoffen können, ihre Lage in einer bürgerlich-kapitalistischen Gesellschaftsordnung wesentlich zu verbessern: jede Zusammenarbeit zwischen Arbeitern und anderen Klassen habe daher nur vorübergehend und innerhalb eines eng umschriebenen Rahmens vor sich gehen können, und auch dann nur, um den Sturz der Bourgeoisie vorzubereiten. Daß die R.en von 1848 diese Einsicht unter den Arbeitern förderten und ihr Klassenbewußtsein erweckten, war vom marxistischen Gesichtspunkt aus ihre große historische Leistung.

So können auch die Neubewertungen der Ereignisse nicht die Kluft überbrücken zwischen der marxistischen Gewißheit, daß die gesellschaftliche Entwicklung gesetzmäßig fortschreitet, und der nicht-marxistischen Auffassung, daß die Zukunft der Menschen weit weniger klar vor ihnen liegt.

*Gesamtdarstellungen*

F. **Ponteil:** 1848. Paris 1937. 3. éd. 1956. – A. **Rosenberg:** Demokratie u. Sozialismus. Amsterdam 1938. Dass. Frankfurt/M. 1962. – The **Opening** of an Era, 1848. Ed.: F. Fejtö. Ldn 1948. – L. **Salvatorelli:** La rivoluzione europea, 1848–1849. Milano 1949. – **Revoljucii** 1848–1849. Red.: F. V. Potemkin, A. I. Molok. 2 t. M. 1952. [Die Revolutionen von 1848–1849.] – P. **Robertson:** Revolutions of 1848. A social history. Princeton (N. J.) 1952. New ed. N. Y. 1960. – L'**Europe** du XIX^e^ et du XX^e^ siècle. [Vol. 1:] 1815–1870. [Ed.:] M. Beloff [u. a.] Paris 1959.

*Einzelne Länder*

*Österreich*

A. **Springer:** Geschichte Österreichs seit dem Wiener Frieden 1809. 2 Bde. Lpz. 1863–65. – R. F. **Kaindl:** 1848/49 – 1866 – 1918/19. Des dt. Volkes Weg zur Katastrophe u. seine Rettung. München 1920. – V. **Bibl:** Der Zerfall Österreichs. 2 Bde. Wien 1922–24. – H. v. **Srbik:** Deutsche Einheit. 4 Bde. München 1935–42.

*Frankreich*

K. **Marx:** Die Klassenkämpfe in Frankreich 1848 bis 1850. [Geschr. 1850.] In: MEW, Bd 7. 1960. S. 9–107. – **Ders.:** Der achtzehnte Brumaire des Louis Bonaparte. [Geschr. 1851–52.] In: MEW, Bd 8. 1960. S. 111–207. – P. de **La Gorce:** Histoire de la seconde République française, 2 vols. Paris 1887. 2. éd. 1898. – A. de **Tocqueville:** Souvenirs. Paris 1893. Nouv. éd. 1944. – G. F. **Renard:** La République de 1848. Paris 1907. – G. L. **Dickinson:** Revolution and Reaction in Modern France. Ldn 1911. 2. ed. 1927. – Ch. **Seignobos:** La Révolution de 1848. Le Second Empire, 1848–1859. Paris 1921. – D. C. **MacKay:** The National Workshops. Cambridge (Mass.) 1933. – **Actes** du Congrès historique du centenaire de la Révolution de 1848. Éd.: Comité français des sciences historiques. Paris. – G. **Cogniot:** 1848 et ses enseignements. In: Pensée, N. S. No. 17 (1948), S. 3–15. – J. **Dautry:** Histoire de la Révolution de 1848 en France. Paris 1948. Nouv. éd. [u. d. T.:] 1848 et la II^e^ République. 1957. – Ch. **Schmidt:** Des Ateliers nationaux aux barricades de juin. Paris 1948. – A. I. **Molok:** Nekotorye voprosy istorii ijunskogo vosstanija 1848 goda v Pariže. In: Vopr. istorii (1952) 12, S. 71–97. Franz. Übers.: Ders.: Problèmes de l'insurrection de juin 1848. In: Questions d'hist. 2 (1954), S. 57–100. – P. [H.] **Amann:** The Changing Outlines of 1848. In: Amer. Hist. Rev. 68 (1962/63), S. 938–953. – **Ders.:** Writings on the Second French Republic. In: J. Mod. Hist. 34 (1962) 4, S. 409–429. – R. **Gossez:** Les ouvriers de Paris. Vol. 1: L'organisation. 1848–1851. La Roche-sur-Yon 1968.

*Deutschland*

F. **Engels:** Die dt. Reichsverfassungskampagne. [Geschr. 1849–50.] In: MEW, Bd 7. 1960. S. 109–197. – **Ders.:** Revolution u. Konterrevolution in Deutschland. [Geschr. 1851–52.] In: MEW, Bd 8. 1960. S. 3–108. – V. **Valentin:** Geschichte der dt. Revolution von 1848–49. 2 Bde. Bln 1930–31. – L. B. **Namier:** 1848: the Revolution of the Intellectuals. Ldn 1946. – R. **Stadelmann:** Soziale u. polit. Geschichte der Revolution von 1848. München 1948. 2. Aufl. 1970. – W. **Mommsen:** Größe u. Versagen des dt. Bürgertums. Ein Beitr. zur Geschichte der Jahre 1848–1849. Stuttgart 1949. – G. **Schilfert:** Sieg u. Niederlage des demokratischen Wahlrechts in der dt. Revolution 1848/49. Bln[-Ost] 1952. – Th. S. **Hamerow:** History and the German Revolution of 1848. In: Amer. Hist. Rev. 60 (1954/55) 1, S. 27–44. – J. **Droz:** Les révolutions allemandes de 1848. Paris 1957. – Th. S. **Hamerow:** Restoration, Revolution, Reaction. Economics and politics in Germany, 1815–1871. Princeton (N.J.) 1958. – K. **Obermann:** Deutschland von 1815–1849. Bln[-Ost] 1961. 3. Aufl. 1967. – G. **Becker:** Karl Marx u. Friedrich Engels in Köln 1848–1849. Zur Geschichte des Kölner Arbeitervereins. Bln[-Ost] 1963. – **Geschichte** der dt. Arbeiterbewegung. Bd 1: Von den Anfängen der dt. Arbeiterbewegung bis zum Ausgang des 19. Jahrh. Bln[-Ost] 1966. – P. H. **Noyes:** Organization and Revolution. Working-class associations in the German Revolutions of 1848 to 1849. Princeton (N. J.) 1966. – A. **Ramm:** Germany, 1789 to 1919. A political history. Ldn 1967. – A. **Dorpalen:** Die Revolution von 1848 in der Geschichtsschreibung der DDR. In: Hist. Z. 210 (1970) 2, S. 324–368.

*Italien*

E. **Masi:** Il Risorgimento italiano. 2 vol. Firenze 1917. – B. **Croce:** Storia d'Europa nel secolo decimono. Bari 1932. Dt. Ausg.: **Ders.:** Geschichte Europas im 19. Jahrh. Zürich 1935. 2. Aufl. Wien, Zürich 1947. Dass. Stuttgart 1950. – A. **Omodeo:** L'età del Risorgimento italiano. 2. ed. Messina 1932. 7. ed. Napoli 1952. – C. **Spellanzon:** storia del Risorgimento e dell'unità d'Italia. 5 vol. Milano 1932–40. – K. R. **Greenfield:** The Historiography of the Risorgimento since 1920. In: J. Mod. Hist. 7 (1935), S. 49–67. – A. **Gramsci:** Il Risorgimento. Torino 1949. – A. W. **Salomone:** The Liberal Experiment and the Italian Revolution of 1848 – a Revaluation. In: J. Centr. Eur. Aff. 9 (1949) 3, S. 267–288. – R. **Romeo:** Il Risorgimento in Sicilia. Bari 1950. – F. della **Peruta:** I democratici e la rivoluzione italiana. Milano 1958. – A. **Soboul:** Risorgimento et révolution bourgeoisie. In: Pensée, N. S. No. 95 (1961), S. 63–73. – G. **Berti:** I democratici e l'iniziativa meridionale nel Risorgimento. Milano 1962.

*Andere Länder*

The **Opening** of an Era, 1848. Ed.: F. Fejtö. Ldn 1948.

# Oktoberrevolution

Von Dietrich Geyer

## *A. Definitionsprobleme*

Die Kontroversen um Geschichte, Bedeutung und Wirkung der Oktoberrevolution (O.) beginnen schon mit dem Versuch, den Begriff und seinen Anwendungsbereich im allgemeinsten Sinn festzulegen. In der Sowjetunion und in sozialistischen Ländern, wo die programmatische Wortverbindung „Große Sozialistische Oktoberrevolution" (russisch: *Velikaja Oktjabŕskaja socialističeskaja revoljucija*) zugleich den amtlichen Sprachgebrauch darstellt, werden die offiziellen Jubiläumsfeierlichkeiten am 7. und 8. November jedes Jahres begangen. Damit wird auf jenen Machtwechsel Bezug genommen, der sich – nach dem damals in Rußland geltenden Julianischen Kalender – am 25. und 26. Oktober 1917 in Petrograd ereignet hat. Im einzelnen verweist der bereits 1918 eingeführte Gedenktag auf folgende konkretisierbare Vorgänge:

1. auf den Sturz der *Provisorischen Regierung (Vremennoe pravitel'stvo)* des Ministerpräsidenten A. F. Kerenskij durch Truppenteile und Arbeitergarden unter Leitung des *Revolutionären Militärkomitees (Voenno-revoljucionnyj komitet),* eines Organs des Petrograder Arbeiter- und Soldatenrats, dessen bestimmende politische Kraft die Fraktion der Bolschewiki war;

2. auf die anschließend proklamierte Übernahme der Staatsmacht durch den im Taurischen Palais zusammengetretenen *II. Allrussischen Räte-(Sowjet-)Kongreß der Arbeiter-, Soldaten- und Bauerndeputierten,* eine mehrheitlich von Bolschewiki und Linken Sozialrevolutionären beschickte Versammlung, die sich nach den Verfahrensregeln der seit April 1917 bestehenden zentralen (sog. allrussischen) Räteorganisationen konstituierte;

3. auf die von der Mehrheit dieses Kongresses bestätigte Bildung einer „provisorischen Arbeiter- und Bauernregierung" unter dem Vorsitz V. I. Lenins, des *Rats der Volkskommissare (Sovet Narodnych Komissarov; Sovnarkom),* der sich seine ersten Dekrete von den Deputierten billigen ließ.

Die sowjetische Geschichtsschreibung hat an der Reduktion des Revolutionsbegriffs auf die Petrograder Oktobertage keinen prinzipiellen Anstoß genommen. Gleichwohl ist in Darstellungen und Untersuchungen das Anwendungsfeld der Wortbildung „Oktoberrevolution" über die Vorgänge in der Hauptstadt hinaus erweitert worden. Der bewaffnete Aufstand und die Beschlüsse des II. Allrussischen Rätekongresses füllen den Begriff nicht aus; sie bezeichnen lediglich den erfolgreichen Durchbruch, die Peripetie, den „historischen Sieg" der sozialistischen Revolution. Dementsprechend werden sowohl die ideologischen und praktischen Vorbereitungen des Aufstands in die Betrachtung einbezogen als auch die unmittelbaren Folgen der Petrograder Ereignisse: die Ausbreitung der bolschewistischen Macht und der Zusammenbruch des Kerenskij-Regimes in den Städten und Provinzen des Landes. Das bedeutet zugleich, daß die Formel „Große Sozialistische Oktoberrevolution" in der sowjetischen Historiographie als ein chronologisch fest umrissener *Perioden*begriff gebräuchlich geworden ist. Er umschließt den Zeitraum von der Rückkehr Lenins nach Rußland am 3. (16.) April 1917 bis zur Annahme der Verfassung der RSFSR durch den V. Allrussischen Rätekongreß am 10. Juli 1918.

Auch außerhalb der kommunistischen Welt ist es seit langem geläufig, den Begriff „Oktoberrevolution" für die exakt datierbaren Begebenheiten des Machtwechsels einzusetzen. Schon bei den Zeitgenossen hatte sich dieser Wortgebrauch in Analogie zu dem Ausdruck „Februarrevolution" eingestellt, der für den acht Monate zuvor vollzogenen Sturz der russischen Monarchie geprägt worden war. Doch anders als im sowjetischen Bereich, wo die O. die Prädikate „groß" und „sozialistisch" trägt, wird sie von nichtkommunistischen Historikern vielfach mit Formeln wie „Staatsstreich", „Putsch" oder „Umsturz" bedacht.

Die zeitgenössische Erfahrung hatte jedoch bereits eine weniger punktuelle Auffassung reflektiert. Sie hatte den sog. *Roten Oktober* einem längerfristigen Prozeß zugeordnet, dem der großmaschige Begriff der „Russischen Revolution" angemessen erschien. Unter dieser aus dem 19. Jahrh. überkommenen Bezeichnung rückte die gesamte Entwicklung seit dem Sturz der Romanov-Dynastie in einen historischen Zusammenhang, der nach der Vergangenheit wie nach der Zukunft hin offengehalten wurde. Demzufolge empfand das historische Bewußtsein der miterlebenden Generation auch die Tradition der russischen revolutionären Bewegung als der „Russischen Revolution" zugehörig. Andererseits aber haben manche uneingelösten Erwartungen immer wieder den Eindruck geweckt, daß diese Revolution eine „unvollendete" geblieben sei (I. Deutscher, 1967).

Hier tritt ein Kontinuitätsdenken zutage, das auch die Auffassungen der Historiker bestimmte. Schon 1917 wurden der Russischen Revolution im allgemeinen Sprachgebrauch jene markanten Tatbestände zugezählt, die sich als Elemente *einer* revolutionären Epoche begreifen ließen: die „erste russische Revolution" von 1905 und die Februarrevolution als „zweite russische Revolution". Selbst sowjetische Historiker haben diese Numerierung angenommen (zuletzt: E. N. BURDŽALOV: Vtoraja russkaja revoljucija, M. 1967); sie sehen diese beiden Revolutionen durch ihren sog. *bürgerlich-demokratischen* Klassencharakter miteinander verknüpft und insoweit prinzipiell von der O. geschieden. Diese qualitative Differenzierung mag erklären, weshalb für die O. die Bezeichnung „dritte russische Revolution" nicht gebräuchlich wurde.

In der westlichen Literatur wird der Ausdruck „Russische Revolution" als Oberbegriff zumeist auf einen geschichtlichen Vorgang bezogen, der Februarrevolution und O. gleichermaßen umfaßt, bisweilen auch noch die Bürgerkriegsjahre (H. W. CHAMBERLIN, 1935). Bei allen Unterschieden der Positionen blieb hier der alte Wortgebrauch in Geltung, der im übrigen bis zur Stalinzeit auch der bolschewistischen Terminologie vertraut war. Noch L. D. TROCKIJ folgte in seiner klassischen „Geschichte der Russischen Revolution" (Istorija russkoj revoljucii, 2 t., Bln 1931–33) dieser allgemeinen Übung. In neuerer Zeit dagegen trat in der sowjetischen Geschichtswissenschaft der Terminus „Russische Revolution" so weit zurück, daß er nun auch aus der Bibliographie verschwunden ist. Das jüngste Standardwerk bezieht die Entwicklung Rußlands seit Jahrhundertbeginn in die „Geschichte des Großen Oktober" ein (I. I. MINC: Istorija Velikogo Oktjabrja ⟨1917–1967⟩, t. 1 ff., M. 1967 ff.).

Tatsächlich steht die O. im Kontext jenes umfassenderen Prozesses, der in Analogiebildung zu „Französische Revolution" von jeher als „Russische Revolution" bezeichnet wurde. Für kommunistische Interpretationen ergibt sich dieser Zusammenhang im Anschluß an die Revolutionstheorie Lenins gleichsam von selbst: es wird daran festgehalten, daß es zwischen Februar und Oktober 1917 in Rußland um das „Hinüberwachsen *(pererastanie)* der bürgerlich-demokratischen Revolution in die sozialistische" gegangen sei. Im übrigen mag man in der UdSSR die Formulierung „Große Sozialistische Oktoberrevolution" dem Ausdruck „Russische Revolution" auch deshalb vorziehen, weil man dieses Ereignis auf *alle* Völker der Sowjetunion bezogen sehen will. Überdies sollen so auch die internationalen, über alle spezifisch russischen Bedingungen hinausweisenden Dimensionen bereits durch die Benennung signalisiert werden.

Die Vielfalt der Bezüge, denen der Ausdruck „Oktoberrevolution" verhaftet ist, macht darauf aufmerksam, daß die populäre Einengung des Revolutionsbegriffs auf den Vorgang des Machtwechsels allein sich weder mit marxistischen noch mit anderen theoretisch fundierten Revolutionsauffassungen verträgt. In der Forschung kann denn auch das vormoderne Verständnis für überwunden gelten, welches das Wort „Revolution" auf Staatsaktionen und Staatsveränderungen, auf den geglückten Umschwung *(changement)* der politischen Verhältnisse bezog. Demgemäß stimmen die Historiker in Ost und West darin überein, daß die O. in der Ereignisgeschichte jener Tage, „die die Welt erschütterten" (J. Reed), nicht aufgehen kann.

### *B. Fragestellungen und Urteile der nichtkommunistischen Forschung*

Die Positionen nichtsowjetischer Interpreten in bezug auf die russische Revolutionsgeschichte sind nicht auf lapidare Thesen zu bringen. Über alle Unterschiede hinweg, die außerhalb der kommunistischen Welt in diesen Fragen bestehen, widersprechen die hier darzulegenden Auffassungen doch einhellig den sowjetischen Grundannahmen. Der axiomatische Satz, der die sozialistische Revolution zu einem geschichtsgesetzlichen Imperativ erhebt, wird zurückgewiesen. Damit entfällt aber auch die Möglichkeit, die weitergehenden Deduktionen der sowjetischen Historiker für akzeptabel zu halten. Dieser markante Gegensatz bedeutet indessen nicht, daß sich die westliche Forschung den damit aufgeworfenen Problemen grundsätzlich verschlossen hätte; denn trotz der Ablehnung des groben Geschichtsdeterminismus wurde von jeher aufs heftigste diskutiert, ob und inwiefern der russischen Entwicklung zum Jahr 1917 hin Elemente innerer Zwangsläufigkeit zuzusprechen seien. Die nie versiegende Aktualität dieser Frage erklärt sich nur zu einem Teil aus dem Bestreben, der Selbstinterpretation der bolschewistischen Revolutionäre und ihrer Nachkommen eigene Maßstäbe entgegenzusetzen. Als nicht minder wirksam erweist sich dabei, daß das Problem historischer Gesetzmäßigkeiten in der nichtmarxistischen Geschichtswissenschaft umstritten geblieben ist und immer wieder die Frage aufgeworfen wird, ob dem geschichtlichen Prozeß eine innere Logik innewohne. Hier lebt die prinzipielle Differenz zwischen der Tradition des liberalen Fortschrittsdenkens und dem historistischen Prinzip einer grundsätzlich *offenen* Geschichte fort. So ist es verständlich, daß diese Spannung auch und gerade in den Urteilen über die O. immer wieder zum Ausdruck kommt. Neuerdings hat die Rezeption moderner sozialwissenschaftlicher und ökonomischer Methoden und Theorien den inzwischen schon historisch gewordenen Kontroversen frischen Auftrieb gegeben.

Die Meinungsunterschiede, die sich in der westlichen Forschung finden, lassen sich in komprimierter Form an den Auseinandersetzungen um drei zentrale Problemkomplexe deutlich machen. Umstritten sind: 1. die Gründe für den Zusammenbruch des zaristischen Systems im 1. Weltkrieg; 2. die Ursachen für das Scheitern des bürgerlich-demokratischen Experiments der Februarrevolution; 3. die Ursachen für den Sieg der Bolschewiki in der O. und für ihre Fähigkeit, sich an der Macht zu halten.

## I. Der Zusammenbruch des alten Regimes

Es besteht weitgehende Übereinstimmung darüber, daß die Untersuchung der Katastrophe des alten Regimes sich nicht auf den Zeitraum des Weltkrieges beschränken darf. Die Beurteilung der Ursachen für den Zusammenbruch der Monarchie ist vielmehr davon abhängig, welche Entwicklungschancen dem Zarenreich unter den Bedingungen des sozialökonomischen und politischen Wandels vor 1914 zugesprochen werden können. Dabei wird in aller Regel nicht geleugnet, daß sich das zaristische Rußland in den letzten Jahrzehnten in einer tiefgehenden Strukturkrise befand, deren Sprengkraft in den revolutionären Erschütterungen von 1905/07 zutage trat. Die Auffassungen differieren aber, sobald es um die Frage geht, ob diese Krise bis zum Weltkrieg im wesentlichen gelöst oder doch wenigstens unter Kontrolle gebracht worden sei.

In der bürgerlichen Geschichtswissenschaft ist die Meinung weit verbreitet, die von Ministerpräsident P. A. Stolypin (1906–11) eingeleitete Reformpolitik habe heilsame Wirkungen gehabt. Mit der Niederschlagung der Revolutionsbewegung und der Zurückdrängung der oppositionellen Elemente in der Reichsduma habe sich die Regierung seit dem Staatsstreich von 1907 der Loyalität der sozialkonservativen Gesellschaft und des bürgerlich-kapitalistischen Unternehmertums versichern können. Die zunehmende Funktionstüchtigkeit der staatlichen Verwaltung rechtfertige ebenfalls das Urteil, daß der Versuch einer inneren Stabilisierung gelungen gewesen sei (G. L. Yaney, 1964; 1965). Diesen Ansichten entspricht auch die positive Beurteilung der russischen *Grundgesetze.* Der von M. Weber 1906 geprägte Begriff des „Scheinkonstitutionalismus“ wird zurückgewiesen; die Duma-Verfassung habe zwar die staatstragenden Oberschichten begünstigt, doch sei damit lediglich dem Entwicklungszustand des überwiegend agrarischen Reiches Rechnung getragen worden. Überdies habe diese neue Verfassung die politischen Gruppen abseits der radikalen Linken gelehrt, sich an rechtsstaatliche Formen zu gewöhnen und sich ihrer – keineswegs bedeutungslosen – parlamentarischen Rechte zu bedienen (M. Szeftel, 1965). Vor allem aber sei mit den Landreformen Stolypins die Lösung der wichtigsten Sozialprobleme Rußlands in Angriff genommen worden. Dieser große Reformversuch habe die soziale Mobilität gefördert und die Transformation der alten Gesellschaft vorangetrieben (C. E. Black; vgl. Transformation, 1960). Durch Aufhebung der traditionellen Agrarordnung habe Stolypin die bäuerliche Bevölkerung aus der alten Gemeindebindung herausgeführt und ihr eine sinnvolle Perspektive geboten. Flurbereinigung, staatliche Kredithilfe und innere Kolonisation hätten den Abbau der agrarischen Massenarmut und die Entstehung einer gesunden, marktproduzierenden bäuerlichen Landwirtschaft versprochen. Rußland sei dabei gewesen, von seiner alten autokratisch despotischen und patriarchalischen Vergangenheit Abschied zu nehmen und sich in einen bürgerlich-kapitalistischen Rechtsstaat umzubilden, der Revolutionären keine Chance gelassen hätte. Die Aktivität der Duma und der Selbstverwaltung, der Aufschwung der Volksbildung und des Genossenschaftswesens in Dorf und Stadt, die vielfältigsten Faktoren wachsender gesellschaftlicher Eigentätigkeit seien diesem dynamischen Prozeß der Modernisierung zugute gekommen (J. WALKIN, 1962).

Gewiß werden auch hemmende Faktoren anerkannt. Als solche hätten die ungelösten Nationalitätenprobleme des Vielvölkerreiches gewirkt, vor allem aber die machtpolitischen Ambitionen einflußreicher Kleingruppen, deren imperialistischer Ehrgeiz sich nationalistischer und panslawistischer Ideologien bedient habe. Das Fehlen einer starken Staatsführung, sichtbar besonders in der schwankenden Haltung des letzten Zaren, wird als ein zusätzlich gefährdendes Element betrachtet. Doch habe erst der Weltkrieg die Phase ruhigen Fortschreitens jäh unterbrochen und neue soziale und politische Spannungen freigesetzt. Der wachsenden Opposition der liberalen Nationalisten und den Intrigen der Hofkamarilla um die Zarin sei der schwache Herrscher schließlich nicht mehr gewachsen gewesen.

Diese Auffassungen, deren konservativer Grundzug schon in den Arbeiten von O. HOETZSCH (Rußland, Bln 1913; 2. Aufl. 1917) angelegt war, erfreuen sich einer bemerkenswerten Kontinuität. Sie wurden in neuester Zeit durch wirtschaftsgeschichtliche und wirtschaftstheoretische Untersuchungen bekräftigt. Dabei geht es vor allem um die Beurteilung des Industrialisierungsprozesses, den der Finanzminister S. JU. VITTE [Witte] in den neunziger Jahren eingeleitet hatte und der in der hochkonjunkturellen Phase nach 1910 eine neue Dynamik erfuhr. Der Fortschritt der Industrialisierung gilt als Zeichen für die Modernisierungsfähigkeit des alten Regimes. So hat sich im Anschluß an die von W. W. ROSTOW vertretene Stadientheorie des wirtschaftlichen Wachstums die These verbreitet, Rußland habe vor 1914 bereits das Stadium des *take-off*, des gesicherten industriellen Aufstiegs, erreicht. Insofern könne von einem Scheitern oder von der Fragwürdigkeit der russischen Entwicklungsstrategie keine Rede sein.

Diese Einschätzung ist auch von Kritikern des Rostowschen Ansatzes aufgenommen worden, etwa von A. GERSCHENKRON (1962), dessen ungleich differenziertere *Substitutionstheorie* im Westen große Beachtung gefunden hat. Gerschenkron hat die allgemeine Anwendbarkeit des englischen Entwicklungsmodells, das auch der Marxschen Theorie zugrunde liegt, für jene Gesellschaften in Zweifel gezogen, als deren Kennzeichen das Faktum ökonomischer Rückständigkeit gelten müsse. Hinsichtlich Rußlands kam er zu dem Schluß, dort seien die fehlenden Möglichkeiten ursprünglicher Kapitalakkumulation durch andere Faktoren ersetzt (substituiert) worden: zunächst durch staatliche Industriefinanzierung mit Hilfe ausländischer Kapitalanleihen und einer restriktiven Fiskalpolitik, in den letzten Jahren vor 1914 dann vor allem durch den Kapitaleinsatz des entwickelten russischen Bankenwesens. Überdies seien der russischen Regierung alle Vorteile einer nachholenden Industrialisierung (höherer Modernitätsgrad der industriellen Ausrüstung, technisches *Know-how*, großbetriebliche Produktion) zugute gekommen. Die hohen Wachstumsraten der industriellen Produktion sprächen dafür, daß der wirtschaftliche Aufschwung Rußlands hinlänglich gesichert gewesen sei. Die Gründe für den Zusammenbruch des Zarenreiches müßten infolgedessen in jenen Krisen gesucht werden, die der verheerende Krieg provoziert habe.

Diesen Urteilen ist nicht nur von marxistischer Seite widersprochen worden. Gewichtige Einwände wurden vor allem in wirtschaftsgeschichtlichen Untersuchungen erhoben, die den Zusammenhang von Industrialisierung und ökonomischer Rückständigkeit auch auf die Strukturkrise in der Landwirtschaft bezogen. Von der modernen Entwicklungsländerforschung angeregt, wurde mit Nachdruck auf den Circulus vitiosus verwiesen, der in Rußland zwischen den Erfordernissen des industriellen Ausbaus und der mangelnden agrarischen Produktivität bestanden habe. Die Industrialisierung habe mit fortschreitender Verelendung der bäuerlichen Bevölkerung bezahlt werden müssen. Ein gesicherter, soziale Konvulsionen verhindernder industrieller Fortschritt hätte rasche Kapitalbildung in der agrarischen Wirtschaft vorausgesetzt, weil hier die alleinige Quelle für zureichende Investitionsleistungen gelegen habe; andererseits sei aber die desolate Lage der Landwirtschaft nur durch eine rasche Beschleunigung des industriellen Wachstums zu beseitigen gewesen, weil nur so die Mittel für den erforderlichen Kapitaleinsatz in der bäuerlichen Ökonomie hätten aufgebracht werden können. Auch mit ausländischen Anleihen habe sich die notwendige Balance zwischen dem industriellen und dem agrarischen Sektor nicht herstellen lassen (J. Nötzold, Alternativen, 1966; Agrarfrage, 1966). Der Anteil fremder Kapitalien habe das hochverschuldete Rußland ohnehin schon einem halbkolonialen Status angenähert. Angesichts der strukturellen Gegebenheiten der russischen Volkswirtschaft spreche mithin alles dafür, daß das Scheitern eines Modernisierungsversuchs, der in Rußland das Modell des marktwirtschaftlich orientierten Kapitalismus praktizieren wollte, unvermeidlich gewesen sei. Insofern sei auch die Landreform Stolypins an den besonderen Voraussetzungen Rußlands vorbeigegangen.

Die hier geäußerte Skepsis ist durch Untersuchungen bestätigt worden, die eine fortschreitende soziale Instabilität im städtisch-industriellen Bereich nachgewiesen haben. So hat L. H. Haimson (1964/65) eindrucksvoll belegt, daß der konjunkturelle Aufschwung der letzten Vorkriegsjahre die Unruhe unter der Arbeiterschaft verstärkte und Erscheinungen hervorrief, die an 1905 erinnerten. Die revolutionäre Gefährdung des Regimes beruhte danach auf einer sich wechselseitig steigernden Polarisierung, auf der wachsenden Entfremdung zwischen Regierung und Gesellschaft und auf dem virulenten Gegensatz zwischen der sog. Gesellschaft und den sozialen Grundschichten der Bevölkerung. Unter diesen Umständen sei der sozialreformerische Kurs, den die sozialdemokratischen Menschewiki nach deutschem Vorbild verfolgten, zunehmend fragwürdiger geworden, während sich den Bolschewiki neue Wirkungsmöglichkeiten eröffnet hätten. Auch ein liberaler Konstitutionalismus, wie ihn die Kadettenpartei vertrat, habe in diesen Jahren keine Chance gehabt (TH. H. VON LAUE, 1965). Nach dieser Ansicht hat der Krieg nicht einen Prozeß zunehmender Stabilisierung und sicheren Fortschritts unterbrochen, sondern vielmehr die sich verschärfende revolutionäre Krisensituation zeitweilig sogar zurückgedrängt; die systemsprengenden Kräfte dieser Krise traten dann im Winter 1916/17 erneut in Erscheinung und fanden in der Februarrevolution ihren weiterwirkenden Ausdruck.

Von hier aus läßt sich der innenpolitische Kurs der Regierung zwischen 1907 und 1914 als eine repressive Pazifizierungsstrategie charakterisieren, die zur Anpassung an den sozialökonomischen Wandel oder zur Transformation des bürokratischen Polizeistaates nicht mehr fähig war. Vollends nach der Ermordung Stolypins, der die soziale Basis des Regimes durch seine Reformen hatte verbreitern wollen, war der politische Entscheidungsprozeß durch zunehmende Irrationalität gekennzeichnet; er reflektierte den Orientierungsnotstand und die wachsende Unsicherheit der traditionellen Eliten. Auch die fortschreitende Ideologisierung der offiziellen Politik im Zeichen des Nationalismus, Panslawismus und Antisemitismus gehört in diesen Zusammenhang. Dementsprechend ist es angemessen, auch die russische Außenpolitik unter dem Aspekt der inneren Spannungen zu betrachten. Im Kontext der gesellschaftspolitischen Konfliktregulierung hatte sie wesentlich eine ideologische Entlastungsfunktion: sie sollte den brüchigen Konsensus zwischen Regierung und Gesellschaft restituieren. Insofern ist der Eintritt Rußlands in den 1. Weltkrieg nicht als eine tragische Verstrickung anzusehen, die allein aus der Automatik der Bündnisse und dem Ehrgeiz unzulänglicher Politiker zu erklären wäre. Der Wille zur Behauptung der russischen Großmachtposition im imperialistischen Staatensystem war vielmehr ein integrierender Bestandteil der politischen Räson des alten Regimes.

Die Kluft zwischen den beiden hier referierten Interpretationsweisen wird in der wissenschaftlichen Diskussion immer wieder deutlich. Für das noch bestehende Defizit an gesicherter Forschung mag die Beobachtung sprechen, daß die Kontrahenten sich nicht selten damit begnügen, die andere Seite ideologischer Befangenheit zu zeihen. Wer die Anfälligkeit des politischen und sozialökonomischen Systems unterstreicht, wird leicht als Apologet einer deterministischen Geschichtsauffassung verstanden, der die Opfer und Schrecken der Revolution zu rechtfertigen suche. Wer die Entwicklungsfähigkeit des Regimes für erwiesen hält, gerät rasch in den Verdacht, ein reaktionärer Traditionalist zu sein. Tatsächlich werden die wissenschaftlichen Auseinandersetzungen allenthalben von politischen und weltanschaulichen Vorentscheidungen überlagert, so daß es naiv wäre, allein der unumstößlichen Beweiskraft einzelner Fakten zu vertrauen. Eine stärkere Objektivierung dürfte vom Fortschritt der Detailforschung ebenso abhängig sein wie von der Bereitschaft, die Fragestellungen zu verfeinern und theoretische Prämissen offenzulegen.

## II. Die Februarrevolution und das Scheitern der revolutionären Demokratie

Die Ambivalenz der Auffassungen ist nicht geringer, wenn es um die Februarrevolution und die ihr folgende Entwicklung geht. Die politischen Frontbildungen dieser Zeit, die durch die russischen Emigranten dem Westen vermittelt wurden, wirken nach. Nur die Plädoyers für das Zarentum sind fast gänzlich verstummt. Gleichwohl beharren auch heute noch einige Stimmen auf der Meinung, der Sturz der Monarchie sei das Ergebnis einer großangelegten Verschwörung gewesen, bei der ebenso selbstbezogene wie unfähige liberale Politiker mit Vertretern der sozialistischen Bewegung zusammengearbeitet hätten, gestützt auf geheime Verbindungen in den Freimaurerlogen. Dieser kapriziösen Deutung nach hält man es für erwiesen, daß mit der oppositionellen Kampagne gegen den Zaren eine mit deutschen Geldern betriebene Revolutionspolitik im proletarischen Milieu einhergegangen sei. Das Komplott gegen die Monarchie habe sich eines künstlich erzeugten Aufruhrs unter der Bevölkerung der Hauptstadt bedienen können. Solche Auslegungen, wie sie zuletzt C. KATKOV (1967) wiederholte, haben in der seriösen Forschung allerdings wenig Resonanz gefunden. Die Verschwörerthese kann nicht überzeugen, und trotz der anhaltenden Beachtung, die der deutschen Revolutionierungspolitik und insbesondere den deutschen Hilfsgeldern für bolschewistische Kleingruppen zuteil geworden ist, werden weder der Sturz des Zarismus noch die nachfolgenden Entscheidungen als das Werk deutscher Agenten angesehen. Die vorherrschende Meinung führt die Februarrevolution auf eine spontane Massenbewegung zurück, die sich aus der Verzweiflung angesichts der Opfer und Entbehrungen des Krieges erkläre. Die Wucht dieser Bewegung habe nicht nur die oppositionellen Duma-Politiker, sondern auch die sozialistischen Gruppen überrascht. Der jähe Zusammenbruch beweise, wie weit die Erosion der alten Autoritäten bereits fortgeschritten gewesen sei. Bei alledem wird die von Stalin vertretene Behauptung, die bolschewistische Partei habe im Februar 1917 die Volksmassen hinter sich gesammelt, von jeher einhellig zurückgewiesen und neuerdings sogar von einzelnen sowjetischen Historikern in Abrede gestellt.

Das Hauptinteresse der nichtkommunistischen Geschichtsschreibung bleibt indessen auf die Frage gerichtet, weshalb die von der

Februarrevolution ausgelöste Entwicklung Rußlands in einer Dauerkrise hängenblieb und binnen acht Monaten von den Bolschewiki in ihrem Sinn umgebogen werden konnte. Dabei wird nach Erklärungen gesucht sowohl für das Scheitern der Stabilisierungsbemühungen seitens der Liberalen als auch für den Fehlschlag jener Neuordnung, die von der Mehrheit der sozialistischen Räteparteien angestrebt worden war. Weitgehende Einigkeit besteht darüber, daß die Instabilität des neuen Rußland auf einer ganzen Reihe von Faktoren beruht, die teils der Ausnahmesituation des Krieges, teils der Virulenz der sozialen Spannungen zuzuschreiben sind. Und über die Untersuchung der Ereignisgeschichte hinaus wird immer wieder danach gefragt, ob Rußland in seinen sozialen und ökonomischen Beziehungen überhaupt darauf vorbereitet war, eine parlamentarische Demokratie nach westeuropäischem Muster zu praktizieren.

Wenig Widerspruch dürfte eine Zusammenfassung finden, die folgende Tatbestände namhaft macht:

1. Die aus der Februarrevolution hervorgegangene politische Situation beruhte auf der Struktur der sog. *Doppelherrschaft (dvoevlastie)*. In der Parallelexistenz von Provisorischer Regierung als Repräsentanz der *bürgerlichen* Demokratie einerseits und Räte-(Sowjet-)Organen als Vertretung der *revolutionären* Demokratie andererseits äußerte sich die fortwirkende soziale Kluft, welche die gebildeten Oberschichten Rußlands von der großen Mehrheit der Bevölkerung trennte. Die Provisorische Regierung war auf die Unterstützung durch die Räte angewiesen, weil allein deren Organisation die Aussicht bot, die Dynamik der Massenunruhe zu kanalisieren. Damit stand die neue Staatsführung aber von Anfang an unter dem Druck jener Kräfte, welche auch die politische Physiognomie der Räte wesentlich bestimmten. Doch den menschewistischen Sozialdemokraten, der anfänglich stärksten Partei der organisierten Arbeiterklasse, und den Sozialrevolutionären, den Sprechern der kleinbäuerlichen Bevölkerung, fiel das Vertrauen ihrer Anhängerschaft nicht mühelos zu. Um ihrer Massenbasis willen waren sie vielmehr gezwungen, durch eine plebiszitäre Politik radikaler Demokratisierung ihrem Anspruch Genüge zu tun, die Interessen und Forderungen des arbeitenden Volkes zu repräsentieren. Schon die sog. *Aprilkrise* bewies, wie labil das Gleichgewicht zwischen der bürgerlich-liberalen Regierung und den sozialistisch geprägten Räteorganen war. Nach einer fast ausschließlich mit Politikern des oppositionellen Duma-Blocks besetzten Regierung unter dem Fürsten G. E. L'vov gab es (gleichfalls unter L'vov) von April bis Juli 1917 eine liberal-sozialistische Koalition, der die Regierung Kerenskij – ohne Beteiligung der bürgerlichen Parteien – folgte.

2. Einer der neuralgischen Punkte, an denen sich das demokratische Regime des neuen Rußland zerrieb, war die Kriegsfrage. Der Tatbe-

stand, daß sowohl die Provisorische Regierung als auch die Mehrheit der Räteparteien den Krieg gegen die Mittelmächte an der Seite der Entente fortsetzen wollten, hatte den fragwürdigen Konsensus der Doppelherrschaft überhaupt erst ermöglicht. Während aber die Liberalen ihr Selbstbewußtsein auf die Solidarität mit den Alliierten gründeten und die Kriegsziele des alten Regimes nach Möglichkeit zu konservieren suchten, griff die Rätemehrheit jene radikalpazifistischen Losungen auf, die von der Zimmerwalder Friedensbewegung ausgegangen waren. Das Konfliktpotential, das aus diesen Gegensätzen kam, bewirkte schon im April die erste Regierungskrise (Rücktritt des Außenministers P. N. MILJUKOV und des Kriegsministers A. I. GUČKOV). Die Fortsetzung des Krieges gefährdete aber zunehmend auch die Glaubwürdigkeit der Räteführung und der sie tragenden sozialistischen Parteien; konnten diese doch den Friedenserwartungen breiter Bevölkerungsschichten nur verbale Versicherungen entgegensetzen. Zudem sahen sie sich durch die Erfordernisse der Kriegführung dazu gezwungen, die mit dem berühmten Dekret Nr. 1 eingeleitete grundlegende Demokratisierung der Armee schrittweise wieder rückgängig zu machen. Auch in anderen Bereichen war die Räteexekutive genötigt, manche Errungenschaften der Februarrevolution den militärischen Notwendigkeiten unterzuordnen. In der überragenden Stellung, die Kerenskij erst als Kriegsminister, dann als Ministerpräsident gewann, offenbarte sich die Funktionsschwäche der *revolutionären Demokratie.* Nach der fehlgeschlagenen Juli-Offensive zeigte sich Rußland weder fähig, den Krieg erfolgreich zu bestehen, noch ihn zu beenden.

3. Unter den Bedingungen des Krieges wurde die Lösung des Kardinalproblems der Februarrevolution, die Durchführung einer umfassenden Bodenreform, welche den Landhunger der kleinbäuerlichen Bevölkerung hätte stillen können, immer wieder vertagt. Auch die föderalistische Umgestaltung Rußlands, von der die Beilegung des Nationalitätenproblems abhängig war, schob die Regierung vor sich her. Alle prinzipiellen Entscheidungen sollten einer demokratisch gewählten *Allrussischen Konstituierenden Versammlung* vorbehalten bleiben, die dann freilich erst am 5. (18.) Januar, also nach dem Sieg der Bolschewiki, zusammentrat und schon am nächsten Tag wieder aufgelöst wurde. Die Autorität der Provisorischen Regierung reichte nicht aus, um die gesetzliche Ordnung auf dem Land zu sichern und die nationalen Autonomiebewegungen zu zügeln. Anzeichen einer wilden Agrarrevolution verstärkten die Auflösungserscheinungen in der mehrheitlich bäuerlichen Armee. Auch die wirtschaftlichen Probleme waren von der Regierung nicht zu meistern (R. LORENZ, 1966). An den sich verschärfenden Versorgungskrisen litt vor allem die Masse der städtischen Bevölkerung. Die industrielle Produktion ging zurück, in den Betrieben dominierten die Fabrikkomitees der Arbeiterschaft,

die vielerorts Formen einer syndikalistischen Selbstregierung gegen die Unternehmer durchsetzten.

4. Dem Autoritätsverfall der Regierung und der staatlichen Verwaltung entsprach die weitgehende Handlungsunfähigkeit der zentralen Räteorgane. Bereits im Juni war es in Petrograd zu Massendemonstrationen gekommen, die den wachsenden Einfluß der bolschewistischen Parolen zeigten, denn die Bolschewiki versprachen die sofortige Beendigung des Krieges, die umgehende Lösung der Agrarfrage und die konsequente Verwirklichung des nationalen Selbstbestimmungsrechts, d.h. die Erfüllung jener Erwartungen, denen alle anderen politischen Kräfte bislang nicht hatten entsprechen können. Polizeimaßnahmen der Regierung gegen die Bolschewiki, die im Juli erstmals einer bewaffneten Aufstandsaktion nahe waren (A. Rabinowitch, 1968), vermochten deren zunehmende Resonanz unter der Arbeiterschaft und in der Armee auf die Dauer nicht zu schmälern. Die August-Ereignisse um den sogenannten *Kornilov-Putsch* erwiesen, daß die revolutionäre Demokratie sich ohne oder gegen die Bolschewiki nicht mehr behaupten konnte. Das Konfliktmanagement Kerenskijs, der sich gegen den „konterrevolutionären Anschlag" Kornilovs wandte, um seine Stellung zu festigen, stärkte die Bolschewiki. Nach der Durchsetzung bolschewistischer Mehrheiten in einigen wichtigen Räten (Petrograd, Moskau u.a.) konnte Lenin darangehen, seine Partei für den Sturz der Provisorischen Regierung vorzubereiten.

Über die Bedeutung der hier referierten Sachverhalte gibt es in der westlichen Literatur kaum entscheidende Kontroversen. Dennoch wird die Frage, ob der Untergang der Februarrevolution tatsächlich unausweichlich gewesen sei (D. Anin, 1967), nicht gern gestellt. Die Mehrheit der Historiker wehrt sich gegen den Gedanken, daß es für Rußland keine andere Alternative zur Monarchie gegeben hätte als die des bolschewistischen Rätestaats. Um so lebhafter ist das Bemühen, Kausalitätsprobleme in Schuldfragen aufzulösen und Verantwortlichkeiten festzulegen, um den Niedergang der Februarrevolution zu erklären. Dieser Neigung, dem Interesse an rascher Urteilsfindung nachzugeben, leistet die Forschung insofern Vorschub, als hier die Desiderate noch immer ungleich zahlreicher sind als die gesicherten, in eigenständiger Untersuchung erarbeiteten Grundlagen. Monographische Studien, wie die von O. Anweiler über die Rätebewegung (1958), von O.H. Radkey über die Sozialrevolutionäre (1958; 1963), von G. Wettig über die Armee (1967) oder M. Ferro über die Mentalität einzelner Bevölkerungsgruppen (1967), zählen in der Flut der historischen Literatur zu den seltenen Ausnahmen.

Sieht man ab von den Stimmen, die auch im Westen für die Logik des bolschewistischen Sieges Partei ergreifen, dann lassen sich die nichtkommunistischen Historiker nach zumindest zwei unterscheidbaren Argumentationsweisen ordnen. Bei beiden spielen bestimmte Vorentscheidungen mit, die sich jedoch auch verbinden können, zumeist dort, wo es um die Verurteilung des bolschewistischen Verhaltens geht.

1. Spürbar geblieben ist die Bereitschaft zur Identifikation mit jenem Grundkonzept, das von den russischen Liberalen vertreten wurde. Dabei wird das Ende der Monarchie eingebettet gesehen in den großen Transformationsprozeß, der Rußland auf das politische und kulturelle Niveau des bürgerlich-kapitalistischen Westens zu bringen schien. Dementsprechend werden die großen Anstrengungen der ersten Provisorischen Regierung unter L'vov hervorgehoben, die Neuordnung Rußlands nach rechtsstaatlichen Prinzipien zu sichern und eine Stabilisierung auf der Grundlage der parlamentarischen Demokratie und einer demokratischen Selbstverwaltung zu erreichen. Für das Scheitern dieser Bemühungen weist man eine erhebliche Verantwortung den sozialistischen Parteien zu, deren radikale Agitation die staatliche Autorität untergraben und jenes Chaos gefördert habe, das schließlich den Bolschewiki zugute gekommen sei. Auch dem Wirken Kerenskijs, der seine Mission in zahllosen Schriften selbst gedeutet hat, wird in der Tradition der Miljukovschen Polemik eine verhängnisvolle Rolle zugeschrieben. Harte Kritik gilt schließlich auch den Alliierten, die Rußland zu immer neuen militärischen Anstrengungen getrieben hätten, ohne ihrerseits wirksame Hilfe zu leisten und ohne die Größe der Gefahren zu erkennen, die der jungen Demokratie aus den Belastungen der Kriegszeit im Innern erwuchsen.

2. Andere Darstellungen haben jene Einstellung aufgenommen, welche namentlich die Sozialrevolutionäre und die menschewistischen Sozialdemokraten vertraten. Hier wird die Februarrevolution als eine große Errungenschaft der arbeitenden Massen Rußlands aufgefaßt, als ein mächtiger Schritt zur Schaffung eines demokratischen Rußland, das auf das werktätige Volk sich hätte stützen können. Die Rätebewegung sei die institutionelle Basis der revolutionären Demokratie gewesen; ihre Bestimmung habe darin bestanden, die Interessen der Arbeiterklasse und der Bauernschaft gegenüber der Bourgeoisie zur Geltung zu bringen. Die Schuld an der Aushöhlung und schließlichen Pervertierung der Rätedemokratie wird der skrupellosen Politik der Bolschewiki zugeschrieben, nur selten dem Versagen der menschewistischen Führungsgruppen oder der Entscheidungsschwäche der Sozialrevolutionäre, deren Massenanhang sich noch bei den Wahlen zur Konstituante als die numerisch stärkste politische Kraft erwies. Es versteht sich, daß bei alledem auch die ungemein großen Schwierigkeiten unterstrichen werden, denen das demokratische Rußland im Kampf gegen den äußeren Feind und gegen die permanente Bedrohung durch konterrevolutionäre Kräfte ausgesetzt gewesen ist.

Die Auseinandersetzungen um die Ursachen, die den Untergang der Februardemokratie bewirkten, sind nicht loszulösen von den Kontroversen um den bolschewistischen Sieg im Oktober. Die Historiker sehen sich der Tatsache konfrontiert, daß der Machtwechsel nicht nur in den Zentren, sondern auch in den Provinzen des Landes überraschend schnell gelang, ohne daß es möglich gewesen wäre, gegen die bolschewistische Partei eine breitere Widerstandsfront zu mobilisieren. Keine politische Kraft erwies sich als fähig, die Errungenschaften der Februarrevolution wirksam zu verteidigen. Die Mehrheit der Bevölkerung, der das Ergebnis der Wahlen zur Konstituante nichtbolschewistische Neigungen attestierte, erhob sich nicht gegen jene Minorität, von der es hieß, daß sie mit ihrer Aktion den Volkswillen vergewaltigt und die Revolution verraten habe.

Relativ problemlos erscheint die Beurteilung der Ereignisse in Petrograd, wo der Sturz der Provisorischen Regierung sich im Zug eines bewaffneten *Coup d'état* realisieren ließ, nachdem der bolschewistisch beherrschte Arbeiter- und Soldatenrat seine Autorität in der Garnison und in den Arbeitervierteln der Hauptstadt hatte durchsetzen können und das Machtpotential Kerenskijs im Umkreis des Winterpalastes auf einige hundert Bajonette geschrumpft war. Anders als im Februar äußerte sich dieser Aufstand nicht als elementare Massenerhebung gegen die herrschenden Gewalten, sondern als generalstabsmäßig geplante und kunstvoll in Gang gebrachte Operation unter Leitung eines legalen Räteorgans, des *Revolutionären Militärkomitees (Voenno-revoljucionnyj komitet)* des Petrograder Sowjets. In weiten Teilen der Stadt wurden diese Vorgänge kaum wahrgenommen, das Theater- und Konzertleben Petrograds erlitt keine Unterbrechung. Insoweit bietet die O. das Bild eines Staatsstreichs ohne besondere Originalität. Der Streit um die Verdienste herausragender Führerpersönlichkeiten, um den Anteil Lenins oder um die von der stalinistischen Geschichtsschreibung geleugnete Rolle Trockijs, ist für die Gesamtbewertung der Vorgänge nicht von ausschlaggebendem Belang. Auch die Frage, ob die Militärkommission des ZK der Bolschewiki oder das Militärkomitee des Petrograder Arbeiter- und Soldatenrats das Hirn des bewaffneten Aufstands gewesen sei, bringt keine Einsichten zutage, die den Ablauf dieses Machtwechsels in grundsätzlich anderem Licht erscheinen ließen.

Wichtiger ist es, nach der politischen Qualität des Staatsstreichs zu fragen. In der westlichen Literatur wird immer wieder darauf verwiesen, daß hier eine straff organisierte, skrupellose Minderheit ohne demokratische Legitimation die Macht an sich gerissen und mit terroristischen Mitteln behauptet habe – unter zynischer Verachtung aller Prinzipien jener Rätedemokratie, deren Institutionen man sich bediente. Solche Feststellungen nehmen nicht allein die scharfen Anklagen auf, die von seiten der Menschewiki und der rechten Sozialrevolutionäre gegen die bolschewistische Aktion gerichtet wurden; sie können sich auch darauf berufen, daß sich noch am Vorabend des Aufstands G. E. ZINOV'EV und L. B. KAMENEV im bolschewistischen ZK dem Drängen Lenins entgegenstellten; sie können namhaft machen, daß selbst im engsten Führungskreis der Sieger darum gestritten wurde, ob die politische Basis des Rats der Volkskommissare durch Bildung einer Koalitionsregierung mit anderen Räteparteien verbreitert werden sollte. Wie es scheint, war das Bewußtsein, die Macht usurpiert und die revolutionäre Demokratie gesprengt zu haben, auch unter den Bolschewiki noch nicht ganz erloschen. Im übrigen ist das Verfahren weit verbreitet, die Verurteilung der Leninschen Diktatur mit Zitaten zu stützen, die den kritischen Betrachtungen R. LUXEMBURGS (Die russ. Revolution [September 1918], hrsg. v. P. Levi, Bln 1922) entnommen werden. Als schlagender Beweis für die terroristische „Jakobinerherrschaft", die auf der „Abschaffung der Demokratie" beruhe, gilt die brüske Liquidierung der Allrussischen Konstituierenden Versammlung, der ersten und einzigen frei und demokratisch gewählten Volksvertretung Rußlands. Im übrigen vertritt die Mehrheit der westlichen Historiker die Meinung, die Bolschewiki hätten Chaos und Anarchie entfacht und sich dann in dem so entstandenen Machtvakuum eingerichtet.

Das Gewicht, das in der nichtkommunistischen Einschätzung der O. solchen Verdikten zukommt, mag dazu beigetragen haben, daß eine Reihe wichtiger Tatbestände nur selten hinreichende Beachtung fand. Ohne jeden Zweifel hatten die Bolschewiki die Parole, die Revolution werde sich gewaltlos (friedlich) weiterentwickeln, längst aufgegeben. Bekannt war auch, daß sie nicht daran dachten, ihre Aktionen von Kongreßbeschlüssen und Mehrheitsentscheidungen abhängig zu machen. Aber ihre politische Strategie konnte keineswegs auf der Hoffnung beruhen, daß es möglich wäre, sich allein mit den Mitteln der blanken Gewalt und des *roten Terrors* an der Macht zu halten. Worauf sie jedoch bauen durften, waren die faktische Handlungsunfähigkeit des Gegenlagers und das beträchtliche Potential ihres Massenanhangs in der Arbeiterschaft und in der Armee. In bezug auf die überwiegende Mehrheit der bäuerlichen Bevölkerung war ihnen die Neutralisierung der in sich zerfallenen Sozialrevolutionäre weitgehend gelungen. Das bedeutet, daß der Machtergreifung bedeutende politische Erfolge vorangegangen waren. Die Bolschewiki bauten nicht auf den Enthusiasmus, sondern auf die Enttäuschung der Massen, die den alltäglich gewordenen Verheißungen Kerenskijs nicht mehr vertrauten und für die Autoritäten der Februardemokratie nicht zu kämpfen bereit waren. Der rasch wachsende Anhang von Sympathisanten, die bei den Wahlen zur Konstituante den Bolschewiki ihre Stimme gaben und das Potential der Partei (Januar 1918: 115000 Mitglieder) in den Räten verstärkten, erklärt sich hieraus. Breite Schichten erwarteten die *Rettung der Revo-*

*lution* und ihrer Errungenschaften nicht länger von der Provisorischen Regierung und den sie tragenden Parteien. Insofern war die im Spätherbst 1917 eingetretene Auflösung der überkommenen Rechtsverhältnisse und Institutionen nicht so sehr das Produkt einer bolschewistischen *Verschwörung,* als vielmehr das Ergebnis des politischen Bankrotts des Kerenskij-Regimes. Die Agonie, in welche die Februardemokratie geraten war, hätte sich allenfalls durch eine konterrevolutionäre Militärdiktatur aufhalten lassen. Es gab keine politische Kraft, die angesichts der Fortdauer des Krieges die im Februar geweckten Hoffnungen noch hätte erfüllen können: Frieden und Land, Freiheit von bürokratischer Gängelung, von kapitalistischer Ausbeutung und Unterdrückung, Selbstverwaltung und Selbstbestimmung im Sinn eines Demokratiebegriffs, der mit dem bürgerlich-demokratischen Verfassungsdenken nicht übereinstimmte, seinen Inhalt vielmehr aus der Sozialpsychologie der russischen Revolutionsbewegung selbst zog.

Die ersten Entscheidungen der Sowjetregierung haben diesen elementaren Bedingungen des Machtwechsels Genüge getan: nicht durch die Realisierung eines spezifisch bolschewistischen Transformationsprogramms, sondern durch Zugeständnisse an die radikaldemokratischen Erwartungen der Bevölkerungsmehrheit, an die – wie Lenin sagte – „kleinbürgerliche Elementargewalt“ *(stichijnost')* der Massen (LW, Bd 27, S. 222 ff.). Die Provisorische Arbeiter- und Bauernregierung *(Vremennoe rabočee i krest'janskoe pravitel'stvo)* der Bolschewiki legalisierte in Anknüpfung an sozialrevolutionäre Reformmodelle die wilde Landnahme auf den Dörfern (Dekret über den Boden – *Dekret o zemle* – vom 26. Oktober [8. November] 1917) und die syndikalistische Selbstregierung der Fabrikkomitees in den Industriebetrieben (Verfügung über die Arbeiterkontrolle – *Položenie o rabočem kontrole* – vom 14. [27.] November 1917); sie folgte dem allgemeinen Verlangen nach Beendigung des Krieges (Dekret über den Frieden – *Dekret o mire* – vom 26. Oktober [8. November] 1917) und förderte damit zugleich den Auflösungsprozeß in der Armee; sie immunisierte den Emanzipationswillen der nichtrussischen Nationalitäten durch eine radikale Auslegung des Selbstbestimmungsrechts bis zur *Lostrennung* vom russischen Reichsverband; sie gründete die institutionelle Struktur ihrer *proletarischen Staatsmacht* auf die überkommenen Formen der Rätebewegung und unterstrich damit ihren Anspruch, in der Kontinuität jener revolutionären Bewegung zu stehen, deren Kennzeichen seit dem Sturz der Monarchie die aktive Einmischung der Massen in den geschichtlichen Prozeß gewesen war.

Man wird sagen dürfen, daß sich diese plebiszitäre Politik des Rats der Volkskommissare in der Phase des Umbruchs als ein wirksames Instrument der Machtbehauptung erwiesen hat. Als Instrument zur sozialistischen Transformation des Landes aber eignete sie sich nicht. Das „Zerbrechen der bürgerlichen Staatsmaschinerie“, von Lenin im Anschluß an die Marxsche Kommune-Interpretation als Bedingung der sozialistischen Revolution gefordert, war auf diese Weise zwar überraschend schnell gelungen; doch die Stabilisierung einer proletarischen Staatsmacht, die nicht nur die Unterdrückung der Bourgeoisie, sondern den Übergang zum Kommunismus hätte gewährleisten sollen, erforderte eine neue Strategie. In nichtkommunistischen Interpretationen ist immer wieder die krasse Diskrepanz hervorgehoben worden, die zwischen der Leninschen Theorie des proletarischen Übergangsstaates („Staat und Revolution", LW, Bd 25, S. 393–507) und der Realität der bolschewistischen Parteidiktatur bestand. Tatsächlich war Lenins Modell der Staatskommune, die unter ausnahmsloser Teilnahme aller arbeitenden Menschen die staatlichen Unterdrückungsfunktionen in einfache Operationen der „Rechnungslegung und Kontrolle" verwandeln sollte, in der Wirklichkeit der russischen Sowjetrepublik nicht zu finden.

Neuere Untersuchungen im Westen haben sich bemüht, bei der Erforschung der Anfangsphase der Sowjetrepublik zu differenzierten Fragestellungen und Einsichten zu kommen. Dabei ist die konventionelle Auffassung, die von der Effizienz der proletarischen Diktatur ausging und auf die zentralistische Organisation der bolschewistischen Kaderpartei verwies, bemerkenswerten Korrekturen unterworfen worden. Die Bolschewiki behaupteten sich eben nicht kraft der Aktionsfähigkeit eines allmächtigen Parteiapparats, der die Räteinstitutionen und alle anderen Bereiche des Staates durchsetzt und manipuliert hätte; denn einen solchen Apparat gab es damals noch nicht. Eine von den staatlichen Institutionen abgesonderte Parteibürokratie mit einem das Land umspannenden, funktionierenden Kontroll- und Befehlssystem entstand erst im Verlauf des Bürgerkriegs.

In der Anfangszeit operierten die Bolschewiki innerhalb eines durchaus dysfunktionalen Komplexes von Organisationen und Institutionen, die teils aus der Zeit der Februardemokratie übernommen, teils nach der O. neu geschaffen wurden. An Stelle eines rational gegliederten Herrschaftsmechanismus entstand ein improvisiertes Aggregat bürokratischer Instanzen, die sich ohne zulängliche Ressort- und Kompetenztrennung wechselseitig lähmten, ein Zustand ungeheurer Desorganisation, den das Kommissars- und Kommissionswesen und der hektische Versammlungsdemokratismus der ersten Monate noch verstärkten. Das galt, wie W. Pietsch (1969) gezeigt hat, nicht nur für die unregulierte Machtdiffusion zwischen dem ZK der Partei, dem Rat der Volkskommissare und dem Allrussischen Zentralen Exekutivkomitee der Räte *(Vserossijskij Central'nyj Ispolnitel'nyj komitet Sovetov;* VCIK). Außerhalb der Moskauer Zentrale wirkte der seit dem Herbst 1917 praktizierte Regionalismus revolutionärer Gebietsverwaltungen lange nach (F. Döring, 1970) und verzögerte den Aufbau eines zentralistischen Steuerungssystems. Überdies ließ der Rückgriff auf die überkommenen Räteorgane und das Organisationsnetz der Gewerkschaften, auf die vorrevolutionären Genossenschaften und das kapitalistische Management die *revolutionäre Kontrolle* in einem wachsenden Bürokratismus aufgehen, dem die demokratische Spontaneität der lokalen Räte rasch anheimfiel. Die am 7. [20.] Dezember 1917 gegründete *Allrussische Außerordentliche Kommission zum Kampf gegen Konterrevolution und Sabotage (Vserossijskaja črezvyčajnaja komissija po bor̓be s kontrrevoljuciej i sabotažem;* VČK – Čeka) war allein deshalb funktionsfähig, weil sie sich auf Grund ihrer besonderen Aufgabe und Organisationsstruktur von Anfang an verselbständigt hatte. Nach Ausbruch der Bürgerkriegskämpfe hat die durchgehende Militarisierung des Landes die grundsätzlichen Probleme eines Verwaltungssystems, das dem Anspruch der Leninschen Staatstheorie angemessen gewesen wäre, nicht gelöst, sondern nur vertagt.

Tatsächlich zeigte sich der Rekurs auf hierarchische Organisationsmuster am frühesten im militärischen Bereich. Hier verschwand das sozialistische Ideal, die Verteidigung der Revolution in die Hände des bewaffneten Volkes zu legen, in dem Maß, wie die Demobilisierung der alten Armee fortschritt. Nach dem Friedensvertrag von Brest-Litovsk betrieb das Kriegskommissariat unter Leitung Trockijs den Aufbau der *Roten* Arbeiter- und Bauernarmee *(Raboče-krest'janskaja Krasnaja Armija)* nach dem Prinzip strikter Subordination und Disziplin unter Heranziehung militärischer Spezialisten aus dem Bestand des alten Offizierskorps. Dies geschah in entschiedener Abkehr vom überkommenen Milizgedanken, vom Grundsatz der Wählbarkeit der Kommandeure (wie er noch am 16. [29.] Dezember 1917 dekretiert worden war) und vom Konzept des revolutionären Partisanenkrieges, das noch in der Diskussion um den Frieden mit dem imperialistischen Deutschland die Position der innerparteilichen Opposition bestimmt hatte.

Die Frage nach Substanz und Bedeutung dieser Opposition innerhalb der bolschewistischen Partei hat das Interesse der westlichen Forschung immer wieder auf sich gezogen. Selbst konservative Historiker haben in den sog. *Linken Kommunisten (Levye kommunisty)* das „Gewissen der Revolution" (R. V. Daniels, 1960) weiterwirken sehen – in der Verteidigung des Prinzips der Arbeiterselbstverwaltung, gemäß dem die verstaatlichte Industrie der Verfügung proletarischer Produzentenkommunen hätte übertragen werden sollen, im Widerstand gegen den von Lenin geforderten Primat eines staatskapitalistischen Wirtschaftssystems. Lenin verlangte „die unbedingte Unterordnung während der Arbeit unter die einzelverantwortlichen Anordnungen der sowjetischen Leiter, der Diktatoren" (LW, Bd 27, S. 308), unter eine am kapitalistischen Taylorsystem orientierte, rigorose Arbeitsdisziplin, die mit Hilfe privilegierter bürgerlicher Spezialisten die Wiederbelebung der Produktion verbürgen sollte. Auch die Gewerkschaftsverbände sollten dem Gebot von „Arbeit, Ordnung und Disziplin" (Trockij) unterstellt und als *Transmissionsriemen* des Parteiwillens begriffen werden, als sog. *Schulen des Kommunismus* in einer Erziehungsdiktatur, die den Massen zum Bewußtsein ihrer proletarischen Pflichten verhelfen würde.

Gründliche Analysen, wie die von R. Lorenz über die Anfänge der bolschewistischen Industriepolitik (1965; 1967), lassen es heute als wahrscheinlich erscheinen, daß in den Konzepten der Linken Kommunisten eine nicht nur theoretische, sondern auch praktikable Alternative zum Staatskapitalismus Lenins enthalten war. Ihre Vorschläge vom Frühjahr 1918 liefen darauf hinaus, die proletarischen Fabrikkomitees, die lokalen Sowjetorgane und die Gewerkschaften auf betrieblicher und regionaler Ebene zu einer funktionsfähigen Produktionsorganisation zu verbinden. Gegen die Fatalität bürokratischer Deformation unter dem Diktat von Industriekapitänen wurde hier eine Lösung gesucht, in der die Grundsätze der kollegialen Leitung, der Arbeiterselbstverwaltung und der zentralen Produktionsplanung miteinander in Einklang gebracht werden sollten. Mit dem pejorativen Epitheton einer *kleinbürgerlichen, anarcho-syndikalistischen Abweichung* hat Lenin diese oppositionelle Richtung zwar energisch bekämpft, aber damals noch nicht zu bezwingen vermocht. Vielmehr trug die Ausnahmesituation des beginnenden Bürgerkriegs dazu bei, daß die Gegensätze die Phase des Kriegskommunismus überdauerten und erst an der Wende zur Neuen Ökonomischen Politik (1920/21) zugunsten der Leninschen Position entschieden werden konnten.

Die schärfste Diskrepanz gegenüber dem bolschewistischen Anspruch, die sozialistische Revolution in Rußland zu vollziehen, zeigte sich in der Bauernfrage. Die durch das Bodendekret legalisierte Agrarrevolution hatte die kleinbäuerliche Struktur der russischen Landwirtschaft, die Eigenbedarfswirtschaft bäuerlicher Klein- und Kleinstbetriebe vollends freigesetzt. Damit war den – vom Programm der Sozialrevolutionäre genährten – Erwartungen der Bauernschaft ebenso Genüge getan wie dem Interesse der Bolschewiki, die bäuerliche Bevölkerung nicht sogleich gegen die neue Staatsmacht aufzubringen. Doch bestand bei einer solchen Agrarverfassung auch nicht die geringste Aussicht auf eine großbetriebliche sozialistische Landwirtschaft, die erst den Gegensatz zwischen Stadt und Land hätte aufheben sollen. Überdies wurden der agrarischen Marktproduktion durch die Zerschlagung des Großgrundbesitzes die wichtigsten Grundlagen entzogen, so daß sich die Versorgungskrise für die Städte rasch als permanent erwies. Angesichts des ausgebliebenen Übergangs der bäuerlichen Massen auf die Seite des Proletariats bot die Einrichtung weniger staatlicher Zuschußbetriebe, der Sowjetwirtschaften *(Sovetskie chozjajstva; Sovchozy)* und landwirtschaftlicher Kommunen aus dem sozialen Reservoir der galoppierenden städtischen Fluchtbewegung nur ein kümmerliches Alibi. Zur staatlichen Organisation der landwirtschaftlichen Produktion fehlten den Bolschewiki alle Voraussetzungen. Lenin hat diese Folgen des

Bodendekrets zwar beklagen, aber nicht verhindern können. So sah sich die Regierung veranlaßt, das flache Land im Zeichen einer *Versorgungsdiktatur* durch *Komitees der Dorfarmut (Komitety bednoty)* und militärisch organisierte Requirierungskampagnen der Räson des Sowjetstaates zu unterwerfen. Während des Bürgerkrieges wurde die gewaltsame Überwindung der Obstruktion und des Widerstands im bäuerlichen Milieu durch eine Taktik ergänzt, die unter der Losung vom notwendigen „Bündnis mit den Mittelbauern" stand. Eine längerfristige Balance zwischen Parteidiktatur und Bauernschaft kam aber erst mit der NÖP zustande, freilich in Anerkenntnis der These, daß der Sieg des Sozialismus in Rußland eine Sache von Jahren, wenn nicht von Jahrzehnten sei.

## *C. Sowjetische Interpretationen und Untersuchungen*

### I. Die historischen Voraussetzungen der Oktoberrevolution

Alle sowjetischen Aussagen zur Geschichte der O. fußen auf dem Axiom der marxistisch-leninistischen Theorie, wonach der Übergang vom Kapitalismus zum Sozialismus (und Kommunismus) kraft der *objektiven Gesetze* der gesellschaftlichen Entwicklung geschichtlich unvermeidlich sei. Das Theorem der historischen Gesetzmäßigkeit *(zakonomernost')* wird auch auf die O. bezogen. In engem Anschluß an Lenin geht man davon aus, daß die sozialistische Revolution seit der Jahrhundertwende zu einer unmittelbaren praktischen Aufgabe des proletarischen Klassenkampfes geworden sei, weil der Kapitalismus (das kapitalistische Weltsystem) damals in sein „höchstes" und „letztes Stadium", den Imperialismus, eingetreten sei. Diese Behauptung führt die sowjetischen Historiker freilich nicht an der vielerörterten Frage vorbei, weshalb die sozialistische Revolution nicht in den entwickelteren Industrieländern, sondern in dem sozialökonomisch wie politisch zurückgebliebenen Rußland ihren Ausgang genommen hat. Bei der Beantwortung verweist man abermals auf Lenin, und zwar auf das von Lenin, wie es heißt, wissenschaftlich begründete „Gesetz der Ungleichmäßigkeit der ökonomischen und politischen Entwicklung der kapitalistischen Länder in der Epoche des Imperialismus". Im Hinblick auf die historischen Voraussetzungen der O. wird daraus eine Reihe von Schlüssen abgeleitet, die sich thesenhaft wie folgt zusammenfassen lassen:

1. Ungeachtet der Verspätung, mit welcher Rußland im 19. Jahrh. in das Stadium des Kapitalismus eintrat, hat das Zarenreich dennoch das neue, *imperialistische Stadium* nicht verspätet, sondern gleichzeitig mit den fortgeschrittenen kapitalistischen Ländern erreicht. Namentlich im Bankenwesen und in der maschinellen Großindustrie wurden hier hochentwickelte Formen eines *monopolistischen Kapitalismus* ausge-

bildet, der bereits vor 1917 dabei war, *staatsmonopolistische* Züge anzunehmen. Die imperialistische Qualität Rußlands beruhte auf einigen wichtigen Besonderheiten. Diese äußerten sich vor allem darin, daß sich hier ein überaus moderner Industrie- und Finanzkapitalismus mit Überresten des alten, feudalen Leibeigenschaftssystems und mit ungemein barbarischen Formen der nationalen und kolonialen Unterdrükkung verband. In dieser Vielschichtigkeit *(mnogoukladnost')* der sozialökonomischen Struktur, bedingt durch die rasche kapitalistische Entwicklung und die eigentümliche Lebensfähigkeit *halbfeudaler* Verhältnisse, liegen die Quellen für die gewaltigen revolutionären Erschütterungen von 1917.

2. Das revolutionäre Potential, das die Entwicklung zur sozialistischen Revolution bestimmte, war die russische Arbeiterklasse. Unter Leitung ihrer Avantgarde, der bolschewistischen Partei, ist diese Klasse zur bewegenden und führenden Kraft des revolutionären Prozesses geworden. Im Kampf gegen das zaristische Regime verbündete sich das russische Proletariat mit den Millionenmassen notleidender und unterdrückter Bauern. Daraus ergab sich, daß in Rußland die proletarische Revolution gegen die Bourgeoisie mit der Revolution der Bauern gegen die Gutsbesitzer zusammenfallen konnte. Dabei stand die Hegemonie der Arbeiterklasse niemals in Frage. Angesichts der geknechteten Lage, in der sich die nichtrussischen Nationalitäten im zaristischen *Völkergefängnis* befanden, mußte die Vorhut des russischen Proletariats überdies zum konsequentesten Verfechter des nationalen Selbstbestimmungsrechts der unterdrückten Völker werden.

3. Die dialektische Verbindung von Fortschritt und Rückständigkeit, von hochentwickeltem Kapitalismus und Elementen feudaler und nationaler Unterdrückung, macht die Eigentümlichkeit der russischen Entwicklung aus. Sie erklärt zugleich den besonderen Reifegrad Rußlands auf dem Weg zur sozialistischen Revolution. Auf Grund seiner inneren Gegensätze war das Zarenreich ein höchst gefährdetes Glied im kapitalistischen Weltsystem, das schwächste Kettenglied des Imperialismus, der „Knotenpunkt der Widersprüche in der imperialistischen Epoche". Diese Anfälligkeit hat sich seit der Jahrhundertwende dadurch kundgetan, daß sich das Zentrum der internationalen revolutionären Bewegung mehr und mehr nach Osteuropa verlagerte. Demgemäß ist die „erste bürgerlich-demokratische Revolution" von 1905/07 bereits als Prolog, als „Generalprobe *(general'naja repeticija)* der Großen Sozialistischen Oktoberrevolution" anzusehen; die „Periode des neuen revolutionären Aufschwungs" (1910–14) zeigte, daß der Kampf des Proletariats auch unter den Bedingungen der Reaktion folgerichtig weiterging.

4. Der 1. Weltkrieg hat die Widersprüche des Imperialismus in aller

Welt aufs äußerste verschärft. Für die sozialistische Revolution in Rußland war dieser imperialistische Krieg jedoch nicht Ursache, sondern ein antreibender, die Entwicklung beschleunigender Faktor. Die bürgerlich-demokratische Februarrevolution, die den Zarismus stürzte, hat die infolge des Krieges krisenhaft verschärften Widersprüche nicht zu lösen vermocht. Die Macht geriet in die Hände der Bourgeoisie. Mithin blieb Rußland auch unter der Provisorischen Regierung und der sog. Doppelherrschaft nach wie vor ein imperialistisches Land. Doch war das russische Proletariat, dem das größte Verdienst an der Niederringung des Zarismus gebührt, nun zur *Avantgarde des Weltproletariats und der internationalen Revolution* geworden.

Auf der Grundlage der vorstehenden Theoreme hat die sowjetische Geschichtswissenschaft, namentlich in den letzten zwanzig Jahren, große Anstrengungen gemacht, die historischen Voraussetzungen der O. in monographischen Untersuchungen und Analysen zu konkretisieren. Es versteht sich, daß die Forschung auch hier gehalten war, objektive Gesetzmäßigkeiten des historischen Prozesses aufzuzeigen. Die thematischen Schwerpunkte ergeben sich aus diesem Interesse. So wird namentlich den Arbeiten, die den sozialökonomischen Bedingungen der Entwicklung Rußlands seit der Jahrhundertwende gelten, eine vorrangige Bedeutung zuerkannt. Wie anderwärts dienen dabei die Schriften Lenins als grundlegende Orientierungsmuster, vor allem die bekannte Imperialismusstudie aus den Jahren des 1. Weltkrieges (LW, Bd 22, S. 189–309). Daneben hat auch Lenins Begriff des „militärfeudalen Imperialismus" *(voenno-feodal'nyj imperializm)* die sowjetische Diskussion um die Besonderheiten des russischen Imperialismus nachhaltig bestimmt. Diesen Ansätzen entspricht, daß der eigentümliche Charakter, der dem sog. höchsten Stadium des Kapitalismus in Rußland zugemessen wird, nicht allein in Untersuchungen über die Außenpolitik und die Kolonialpolitik (in und außerhalb der Reichsgrenzen) entfaltet werden kann. Wo immer es um die Vorbedingungen der sozialistischen Revolution in Rußland geht, überwiegt das Interesse für jene Faktoren, welche die monopolistische Struktur des Finanzkapitalismus und ihren Widerspruch gegenüber den weiterwirkenden vorkapitalistischen Verhältnissen erweisen (K. N. TARNOVSKIJ, 1964).

In einer Reihe zum Teil beachtlicher Studien und Materialsammlungen über Monopolbildungen in einzelnen Industriezweigen und im Bankenwesen haben diese Bemühungen ihren Niederschlag gefunden. Auch die Rolle des ausländischen Kapitals ist immer wieder gewürdigt worden, ohne daß jedoch die ältere Auffassung, wonach das Zarenreich als eine Halbkolonie des internationalen Finanzkapitals zu betrachten sei, erneut akzentuiert worden wäre (V. V. ANAN'IČ, 1970). Hinzu tritt die Tendenz, den Reifegrad des russischen Kapitalismus durch Hervorhebung seiner *staatsmonopolistischen* bzw. *staatskapitalistischen* Elemente zu belegen (Tarnovskij, 1958; I. F. GINDIN, 1970).

Dieses Bestreben mag sich aus dem Wunsch erklären, die These Lenins zu untermauern, der zufolge die materiellen Bedingungen für die Verwirklichung des Sozialismus durch staatliche Monopolisierung und Konzentration bereits unter der Decke des Kapitalismus ausgebildet würden. Die Diskrepanz zwischen der sowjetischen und der westlichen Forschung wird hier besonders augenfällig, denn viele nichtkommunistische Wirtschaftshistoriker sehen in der besonderen Rolle, die der staatlichen Hand bei der Industrialisierung Rußlands zukam, gerade kein Zeichen der Reife, sondern vielmehr ein Symptom für die wirtschaftliche Rückständigkeit des Zarenreiches.

Indessen sind die Faktoren sozialökonomischer Rückständigkeit in sowjetischen Untersuchungen über die Struktur der *Landwirtschaft* und der Agrarverfassung von jeher unterstrichen worden. Auch dabei schließt man sich der Auffassung Lenins an, der nach 1905 für das russische Dorf, ungleich stärker als in seinem Frühwerk (Die Entwicklung des Kapitalismus in Rußland, 1899, LW, Bd 3, S. 7–629), auf das unverminderte Gewicht der Relikte aus der Leibeigenschaftsperiode hingewiesen hatte. Die Wirksamkeit dieser feudalen Elemente wird an der Lage des Großgrundbesitzes und der ländlichen Pacht- und Arbeitsverhältnisse (A. M. ANFIMOV, 1961; 1962) ebenso demonstriert wie an der wachsenden Verelendung der ausgebeuteten bäuerlichen Massen. Große Beachtung finden in diesem Zusammenhang die Agrarreformen Stolypins (S. M. DUBROVSKIJ, 1963), deren Tendenz die Leninsche These vom sog. *preußischen Weg* des Kapitalismus in der russischen Landwirtschaft bestätige: die zunehmende Auslieferung der klein- und zwergbäuerlichen Existenzen an die Kulaken bei gleichzeitiger Sicherung der Gutsbesitzerinteressen. Die potentielle Sprengkraft, die aus der Verstärkung kapitalistischer Ausbeutungsverhältnisse erwuchs, wird in den Erscheinungsformen der *Bauernbewegung* dieser Jahre zu verdeutlichen versucht (Dviženie, 1966). Den sozialökonomischen Analysen schließt sich die Feststellung an, daß allein das bolschewistische Agrarprogramm dem elementaren Drängen der bäuerlichen Massen nach Land und Freiheit entsprochen habe, nicht zuletzt dank dem Widerstand, den Lenin den menschewistischen Programmforderungen nach Nationalisierung bzw. *Munizipalisierung* von Grund und Boden entgegensetzte (S. P. TRAPEZNIKOV, 1967). Im übrigen geht die Bewertung der Agrarreformen Stolypins mit der Einschätzung seines Regimes als eines „bonapartistischen" Systems zusammen (A. JA. AVRECH, 1966; 1968). Der „Bonapartismus" Stolypins wird als eine Taktik aufgefaßt, mit der die Regierung zwischen den gegensätzlichen Interessen der Bourgeoisie und der Gutsbesitzer lavierte, um angesichts der Gefährdung von seiten des revolutionären Proletariats und der bäuerlichen Massen die Position der Autokratie zu sichern. Die Arbeiten Avrechs u. a. markieren, ungeachtet ihrer Bindung an die von Lenin bezogenen Theoreme, zweifellos einen Fortschritt in dem Bemühen, zu einer diskussionswürdigen

Systemanalyse des alten Regimes zu kommen und neben den sozialökonomischen auch die innenpolitischen Realfaktoren angemessen zu berücksichtigen.

Es ist einsichtig, daß im Rahmen der Vorgeschichte der O. der Entwicklung der Arbeiterklasse und der Arbeiterbewegung im Zarenreich für die sowjetische Forschung von jeher eine zentrale Bedeutung zukommt. Als brauchbarste, wenn auch nicht unproblematische statistische Grundlage werden die bisher nur geringfügig modifizierten Berechnungen des Demographen A. G. Rašin (1958) angesehen. Rašin bezifferte den Gesamtbestand der Arbeiterklasse in Rußland für 1913 auf 18 Millionen Menschen, von denen 4,2 Millionen in der Fabrikindustrie, dem Bergbau und bei den Eisenbahnen beschäftigt gewesen seien. I. Ju. Pisarev (1962) hat für 1913 sogar 32,5 Millionen „Proletarier" beiderlei Geschlechts und 55,6 Millionen „Halbproletarier" angesetzt, wodurch das soziale Reservoir der „proletarischen Revolution" im Zarenreich auf 53,2% der Gesamtbevölkerung erweitert erscheint. Hier wird, wie man sieht, versucht, die weitverbreitete Meinung, Rußland sei für eine solche Revolution nicht reif gewesen, mit Hilfe der Statistik zu widerlegen.

Im übrigen wird die Geschichte des russischen Proletariats fast regelmäßig mit der bolschewistischen Parteigeschichte in enge Verbindung gebracht, so daß sich die Arbeiterklasse ebenso als Appendix ihrer Vorhut wie als Produkt der kapitalistischen Entwicklung darstellt. Diese Verknüpfung bestimmt denn auch die Untersuchungen zur sog. bürgerlich-demokratischen Revolution der Jahre 1905–07, ein Thema, das begreiflicherweise das Interesse der sowjetischen Historiker stets auf sich gezogen hat. Die Fülle der Arbeiten und Dokumentenpublikationen über diese „erste russische Revolution" kann hier nicht referiert werden (vgl. Golikov, Nikolaevskij, Faustova, 1965). Für alle diese Veröffentlichungen charakteristisch ist die Auffassung von einer Hegemonie des Proletariats, das, im Sinn Lenins mit der demokratischen Bewegung der bäuerlichen Massen verbündet, gegen die Bastionen des Zarismus stürmt. Trotz der Milderung einiger überspannter Axiome der Stalinzeit werden die Bolschewiki wie eh und je an die Spitze der politischen Massenstreiks dieser Jahre gerückt (V. S. Kirillov, 1961). Bemerkenswert ist die in jüngster Zeit verstärkte Beachtung der regionalen und nationalen Erscheinungsformen der Revolutionsereignisse, die nun auch als Teil der Geschichte der nichtrussischen Republiken der Sowjetunion erscheinen.

Nächst der sog. Generalprobe von 1905–07 wird in historischen Untersuchungen zur russischen Arbeiterbewegung vor allem der *Periode des neuen revolutionären Aufschwungs* (1910–14) große Aufmerksamkeit gewidmet. Die Grundannahme der sowjetischen Forschung, wonach dem Kriegsausbruch eine Phase sozialer Massenunruhen in den Industriezentren vorausging, hat inzwischen auch in der nichtkommunistischen Forschung Resonanz gefunden.

Im Unterschied zu den Fragen der Arbeiterbewegung und zur bolschewistischen Parteigeschichte ist die Sozialgeschichte der nichtproletarischen und der nichtbäuerlichen Klassen Rußlands ungebührlich vernachlässigt worden. Gleiches gilt für die Geschichte der nichtbolschewistischen politischen Parteien, für die sich auch nicht eine sowjetische Arbeit nennen läßt, die der Bedeutung dieser Themen angemessen wäre. Die einzige Monographie, die das Verhältnis zwischen Bourgeoisie und Zarismus behandelt, ist 1939 erschienen (E. D. ČERMENSKIJ), und erst neuerdings wurden so wichtige Fragen wie die nach der Rolle der „demokratischen Intelligenz" (L. K. ERMAN, 1966), der liberalen Zemstvo-Bewegung (Čermenskij, 1965) oder der Universitätsfrage und der Studentenbewegung (Z. S. KRUGLOVA, 1965; V. P. JAKOVLEV, 1969) mit bisweilen neuen Problemstellungen aufgegriffen. Allerdings werden solche ideologisch bedingten Desiderate heute in kritischen Bestandsaufnahmen sowjetischer Historiker gelegentlich beklagt.

Bei der Beschäftigung mit dem 1. Weltkrieg betrachtet die sowjetische Forschung den Zeitraum vom Juli 1914 bis Februar 1917 als eine gesonderte Periode. Was interessiert, ist die revolutionäre Qualität dieses Krieges: Indem das Ringen der imperialistischen Großmächte den Zerfall des Zarismus vorantrieb, wurde die Entwicklung zur sozialistischen Revolution in Rußland ungemein beschleunigt. Folglich kommt es darauf an, in der wachsenden Krise und dem schließlichen Kollaps des alten Regimes die Voraussetzungen der O. zu erkennen. Dabei gehört die Frage nach den Organisationsformen der Kriegswirtschaft zu den zentralen Themen. Die Aufmerksamkeit gilt der kriegsbedingten Forcierung des Konzentrationsprozesses im industriellen Bereich, den Versuchen zur staatlichen Regulierung der Wirtschaft im Benehmen mit den Kriegsindustriekomitees, den Unternehmerverbänden und den Organisationen der kommunalen und landschaftlichen Selbstverwaltung (A. P. POGREBINSKIJ, 1941; B. S. SEJRANJAN, 1961). Fundamentale Bedeutung hat hier vor allem der Nachweis, daß der staatsmonopolistische Kapitalismus an Intensität zugenommen hatte (die Bestätigung jener theoretischen Prämisse also, wonach die materiellen Voraussetzungen des Sozialismus in Rußland durchaus vorhanden gewesen seien). Die Urteile sind indes keineswegs einhellig. Während Gindin, Tarnovskij u. a. die Meinung vertreten, der staatsmonopolistische Kapitalismus habe sich im Zarenreich früher ausgebildet als anderwärts, warnt Minc (1967–68, t. 1, S. 159ff.) davor, dessen relative Schwäche und Rückständigkeit im Vergleich zu den anderen Industriemächten zu unterschätzen. Ein ähnliches Problem entsteht bei der Würdigung der russischen Finanzlage während des Krieges (grundlegend: A. L. SIDOROV, 1960). Hier wird angesichts der galoppierenden Staatsverschuldung die Frage akut, wie die enorm gesteigerte Abhängigkeit vom ausländischen Kapital zu bewerten sei. Unterstrichen werden die gewaltige Verstärkung der Position der anglo-französischen und amerikanischen Finanzmonopole (R. Š. Ganelin, 1969), die zunehmende Unterwerfung des Landes unter das Joch imperialistischer Ausbeutung, die Gefahr einer Aufteilung und Erdrosselung Rußlands durch die imperialistischen Giganten. Zwar wird peinlich vermieden, dem Zarenreich unter den Bedingungen des Krieges einen *halbkolonialen* Status zuzusprechen, doch die Situation, die man zeichnet, erscheint in den düstersten Farben: Fortan waren allein das Proletariat und seine Partei imstande, „die Unabhängigkeit und Souveränität des Landes zu retten“ (Minc, a.a.O. S. 206).

Eine weitere Kernfrage betrifft das Verhältnis zwischen Zarismus und Bourgeoisie in den Jahren des Krieges. Einerseits wird aus der staatsmonopolistischen Konzentration geschlossen, daß die wachsenden Profite die Stellung der russischen Bourgeoisie gegenüber der Regierung beträchtlich stärkten (V. S. Djakin, Buržuazija, 1967), andererseits aber bemüht man sich peinlich, den Eindruck zu vermeiden, als habe das Finanzkapital den Zarismus bereits vollkommen seinen Interessen unterworfen und ihn in eine Agentur der imperialistischen Bourgeoisie, in eine *bürgerliche Monarchie* verwandelt. Eine solche Einschätzung widerspräche dem Axiom, wonach gerade nicht die Bourgeoisie, sondern das Proletariat und die werktätigen Massen im Februar 1917 unter Führung der Bolschewiki die bürgerliche Revolution erzwangen. So kommen die Analysen der Kriegszeit immer wieder auf sog. Besonderheiten des russischen Imperialismus zurück, auf den komplizierten Zusammenhang von relativer Reife und fortbestehender Rückständigkeit, auf die These, daß erst die O. diesen Gordischen Knoten zu durchschlagen vermochte.

Bei alledem versteht sich, daß der Kampf der Bolschewiki „um den Sturz des Zarismus“ (Istorija, 1966) und für „die Umwandlung des imperialistischen Krieges in den Bürgerkrieg“ stets eine herausragende Würdigung erfährt. Lenins Offensive gegen den internationalen wie den russischen *Sozialchauvinismus, Zentrismus* und *Opportunismus* wird aufs nachdrücklichste dargestellt (Ja. G. Temkin, 1968), und ungeachtet aller Schwierigkeiten gilt der Satz, daß die führende Rolle der bolschewistischen Parteiorganisationen im Land auch während des Krieges niemals in Frage stand. Auch die Revolutionierung der Armee (S. G. Kapšukov, 1957) und die Bewegung auf dem russischen Dorf (Anfimov, 1962) werden mit dem steigenden Einfluß der Bolschewiki in enge Verbindung gebracht. Nach der revolutionären Krise vom Herbst 1915 (I. P. Lejberov, 1964) reifte 1916 mit gewaltigen Streikbewegungen die „unmittelbare revolutionäre Situation“ heran, welche die Partei an der Spitze des Proletariats und der werktätigen Massen auf ihrem Posten fand (Minc, a.a.O. S. 321–436). Demzufolge konnte im Februar 1917 die doppelte *Verschwörung,* die der Bourgeoisie drohte, zerschlagen werden (Djakin, K voprosu, 1967; Čermenskij, 1969). Mit dem Sturz der Monarchie aber trat die russische Arbeiterklasse an die Spitze der internationalen Revolution.

Im Blick auf die neuere sowjetische Geschichtswissenschaft verdient Beachtung, daß für den Entfaltungsprozeß der Februarrevolution nur verhältnismäßig wenig monographische Untersuchungen zur Verfügung stehen. Neben der monumentalen Darstellung, mit der Minc den Forschungsstand zusammengefaßt und in konventionelle Perspektiven eingeordnet hat, ist jedoch von Burdžalov (1967) ein neuer, pragmatischer Zugang zu den Quellen eröffnet worden. Hier wird, zunächst freilich beschränkt auf den Aufstand in Petrograd, der konkrete Gang der Begebenheiten bis zur Errichtung der sog. Doppelherrschaft referiert, und zwar unter gleichmäßiger Würdigung der Rolle der liberalen und der sozialistischen Parteien. Burdžalovs zentrale These läßt sich auf die Formel bringen, daß die Februarrevolution auf einer elementaren Massenbewegung beruhte, die auszulösen und zu steuern auch die Bolschewiki nicht mächtig waren. Wenngleich solche Einsichten der westlichen Forschung längst vertraut sind, für die gewohnten sowjetischen Auffassungen bedeuten sie eine bemerkenswerte Herausforderung.

## II. Die Große Sozialistische Oktoberrevolution

Die sowjetische Geschichtswissenschaft begreift die O. als eine klar abgrenzbare historische Periode im Übergang Rußlands vom Kapitalismus zu einer neuen Epoche der Menschheitsgeschichte. Für die Phasengliederung dieser Periode wurden in den letzten zwanzig Jahren feste Maßstäbe entwickelt; sie erlauben es, die Grundannahmen der sowjetischen Forschung zusammenfassend zu beschreiben. Damit sind zugleich die Fragestellungen und Urteile bezeichnet, mit denen der einzelne Historiker an die Öffentlichkeit treten kann.

1. Daß die Anfänge der Großen Sozialistischen Oktoberrevolution im Frühjahr 1917 anzusetzen sind, wird auf zwei Tatbestände zurückgeführt, deren Bewertung sich aus der Exegese der zeitgenössischen Schriften Lenins ziehen läßt. Das erste grundlegende Faktum knüpft an die Feststellung an, daß die Arbeiter-, Soldaten- und Bauernmassen, die den Zarismus stürzten, sich in Gestalt der Räte *(Sovety)* eigene revolutionäre Machtorgane geschaffen hatten. In Anbetracht dieser Errungenschaft der bürgerlich-demokratischen Februarrevolution mußte die von der Bourgeoisie und ihren *Lakaien,* den *kleinbürgerlichen* Parteien (Menschewiki und Sozialrevolutionäre), angestrebte bürgerliche Republik für Rußland objektiv einen Rückschritt bedeuten. Daraus ergab sich ein zweiter fundamentaler Sachverhalt: Mit seinen „Aprilthesen" bewirkte Lenin die Orientierung der bolschewistischen Partei auf den Kampf gegen die Provisorische Regierung, forderte er den Übergang zur „zweiten Etappe" der russischen Revolution. Deren innere Vernunft aber bestand darin, die Macht in die Hände des Proletariats und der armen Schichten der Bauernschaft zu legen. Statt der bürgerlichen Republik, in der die Macht der Bourgeoi-

sie gehörte, sollte eine „Republik der Arbeiter-, Landarbeiter- und Bauerndeputiertenräte" entstehen. Mit der Parole „Alle Macht den Räten" nahm die Partei folgerichtig Kurs auf die *sozialistische* Revolution.

2. Diese Neuorientierung leitete eine Phase ein, die in der sowjetischen Forschung als „Periode der friedlichen Entwicklung der Revolution" bezeichnet wird. In dieser Zeit erfolgte ein Aufschwung der revolutionären Bewegung, bei dem sich die Massen, von den Bolschewiki geleitet, gegen jenes Bündnis stellten, das nach dem Sturz der Monarchie zwischen der Provisorischen Regierung und dem „Block aller kleinbürgerlichen, opportunistischen, dem Einfluß der Bourgeoisie unterlegenen" Räteparteien geschlossen worden war. Dieser Aufschwung kulminierte in der sog. *Juli-Krise* (2. [15.] Juli – 24. Juli [6. August]): Die gewaltsame Unterdrückung der Massenbewegung durch die Regierung und das opportunistische Verhalten der in den „Sumpf der Konterrevolution" abgesunkenen Menschewiki und Sozialrevolutionäre brachte einen zeitweiligen Sieg der Bourgeoisie. Die Bourgeoisie vermochte dank diesem Erfolg die sog. Doppelherrschaft aufzuheben und die Räte in ein kraftloses Anhängsel der Provisorischen Regierung zu verwandeln. Damit entfiel die Möglichkeit des friedlichen Übergangs der Macht an das Proletariat.

3. Der Rückschlag, den die revolutionäre Massenbewegung in der Juli-Krise erlitt, zwang die Bolschewiki zur Änderung ihrer Taktik. Die Partei zog auf ihrem VI. Parteitag (26. Juli [8. August] bis 3. [16.] August 1917) die Losung „Alle Macht den Räten" zeitweilig zurück und konzentrierte sich auf die „Mobilisierung der revolutionären Kräfte für den bewaffneten Aufstand". Diese neue Phase war gekennzeichnet durch das Heranreifen einer gesamtnationalen Krise, in der es den Massen gelang, die Angriffe der Konterrevolution (Kornilov-Putsch) zu zerschlagen und die Manöver der Menschewiki und Sozialrevolutionäre zu entlarven. Die objektiven und subjektiven Bedingungen für den Sieg der sozialistischen Revolution waren nunmehr gegeben. Die Partei eroberte *(bolschewisierte)* die wichtigsten Räteorgane des Landes und schritt folgerichtig zur organisatorischen Vorbereitung des bewaffneten Aufstandes. Am 10. [23.] Oktober wurde der von Lenin schon im September entworfene Aufstandsplan vom ZK der Bolschewiki angenommen. Das Land stand vor dem Sturm.

4. Der bewaffnete Aufstand in Petrograd, „das klassische Muster für eine Verwirklichung der Leninschen Lehre über den Aufstand als Kunst" (Minc, a.a.O. t. 2, S. 1091), besiegelte zwischen dem 24. und 26. Oktober (6.–8. November) 1917 den Sieg der sozialistischen Revolution. Die Mehrheit des Volkes stand auf seiten der Bolschewiki. Die Diktatur der Bourgeoisie wurde zerschmettert. Die Diktatur des

Proletariats in Form der Räte der Arbeiter-, Soldaten- und Bauerndeputierten verabschiedete bereits am ersten Tag nach dem Sieg zwei grundlegende Dekrete der Sowjetmacht: das Dekret über den Frieden und das über den Boden. Diese Entscheidungen des II. Allrussischen Rätekongresses haben dem Aufstand einen gesamt-russischen Charakter gegeben und den Triumph der Revolution im ganzen Land beschleunigt. Damit begann das Zeitalter der sozialistischen Weltrevolution, die radikale Wende vom Kapitalismus zum Kommunismus.

5. Der O. folgte dann der „Triumphzug der Sowjetmacht" *(Triumfal'noe šestvie Sovetskoj vlasti)* im Winter 1917/18, die Errichtung der Sowjetmacht in den Zentren und in den Provinzen. Auf diesem Weg lagen die Niederwerfung der konterrevolutionären Verschwörung der Bourgeoisie und Gutsbesitzer (Kerenskij-Krasnov), der Sieg des bolschewistischen Aufstandes in Moskau (2. [15.] November 1917), der Übergang der Armee auf die Seite der Bolschewiki, Kämpfe und Siege der Sowjetmacht in der Ukraine, in Weißrußland und im Baltikum, im Kaukasus und Ural, in Mittelasien, Sibirien und im Fernen Osten.

6. Mit der Zerschlagung der alten Staatsmaschine, deren Höhepunkt die Auflösung der Konstituierenden Versammlung – die Liquidierung des bürgerlichen Parlamentarismus – bildete (6. [19.] Januar 1918), erfolgten die ersten Gesetzesakte der sozialistischen Revolution zur umfassenden Emanzipation der Werktätigen, zur sozialistischen Umgestaltung der Industrie, des Finanzwesens und der Landwirtschaft, zum Aufbau einer sozialistischen Kultur im Bildungswesen, in Kunst und Wissenschaft, zur Trennung der Kirche vom Staat. Im Kampf der Räteregierung um einen allgemeinen demokratischen Frieden wurde durch den Frieden von Brest-Litovsk eine Atempause gewonnen. Sie ermöglichte die weitere Konsolidierung der Sowjetrepublik. Mit der Verabschiedung der Verfassung der RSFSR durch den V. Allrussischen Rätekongreß am 10. Juli 1918 wurde die Periode der O. abgeschlossen. Es folgte die Periode der imperialistischen Intervention und des Bürgerkriegs (1918–20).

Den soeben umrissenen Bezugsrahmen, in den die eigentliche O. eingebettet ist, hat die sowjetische Geschichtswissenschaft mit einer nicht mehr überschaubaren Masse von Kollektivarbeiten und Monographien ausgefüllt. In einigen hundert Quellenbänden wurden Dokumente und Materialien über alle nur erdenklichen Bereiche der Entwicklung vorgelegt. Neben der Tätigkeit Lenins, der bolschewistischen Parteikomitees und den Vorgängen in den hauptstädtischen Zentren ist der Kampf um die Errichtung und Festigung der Sowjetmacht inzwischen auch für alle Unionsrepubliken, nationalen Gebiete und Verwaltungseinheiten der UdSSR dokumentiert worden. Hierbei haben die staatlichen Archive, das Institut für Marxismus-Leninismus beim ZK der KPdSU und die Akademie-Institute Moskaus, Leningrads und der Unionsrepubliken zusammengewirkt. Auch die Memoirenliteratur bis hin zu Erinnerungen von Arbeiterveteranen und abgefragten Erlebnisberichten noch lebender Augenzeugen wurde mit großem Nachdruck gefördert. Einen eigenen Forschungsbereich hat die Frage nach den internationalen Auswirkungen der O. hervorgebracht, die Untersuchung des Widerhalls der russischen Ereignisse in allen Ecken und Enden der Welt. Die Moskauer Fundamentalbibliothek für Gesellschaftswissenschaften erfaßt die Revolutionsliteratur seit 1957 in speziellen Jahresbibliographien. Im Zusammenhang mit den Vorbereitungen zum 50. Jahrestag wurde die Koordination aller gelehrten Anstrengungen einem „Wissenschaftlichen Rat zum Problemkomplex der Oktoberrevolution" *(Naučnyj Sovet po kompleksnoj probleme „Velikaja Oktjabŕskaja socialističeskaja revoljucija")* bei der Akademie der Wissenschaften der UdSSR übertragen. Keinem anderen geschichtlichen Ereignis unseres Jahrhunderts dürften ähnlich umfangreiche historiographische Bemühungen gewidmet worden sein.

Die Flut populärwissenschaftlicher Darstellungen und Beschreibungen, deren vornehmster Zweck es ist, die Geschichte der Revolution in die staatsbürgerliche Erziehung der sowjetischen Bevölkerung einzubringen, kann hier nur knapp charakterisiert werden. Für diese quantitativ überwiegende Kategorie der historischen Literatur stellt sich die O. als ein heroisches Zeitalter dar, als ein Wendepunkt der gesamten Menschheitsgeschichte. Die konservierte Erinnerung reflektiert seit den dreißiger Jahren indessen nicht mehr so sehr den internationalen Horizont, sondern vor allem die *vaterländischen* Bezüge der Ereignisse im Sinn des sowjetischen Patriotismus. Die in Massenauflagen verbreitete Literatur berücksichtigt den Traditionsbedarf ihrer jeweiligen Adressaten: So werden nicht nur der Kommunistischen Partei, der sowjetischen Armee und Flotte, den Gewerkschaften und anderen Massenorganisationen die heldenhaften Kämpfe und Opfer ihrer Vorgänger immer wieder vorgestellt; auch nahezu jede Stadt, jedes Verwaltungsgebiet, jede Republik der Sowjetunion, dazu die einzelnen Industriezweige, Berufsgruppen und Institutionen wurden mit Beschreibungen ihrer revolutionären Historie bedacht. Das geschieht im Stil von Betriebs-, Regiments- oder Heimatgeschichten, die allerdings wissenschaftlichen Kriterien nicht immer genügen.

Aber auch anspruchsvollere Untersuchungen, wie sie aus den historischen Zentralinstituten kommen, blieben für Außenstehende, die sich den Gefühlswerten des „Großen Oktober" nicht zu öffnen verstehen, merkwürdig unzugänglich. Das gilt auch für das monumentale Werk von Minc, das den sowjetischen Forschungsstand in imponierender Geschlossenheit zusammenfaßt und als ein klassisches Werk der konservativen Schule dieser Revolutionsgeschichtsschreibung gelten kann. Angesichts der vorgefertigten Maßstäbe, welche die Perspektiven und Urteile leiten, werden über die Vermittlung immer neuer Einzelheiten hinaus nur selten eigene Überlegungen der Historiker spürbar. Das mag erklären, weshalb sowjetische Darstellungen außerhalb der Sowjetunion zumeist nur dann Interesse wecken, wenn sie die offiziell gehütete Problemlosigkeit der russischen Revolutionsgeschichte zu durchbrechen scheinen. Wie gering indessen der Bewegungsraum für eine Revision oder doch Differenzierung des tradierten Geschichtskanons geblieben ist, hat 1956/57 die Maßregelung Burdžalovs gezeigt, der sich um eine kritische Überprüfung der Rolle I. V. STALINS und der bolschewistischen Taktik im Frühjahr 1917 bemühte. Zwar ist seither von einem *Doppelgestirn Lenin-Stalin* nicht mehr die Rede, doch bleibt der auf die Gestalt und Leistung Lenins zurückgenommene Heroenkult nach wie vor jeder rationalen Fragestellung entzogen. In der Masse der Jubiläumsliteratur, die dem 100. Geburtstag Lenins gewidmet wurde, scheint die O. im Werk des „genialen Führers und Lehrers“ fast vollkommen aufzugehen.

Auch steht für die wichtigsten der von Stalin verfemten Mitarbeiter Lenins eine Rehabilitierung noch aus. Das gilt namentlich für L. D. Trockij, G. E. Zinov'ev, L. B. Kamenev und N. I. BUCHARIN, deren Rolle in der Revolutionsgeschichte keine Neubewertung erfahren hat. Gleichwohl sind in jüngeren Darstellungen die Urteile gelassener geworden (vgl. Istorija KPSS, 1967). Mit dem Vorwurf der Parteifeindlichkeit und des Verrats wird behutsamer umgegangen und statt dessen von „prinzipiellen Fehlern“, „Streikbrechertum“, „halbmenschewistischen Positionen“ oder (im Blick auf die Opposition der Linken Kommunisten gegen Brest-Litovsk) von „Abenteurertum“ und „Dogmatismus“ gesprochen. Die tatsächliche Bedeutung dieser Männer und ihr Anteil an den Erfolgen der Partei, so z.B. Trockijs Leitungsfunktion beim Oktoberaufstand und beim Aufbau der Roten Armee, werden verschwiegen. Aber auch die Frage, wieso diese zweifelhaften Genossen als führende Bolschewiki ihren desorganisierenden Einfluß ausüben konnten, ohne das Vertrauen Lenins zu verlieren, wird nicht gestellt.

Ähnlich undifferenziert ist die Einschätzung der Menschewiki und der Sozialrevolutionäre, obschon über diese als „kleinbürgerlich“ bezeichneten Parteien neuerdings einige monographische Untersuchungen erschienen sind (K. V. GUSEV, 1963, 1966; V. V. KOMIN, 1965; N. V. RUBAN, 1968). Ob das gewachsene Interesse für diese sog. Feinde der Revolution andere Beweggründe hat als die, Lehrstücke über das unvermeidliche Scheitern von Verrätern und Bankrotteuren vorzustellen, ist schwer zu erkennen. Noch immer dominiert platteste Polemik (P. I. SOBOLEVA, 1968). Vollends bei der Behandlung der Kadettenpartei, der „führenden Kraft des konterrevolutionären Lagers“, kann von einer Tendenz zur Versachlichung keine Rede sein. Monographische Arbeiten über die Liberalen sind bisher nicht veröffentlicht worden. Versuche, die Orientierung der politischen Parteien durch soziologische Analysen zu fundieren, ermangeln eines zulänglichen methodologischen Niveaus (L. M. SPIRIN, 1968).

Ergiebiger sind Untersuchungen, deren spezielle Thematik dazu beiträgt, der Forschung neue Materialien und Einsichten zu vermitteln. Dazu gehören die in letzter Zeit erschienenen Arbeiten zur Außenpolitik der Provisorischen Regierung. Sie sind zumal wegen der Auswertung unveröffentlichter Archivalien von einigem Interesse (A. E. IOFFE, 1958; A. V. IGNAT'EV, 1966; V. V. LEBEDEV, 1967). Der internationale Standard diplomatiegeschichtlicher Studien wird indessen schon wegen der weitgehend fehlenden Quellenkritik nicht erreicht. Es versteht sich, daß in allen diesen Schriften die verstärkte Abhängigkeit Rußlands vom imperialistischen Block der Entente hervortritt. Die Einwirkung der alliierten Diplomatie auf die Provisorische Regierung wird als „Vorgeschichte der Intervention" (V. S. VASJUKOV, 1968) begriffen; das Bündnis der Alliierten mit der innerrussischen Konterrevolution (O. F. SOLOV'EV, 1968) ergab sich daraus.

Zur Wirtschaftspolitik der Provisorischen Regierung und zur Konfrontation von Arbeit und Kapital zwischen Februar und Oktober 1917 hat P. V. VOLOBUEV (1962; 1964) zwei Untersuchungen vorgelegt, welche die Dimensionen der ökonomischen Krise und ihre sozialen und politischen Implikationen eindrucksvoll belegen. Auch die Agrarpolitik der Kabinette L'vov und Kerenskij hat verstärkte Beachtung gefunden (N. K. FIGUROVSKAJA, 1968), wobei das von den Bolschewiki gefestigte Bündnis zwischen der Arbeiterklasse und der armen Bauernschaft stets als das allein konsequente Kontrastprogramm erscheint (P. N. SOBOLEV, 1958). Einige Aufmerksamkeit verdienen die Anstrengungen, die in jüngster Zeit der Entwicklung der Räte zugewendet werden. Hier mag sich andeuten, daß die Rätebewegung nicht mehr allein unter dem Aspekt der bolschewistischen Parteigeschichte (B. M. MOROZOV, 1966) interessiert, sondern nun auch als ein regional und soziologisch zu differenzierendes Sonderproblem im revolutionären Prozeß erscheint (A. M. ANDREEV, 1967; O. N. MOISEEVA, 1967; G. I. ZLOKAZOV, 1969).

In bisweilen breitangelegten Darstellungen ist über die Etappen und Wendepunkte des Revolutionsverlaufs immer wieder berichtet worden. Doch haben selbst neuere Arbeiten, etwa über die Juli-Krise (O. N. ZNAMENSKIJ, 1964) oder den Kornilov-Putsch (N. JA. IVANOV, 1965), die tradierten Bewertungsmuster keiner tiefergehenden Prüfung unterzogen. Das gilt auch für solche Studien, die unter breiter Heranziehung archivalischer Quellen den Übergang der Armee auf die Seite der Bolschewiki (P. A. GOLUB, 1967), den revolutionären Kampf der Roten Garden und der Arbeitermilizen (V. I. STARCEV, 1965; G. A. CYPKIN, 1967) oder die Tätigkeit der Fabrikkomitees (A. G. EGOROVA, 1960) beschreiben. Ein bevorzugter Rang kommt verständlicherweise den Veröffentlichungen zu, die sich unmittelbar den Oktoberereignissen widmen. Neben der eingehenden Würdigung der Aufstände in

Petrograd und Moskau, über die eine Fülle von Kollektivwerken und Dokumentationen vorliegt, wird das Revolutionsgeschehen mit zunehmender Intensität auch auf regionaler und lokaler Ebene verfolgt.

Freilich hat das Bemühen, über eine bloß illustrierende Verwendung des Materials hinauszukommen, noch nicht dazu geführt, soziale Bewegungen, ihre Organisationsformen und Attitüden mit modernen Methoden der empirischen Sozialwissenschaften anzugehen. Sozialpsychologische oder gruppensoziologische Analysen fehlen. In der Regel verharren die sowjetischen Studien auf dem Niveau unkritischer, faktographischer Bestandsaufnahmen, die in den vorgegebenen ideologischen Bezugsrahmen eingefügt werden. Der gewaltige Aufwand, mit dem die Erforschung von Massenaktionen, sozialen Unruhen und Bewußtseinslagen betrieben wird, bringt Ergebnisse zutage, deren eindimensionale Perspektiven den außenstehenden Betrachter durch ihre Problemlosigkeit immer wieder in Erstaunen setzen.

Zur Ausbreitung der bolschewistischen Herrschaft und zur Phase der Konsolidierung nach dem Friedensvertrag von Brest-Litovsk wird von dem noch ausstehenden dritten Band der großen Revolutionsgeschichte von Minc eine ebenso ausführliche wie repräsentative Darstellung zu erwarten sein. Als Standardwerk über die Geburt des Sowjetstaates kann bisher eine Arbeit von E. N. GORODECKIJ (1965) gelten, der die Entstehung der neuen staatlichen Institutionen bis zum III. Allrussischen Rätekongreß (Januar 1918) beschreibt. Eine materialreiche Studie über Aufbau und Funktionsweise des zentralen Staatsapparats (Rat der Volkskommissare und Volkskommissariate) im Winter 1917/18 hat M. P. IROŠNIKOV (1966) vorgelegt. S. M. KLJACKIN (1965) behandelt die Organisation der Roten Armee von der Gründung bis zum Ende des Bürgerkrieges, P. G. SOFINOV (1960) die Tätigkeit der Čeka. Auch zur Industriepolitik (A. V. VENEDIKTOV, 1957), zur Agrarrevolution (G. V. ŠARAPOV, 1961) und zu den ersten Maßnahmen im Bereich von Volksbildung und Kultur sind Abhandlungen und Dokumentationen erschienen, doch haben solche Themen im letzten Jahrzehnt nicht im Vordergrund der Forschung gestanden. Die Fülle regionalgeschichtlicher Arbeiten, die sich auf die Territorien der späteren Unionsrepubliken und autonomen Gebiete beziehen, verlangt nach einer zusammenfassenden Analyse der Nationalitätenfrage in der Phase der Oktoberrevolution. Vielleicht darf man sagen, daß die Untersuchung dieser Problemkomplexe bislang von dem starken Interesse überlagert wurde, das die Militärgeschichte des Bürgerkrieges von jeher in der sowjetischen Historiographie gefunden hat.

### *D. Kritischer Vergleich*

Ein Vergleich sowjetischer und nichtkommunistischer Interpretationen offenbart hinsichtlich der allgemeinen Maßstäbe und Urteile so grundsätzliche Differenzen, daß ein Konsensus selbst in Teilfragen kaum erwartet werden kann. Die Beobachtung, daß die O. hier wie dort als weltgeschichtlicher Wendepunkt gewürdigt wird, dessen Wirkungen das 20. Jahrh. noch immer prägen, darf auf kein substantielles Einvernehmen schließen lassen. Die in wechselseitiger Polemik geschärften Kontroversen beruhen auf dem fundamentalen Gegensatz der geschichtstheoretischen Positionen und verbinden sich stets sehr unmittelbar mit der Frage nach der „Aktualität der Revolution" (G. LUKÁCS) in der gegenwärtigen Welt. Insofern können die tiefgehenden Meinungsunterschiede in bezug auf die O. durch fachspezifische Auseinandersetzungen der Historiker nicht entschieden werden.

Für die sowjetische Forschung, die zu entschlossener Abwehr und Entlarvung „bourgeoiser Falsifikationen" aufgerufen ist, steht nicht nur die Geschichte der UdSSR, sondern die Menschheitsgeschichte im Ganzen im Licht des historischen Sieges der Bolschewiki: „In allen Revolutionen der Vergangenheit hatte eine Ausbeuterformation die andere abgelöst, war die Herrschaft der einen Ausbeuterklasse durch die der anderen ersetzt worden. Die herausragende Bedeutung der Oktoberrevolution besteht darin, daß sie erstmalig in der Geschichte der Menschheit alle Ausbeuter ihrer Macht beraubte, die Klassen der Unterdrückten und Ausgebeuteten zur herrschenden Klasse machte und die Diktatur des Proletariats errichtete. Sie schloß die Werktätigen unter der Führung des Proletariats und seiner Partei zusammen und begründete das feste Bündnis der Arbeiter und Bauern, die Grundlage der Diktatur des Proletariats" (Geschichte der Sowjetunion 1917–1957, 2. Aufl. Bln[-Ost] 1961, S. 154f.). In diesem Sinn wird der Triumph der Ideen der O. in der Macht und Größe der Sowjetunion, in den Errungenschaften der sozialistischen Wissenschaft und Technik oder in der Entstehung eines sozialistischen Weltsystems ebenso abgebildet gesehen wie in den fortgehenden Krisen des Imperialismus, in den nationalen und antikolonialen Befreiungsbewegungen der Völker Asiens, Afrikas und Lateinamerikas und im Kampf aller fortschrittlichen Kräfte um Frieden und friedliche Koexistenz.

Im Blick auf die universale Durchsetzung des Sozialismus und Kommunismus wird davon ausgegangen, daß die „Gesetzmäßigkeiten" der O. trotz aller „Eigenarten ... die durch die historischen Bedingungen Rußlands verursacht waren ... internationalen Charakter" tragen. „Der Weg der sozialistischen Oktoberrevolution ist der Weg zum Sozialismus, den die Proletarier aller Länder gehen und gehen werden" (ebd. S. 156). „Die Völker der Welt sind davon überzeugt, daß die Große Sozialistische Oktoberrevolution der Menschheit einen Ausweg aus der imperialistischen Sklaverei gewiesen hat, den Weg zum Frieden, zu Demokratie und Sozialismus" (Istorija SSSR, ser. 2, t. 7, M. 1967, S. 12). „Die Erfahrung der Oktoberrevolution bewies, daß die Völker zum Sozialismus nur gelangen können als Resultat der sozialistischen Revolution und der Errichtung der Diktatur des Proletariats unter Führung der Kommunistischen Partei" (Sovetskaja istoričeskaja enciklopedija, t. 3, M. 1963, Sp. 58). Diese Interpretationen, die sich stets auf Lenin-Zitate beziehen, beanspruchen axiomatischen Rang und bleiben insoweit vor jeder kritischen Zudringlichkeit geschützt. Die Räson der regierenden Partei ist mit solcher parteilichen Wahrheit fest zusammengewachsen.

Im Meinungsspektrum der bürgerlichen Welt herrschte nach 1917 lange Zeit die Ansicht vor, die O. sei wesentlich als ein innerrussisches Ereignis zu betrachten. Der Sieg der Bolschewiki wurde aus den besonderen Bedingungen und Problemen Rußlands erklärt oder aber für ein tragisches Verhängnis der Geschichte gehalten, das sich einer rationalen Begründung entziehe. Sozialdemokratische Stimmen, die sich auf die marxistische Theorie beriefen (K. KAUTSKY), haben auf das Unzeitgemäße dieser Revolution verwiesen, auf ihren Widerspruch zu den Gesetzen historischer Notwendigkeit. Demgemäß galten Terror und Unterdrückung als natürliche Konsequenz einer Entwicklung, die von der bolschewistischen Minderheit gegen alle geschichtliche Logik erzwungen worden sei. Erst unter dem Eindruck des 2. Weltkrieges und seiner Folgen hat sich im Westen der Blick für die internationalen Dimensionen der O. geschärft. Jetzt ließ der machtpolitische und ideologische Gegensatz zwischen Sowjetsystem und demokratischer Gesellschaft die Epochenbedeutung des Jahres 1917 auch im konservativen Urteil hervortreten. Der Umschlag zu einer bipolaren Weltkonstellation, deren Ordnungsmodelle durch Moskau und Washington repräsentiert werden, schien zu den universalen Wirkungen der O. zu gehören. Bei alledem hat der Antikommunismus des kalten Krieges rigorosen Abwehrideologien Raum gegeben, welche die Bilanzen des „Roten Oktober“ im totalitären System der Stalinära erblickten. In merkwürdigem Widerspruch zu der vom Historismus geprägten Geschichtsauffassung wurde zumeist eine zwangsläufige Kontinuität von Lenins Anfängen bis hin zu Stalins Perversionen unterstellt.

Als sich nach dem offensichtlichen Zusammenbruch der alten Kolonialherrschaft seit den fünfziger Jahren die Emanzipation der sog. *Dritten Welt* in revolutionären Prozessen Bahn brach, rückte die O. in einen abermals veränderten Problemhorizont. Nun geriet die Einschätzung des russischen Umbruchs unter den Einfluß sozialwissenschaftlicher Entwicklungs- und Systemtheorien, die bis zur Gegenwart Grundlage für die empirische Erforschung von Transformationsvorgängen in asiatischen, afrikanischen und lateinamerikanischen Ländern geblieben sind. Dementsprechend wurde die O. jetzt in Zusammenhang mit dem Revolutionsproblem in rückständigen Gebieten gesehen und aus den Bedingungen sozialökonomischer Unterentwicklung erklärt, denen der von Westeuropa ausgegangene globale Modernisierungsprozeß in traditionalen Gesellschaften unterliege. In der O. schien mithin eine neue Kategorie moderner Revolutionen angelegt, ein Typus technisch-industrieller Umwälzungen, der seine wichtigsten Anstöße zwar von den demokratischen Revolutionen der europäischatlantischen Welt empfangen hat, aufgrund besonderer Traditionen und struktureller Gegebenheiten aber seine eigenen Methoden und Lösungen entwickelt. Der wirtschaftswissenschaftliche Befund sieht die O. im Kontext nachholender Industrialisierungsprozesse, deren politische, sozialökonomische und naturgeographische Determinanten in konkreter Analyse jeweils zu ermitteln sind (H. RAUPACH, 1962). Unter dem Eindruck solch weitgespannter Bezugssysteme sind die Modelle der älteren Revolutionssoziologie, die den Ablauf der O. mit der Typologie der *klassischen* Revolutionen des 17. und 18. Jahrh. in Einklang brachten (C. C. BRINTON, 1938), in jüngster Zeit zurückgetreten. An ihrer Stelle ist eine Revolutionskomparatistik aufgekommen, deren Forschungsinteresse sich auf die Phänomene richtet, die den Zusammenprall von Modernität und Rückständigkeit zur Signatur unserer Epoche haben werden lassen.

Im Blick auf Rußland können solche Annahmen darauf verweisen, daß schon Lenins Revolutionstheorie diese dialektische Verknüpfung reflektierte und ihr in der revolutionären Strategie und Taktik der bolschewistischen Partei Genüge tat. Auch für die Bolschewiki stand die O. bekanntlich nicht allein im Horizont proletarischer Emanzipation; sie interpretierten ihre Revolution zugleich als Modell für die Befreiung der kolonialen und halbkolonialen Ausbeutungszonen des Imperialismus und insoweit als *Weltrevolution* im buchstäblichen Sinn. Tatsächlich haben die Voraussetzungen der O. seit 1917 in weiten Teilen der Welt manche Entsprechung gefunden. Einschneidende Strukturkrisen, die sich aus dem Aufeinandertreffen moderner kapitalistischer Beziehungen und traditioneller, wesentlich agrarisch bedingter Verhältnisse ergeben, bestimmen die Problemsituation vieler gegenwärtiger Entwicklungsländer. Wie seinerzeit in Rußland wird der Eintritt in die Moderne hier durch externe Anstöße provoziert und durch elitäre Kleingruppen vollzogen; wo diese Minderheiten die alten Herrschaftsschichten ausschalten, unterwerfen sie die Bevölkerungen ihrer Länder in der Regel rigiden Erziehungsdiktaturen und steuern die Modernisierung nach programmierten Zukunftsentwürfen wesentlich von oben her. Ausnahmen, wie Indien seit 1947, scheinen diese Regel nicht grundsätzlich zu widerlegen. Die Variablen werden aus der besonderen Verbindung erklärt, die Tradition und Moderne jeweils eingehen.

Auf der Grundlage solcher Hypothesen wurden zur Deutung der O. modifizierte Erklärungsmuster angeboten, die im einzelnen auf durchaus unterschiedlichen Deduktionen beruhen. So hat B. MOORE (1966) den Weg Rußlands (wie den Chinas) historisch auf die mangelnde Anpassungsfähigkeit der traditionellen Herrschaftsschichten an die Bedingungen der kommerzialisierten Landwirtschaft zurückgeführt, auf die Überwindung alter Agrarbürokratien und ihrer hemmenden Kräfte durch bäuerliche Revolutionen unter Führung kommunistischer Eliten. K. A. WITTFOGEL (1957) griff ältere marxistische Theoreme auf und rechnete Rußland dem Typus orientalisch-despotischer („hydraulischer“) Gesellschaften zu, in denen autokratisch-bürokratische Herrschaftsstrukturen den sozialen und ökonomischen Wandel überdauern. Anhänger der Konvergenztheorie begreifen die O. und ihre Folgen als eine Sonderform universaler Weltveränderung, die ungeachtet ihrer *totalitären* Züge die allgemeine Bewegungsrichtung der modernen Industriegesellschaft teile. In diesem Sinn ordnet C. E. Black (1966) das Problem von Revolution und Entwicklung in Rußland einem Trend globaler Modernisierung zu, in den alle Länder der Erde einbezogen seien; wie in der Stadientheorie des wirtschaftlichen Wachstums (Rostow) wird auch hier als Ziel dieses Prozesses eine hochindustrialisierte Wohlstandsgesellschaft angenommen, deren internationale Interdependenz die Unterschiede zwischen Kapitalismus und Kommunismus zum Verschwinden bringen werde. Diese Erwartungen sind nicht neu. Schon in den zwanziger Jahren hatten sozialdemokratische Kommentatoren, wie O. Bauer, vom industriellen Fortschritt in Rußland eine zunehmende Demokratisierung der bolschewistischen Diktatur erhofft (W. Strzelewicz, 1956).

Eine kritische Prüfung der Deutungen, welche die O. in solchen komparatistischen Ansätzen erfährt, wird die ideologischen Implikationen der Modernisierungstheorien nicht übersehen dürfen. Die Normen der in die Geschichte hineinverlegten Teleologie werden – namentlich in der amerikanischen Forschung – nicht selten von vulgarisierten Idealbildern der westlichen Industriegesellschaft abgezogen. Andererseits aber sind selbst in der neomarxistischen Kritik, soweit sie nicht sowjetischen Auslegungen folgt oder stalinistische mit maoistischen Theoremen zu vermitteln sucht, merkwürdige Varianten der Konvergenzthesen vorgelegt worden. So kommen bei H. Marcuse u. a. „Spätkapitalismus“ und „Sowjetbürokratismus“ in der repressiven Gesellschaft des „eindimensionalen Menschen“ überein.

Bei der Präzisierung der Fragestellungen ergibt sich jedoch, daß der Erkenntniswert solcher weitgreifenden Theorien für die Analyse der O. nicht groß sein kann. Die historische Bewertung wird sich immer wieder von allgemeinen Bezugssystemen auf die konkreten Probleme der russischen Revolutionsgeschichte zurückverwiesen sehen. So bleibt die Aufgabe, für die offensichtliche Reduktion des emanzipatorischen Gehalts, welcher der bolschewistischen Revolution nicht abzusprechen ist, plausible Erklärungen zu finden. Zweifellos wird es dem Faktor der Rückständigkeit zuzurechnen sein, daß der dialektische Kern der Marxschen Theorie in Rußland in einer wesentlich instrumental-funktionalistischen Entwicklungsideologie aufgegangen ist. Die vom Interesse der Machtsicherung diktierte Zielsetzung, die fortgeschrittenen kapitalistischen Länder einzuholen und zu überholen, engte die revolutionäre Transformation zunehmend auf Organisations- und Steuerungsprobleme der Produktionssphäre ein. Das aus der Zarenzeit überkommene Kaderprinzip der bolschewistischen

Avantgarde substituierte das Klassenbewußtsein eines Proletariats, dessen sog. *Diktatur* im bürokratischen Befehlssystem der Partei aufgehoben blieb. Aus der voluntaristischen Antizipation der sozialistischen Revolution in einem Agrarland erwuchs für die herrschenden Gruppen ein permanenter Legitimationszwang, der ihren ohnedies geringen politischen Handlungsspielraum zusätzlich einengte und die Theorie zur bloßen Rechtfertigungslehre gerinnen ließ. Die gefährdete und isolierte Lage der Sowjetrepublik, vollends das Ausbleiben der internationalen Revolution verstärkten die an Selbsterhaltung und Selbstbestätigung orientierten Tendenzen des bolschewistischen Herrschaftsapparats.

Andererseits ist in Rechnung zu stellen, daß nach 1917 weder in noch außerhalb Rußlands politische Modelle sichtbar wurden, die denen, die sich der sozialistischen Revolution verschrieben hatten, praktikable Alternativen angeboten hätten. Die parlamentarischen Systeme, die kraft der Versailler Friedensordnung im östlichen Mitteleuropa etabliert worden waren, entwickelten für die sozialen Probleme des agrarischen Ostens keine überzeugenden Lösungen und schlugen überdies binnen weniger Jahre in autoritäre Minderheitsdiktaturen um. Auch im Milieu des außersowjetischen Kommunismus kamen nach 1918 keine Kräfte auf, die fähig gewesen wären, den bolschewistischen Weg *zum Sozialismus* in andere Bahnen umzulenken. Der affirmative Zug der sowjetischen Praxis wurde infolge des starken Anlehnungsbedürfnisses der kommunistischen Bruderparteien nicht abgebaut, sondern potenziert.

Unter den veränderten Bedingungen der Gegenwart stehen die Erben der O. vor dem Problem, im Rahmen des sozialistischen Staatensystems und des internationalen Kommunismus eine Balance zwischen Solidarität und Emanzipation zu finden. Wie das chinesische und das jugoslawische Beispiel zeigen, hat der Weg, den die Sowjetunion gegangen ist, im Fortgang der Geschichte seinen Modellcharakter nicht bewahren können.

*Zu A. und B.*
W. H. **Chamberlin:** The Russian Revolution, 1917–1921. Vol. 1. 2. N. Y. 1935. Dt. Ausg.: Die russ. Revolution 1917–1921. Bd 1. 2. Frankfurt/M. 1958. – E. H. **Carr:** The Bolshevik Revolution, 1917–1923. Vol. 1–3. N. Y., Ldn 1950–53. – O. H. **Radkey:** The Elections to the Russian Constiuent Assembly of 1917. Cambridge (Mass.) 1950. – R. **Pipes:** The Formation of the Soviet Union. Communism and nationalism, 1917–1923. Cambridge (Mass.) 1954. Rev. ed. 1964. – R. D. **Warth:** The Allies and the Russian Revolution. Durham (N. C.) 1954. – G. v. **Rauch:** Geschichte des bolschewistischen Rußland. Wiesbaden 1955. – L. B. **Schapiro:** The Origin of the Communist Autorcracy. Political opposition in the Soviet state, first phase, 1917–1922. Ldn, Cambridge (Mass.) 1955. – G. F. **Kennan:** Soviet American Relations, 1917 to 1920. Vol. 1. 2. Princeton (N. J.) 1956–58. Dt. Ausg.: **Ders.:** Amerika u. die Sowjetmacht. Bd 1. 2. Stuttgart [1960]. û W. **Hahlweg:** Lenins Rückkehr nach Rußland 1917. Leiden 1957. – O. **Anweiler:** Die Rätebewegung in Rußland 1905–1921. Leiden 1958. – O. H. **Radkey:** The Agrarian Foes of Bolshevism. N. Y. 1958. – R. V. **Daniels:** The Conscience of the Revolution. Cambridge (Mass.) 1960. Dt. Ausg.: **Ders.:** Das Gewissen der Revolution. Köln, Bln 1962. – L. **Schapiro:** The Communist Party of the Soviet Union. Ldn, N. Y. 1960. Dt. Ausg.: **Ders.:** Die Geschichte der Kommunist. Partei der Sowjetunion. Frankfurt/M. 1961. – The **Transformation** of Russian Society. Aspects of social change since 1861. Ed.: C. E. Black, Cambridge (Mass.) 1960. – The Russian Provisional **Government,** 1917. Documents. Ed.: R. P. Browder, A. F. Kerensky. Vol. 1–3. Stanford (Calif.) 1961. – R. H. **Ullman:** Anglo-Soviet Relations, 1917–1921. Vol. 1. 2. Princeton (N. J.) 1961–68. – A. **Gerschenkron:** Economic Backwardness in Historical Perspective. Cambridge (Mass.) 1962. – J. **Walkin:** The Rise of Democracy in Pre-Revolutionary Russia. N. Y. 1962. – O. H. **Radkey:** The Sickle under the Hammer. The Russian Socialist Revolutionaries in the early months of Soviet rule. N. Y. 1963. – L. **Haimson:** The Problem of Social Stability in Urban Russia, 1905–1917. In: Slav. Rev. 23 (1964) 4, S. 619–642; 24 (1965) 1, S. 1–22. – Th. H. v. **Laue:** Why Lenin? Why Stalin? A reappraisal of the Russian Revolution, 1900–1930. Philadelphia 1964. – G. L. **Yaney:** Some Aspects of Imperial Russian Government on the Eve of the First World War. In: Slav. East Eur. Rev., vol. 43, no. 100 (1964) Dez., S. 68–90. – A. **Gerschenkron:** Agrarian Policies and Industrialization, Russia 1861–1917. In: The Cambridge Economic History of Europe. Vol. 6. Eds.: H. J. Habakkuk, M. Postan. Cambridge 1965. S. 706–800. – Th. H. v. **Laue:** The Chances for Liberal Constitutionalism. In: Slav. Rev. 24 (1965) 1, S. 34–46. – R. **Lorenz:** Anfänge der bolschewistischen Industriepolitik. Köln 1965. – R. **Portal:** The Industrialization of Russia. In: The Cambridge Economic History of Europe, Vol. 6. Eds.: H. J. Habakkuk, M. Postan. Cambridge 1965. S. 801–872. – G. **Ritter:** Das Kommunemodell u. die Begründung der Roten Armee im Jahre 1918. Bln, Wiesbaden 1965. – Imperial **Russia** after 1861. Peaceful modernization or revolution? Ed.: A. E. Adams. Boston 1965. – M. **Szeftel:** The Representatives and Their Powers in the Russian Legislative Chambers (1906–1917). In: Liber memorialis Sir Maurice Powicke. Louvain, Paris 1965. S. 219–257. – A. **Ulam:** The Bolsheviks. N. Y. 1965. Dt. Ausg.: **Ders.:** Die Bolschewiki. Köln, Bln 1967. – G. L. **Yaney:** Law, Society, and the Domestic Regime in Russsia, in Historical Perspective. In: Amer. Polit. Sci. Rev. 59 (1965) 2, S. 379–390. – B. **Elkin:** Attempts to Revive Freemasonry in Russia. In: Slav. East Eur. Rev., vol. 44, no. 103 (1966) July, S. 454–472. – L. **Kochan:** Russia in Revolution 1890–1918. Ldn 1966. – R. **Lorenz:** Zur Industriepolitik der Provisorischen Regierung. In: Jb. Gesch. Osteuropa,

N. F. 14 (1966) 3, S. 367–387. – J. **Nötzold:** Wirtschaftspolit. Alternativen der Entwicklung Rußlands in der Ära Witte u. Stolypin. Bln 1966. – **Ders.:** Agrarfrage u. Industrialisierung in Rußland am Vorabend des Ersten Weltkrieges. In: Saeculum 17 (1966), S. 170–192. – D. S. **Anin:** The February Revolution. Was the collaps inevitable? In: Sov. Stud. 18 (1967) 4, S. 435–457. – **Arbeiterdemokratie** oder Parteidiktatur. Hrsg.: F. Kool, E. Oberländer. [Übers.] Olten, Freiburg/Br. 1967. – J. **Bunyan:** The Origin of Forced Labor in the Soviet State, 1917 to 1921. Documents and materials. Baltimore, Stanford (Calif.) 1967. – R. V. **Daniels:** Red October. The Bolshevik Revolution of 1917. N. Y. 1967. – I. **Deutscher:** The Unfinished Revolution. Russia, 1917–1967. N. Y. 1967. Dt. Ausg.: **Ders.:** Die unvollendete Revolution 1917–1967. Frankfurt/M. 1967. – M. **Ferro:** La chute du tsarisme et les orgines d'octobre. Paris 1967. (Ferro: La révolution de 1917. T. 1.) – G. **Katkov:** Russia 1917. The February revolution. Ldn, N. Y. 1967. – W. [Z.] **Laqueur:** The Fate of the Revolution. Ldn, N. Y. 1967. Dt. Ausg.: **Ders.:** Mythos der Revolution. Frankfurt/M. 1967. – R. **Lorenz:** Wirtschaftspolit. Alternativen der Sowjetmacht im Frühjahr u. Sommer 1918. In: Jb. Gesch. Osteuropa, N. F. 15 (1967) 2, 209–236. – G. **Wettig:** Die Rolle der russ. Armee im revolutionären Machtkampf 1917. In: Forsch. osteur. Gesch. 12 (1967), S. 46–389. – J. **Erickson:** The Origins of the Red Army. In: Revolutionary Russia. Ed.: R. Pipes. Cambridge (Mass.) 1968. – D. **Geyer:** Die Russ. Revolution. Hist. Probleme u. Perspektiven. Stuttgart, Bln, Köln, Mainz 1968. – F. I. **Kaplan:** Bolshevik Ideology and the Ethics of Soviet Labor. 1917–1920, the formative years. N. Y. 1968. – A. **Rabinowitch:** Prelude to Revolution. The Petrograd Bolsheviks and the July 1917 uprising. Bloomington (Ind.) 1968. – W. G. **Rosenberg:** Russian Liberals and the Bolshevik Coup. In: J. Mod. Hist. 40 (1968) 3, S. 328–347. – N. **Smith:** The Role of Russian Freemasonry in the February Revolution. Another scrap of evidence. In: Slav. Rev. 27 (1968) 4, S. 604–608. – J. D. **White:** The Kornilov Affair. A study in counter-revolution. In: Sov. Stud. 20 (1968) 2, S. 187–205. – W. **Pietsch:** Revolution u. Staat. Institutionen als Träger der Macht in Sowjetrußland 1917–1922. Köln 1969. – Th. **Riha:** A Russian European. Paul Miliukov in Russian politics. Notre Dame 1969. – W. G. **Rosenberg:** The Russian Municipal Duma Elections of 1917. A preliminary computation of returns. In: Sov. Stud. 21 (1969) 2, S. 131–163. – **Russia** under the Last Tsar. Ed.: Th. G. Stavrou. Minneapolis 1969. – R. A. **Wade:** The Russian Search for Peace, February-October 1917. Stanford (Calif.) 1969. – H. **Asher:** Kornilov Affair. A reinterpretation. In: Russ. Rev. 29 (1970) July, S. 286–300. – Rußlands **Aufbruch** ins 20. Jahrh. Politik, Gesellschaft, Kultur. 1894–1917. Hrsg.: G. Katkov [u. a.] Olten, Freiburg/Br. 1970. – F. **Döring:** Organisationsprobleme der russ. Wirtschaft in Revolution u. Bürgerkrieg ⟨1918–1920⟩. Hannover 1970. – A. **Wildman:** The February Revolution in the Russian Army. In: Sov. Stud. 22 (1970) 1, S. 3–23. – R. **Wittram:** Studien zum Selbstverständnis des 1. u. 2. Kabinetts der russ. Provisorischen Regierung. ⟨März bis Juli⟩ Göttingen 1971.

*Zu* C. I.

**Bol'ševiki** v gody imperialističeskoj vojny. 1914 – fevral' 1917 g. Sbornik dokumentov mestnych bol'ševistskich organizacij. L. 1939. [Die Bolschewiki in den Jahren des imperialistischen Krieges.] – E. D. **Čermenskij:** Buržuazija i carizm v revoljucii 1905–1907 gg. M. 1939. 2. izd. 1970. [Bourgeoisie u. Zarismus in der Revolution von 1905–1907.] – A. P. **Pogrebinskij:** K istorii sojuzov zemstv i gorodov v gody imperialističeskoj vojny. In: Ist. zapiski, t. 12 (1941), S. 39–60. [Zur Geschichte der Zemstvo- u. Städte-Unionen in den Jahren des imperialistischen Krieges.] – **Ders.:** Voenno-promyšlennye komitety. Ebd. t. 11 (1941), S. 160–200. [Die Kriegsindustriekomitees.] – I. F. **Gindin:** Russkie kommerčeskie banki. Iz istorii finansovogo kapitala v Rossii. M. 1948. [Russ. Handelsbanken. Aus der Geschichte des Finanzkapitals in Rußland.] – S. G. **Kapšukov:** Boŕba bol'ševitstskoj partii za armiju v period Pervoj Mirovoj vojny. ⟨1914 g. – mart 1917 g.⟩ M. 1957. [Der Kampf der bolschewistischen Partei um die Armee in der Periode des 1. Weltkrieges, 1914 – März 1917.] – A. G. **Rašin:** Formirovanie rabočego klassa Rossii. M. 1958. [Die Herausbildung der Arbeiterklasse Rußlands.] – K. N. **Tarnovskij:** Formirovanie gosudarstvenno-monopolističeskogo kapitalizma v Rossii v gody Pervoj Mirovoj vojny. M. 1958. [Die ral'skaja buržuazno-demokratičeskaja revoljucija 1917 g. v Rossii. M. 1959. [Die Herausbildung des staatsmonopolistischen Kapitals in Rußland in den Jahren des 1. Weltkrieges.] – V. I. **Bovykin,** I. F. **Gindin,** K. N. **Tarnovskij:** Gosudarstvenno-monopolističeskij kapitalizm v Rossii. In: Istorija SSSR 3 (1959) 3 (1959) 3, S. 83–117. [Der staatsmonopolistische Kapitalismus in Rußland.] – E. D. **Čermenskij:** Fevral'skaja buržuaznodemokratičeskaja revoljucija 1917 g. v Rossii. M. 1959. [Die bürgerlich-demokratische Februarrevolution 1917 in Rußland.] – A. P. **Pogrebinskij:** Gosudarstvenno-monopolističeskij kapitalizm v Rossii. M. 1959. [Der staatsmonopolistische Kapitalismus in Rußland.] – A. L. **Sidorov:** Finansovoe položenie Rossii v gody Pervoj Mirovoj vojny ⟨1914–1917 gg.⟩ M. 1960. [Die Finanzlage Rußlands in den Jahren des 1. Weltkrieges, 1914–1917.] – A. M. **Anfimov:** Zemel'naja arenda v Rossii v načale XX veka. M. 1961. [Die Bodenpacht in Rußland Anfang des 20. Jahrh.] – V. S. **Kirillov:** Bol'ševiki vo glave moassovych političeskich staček v period pod-ema revoljucii 1905–1907 gg. M. 1961. [Die Bolschewiki an der Spitze der polit. Massenstreiks in der Periode des Aufschwungs der Revolution 1905–1907.] – Ja. I. **Livšin:** Monopolii v ekonomike Rossii. M. 1961. [Monopole in der Wirtschaft Rußlands.] – B. S. **Sejranjan:** Boŕba bol'ševikov protiv voenno-promyšlennych komitetov. Erevan 1961. [Der Kampf der Bolschewiki gegen die Kriegsindustriekomitees.] – A. M. **Anfimov:** Rossijskaja derevnja v gody Pervoj vojny. ⟨1914 – fevral' 1917 g.⟩ M. 1962. [Das russ. Dorf in den Jahren des 1. Weltkrieges, 1914 – Febr. 1917.] – **Monopolii** i inostrannyj kapital v Rossii. Red.: M. P. Vjatkin. L. 1962. [Monopol u. ausländisches Kapital in Rußland.] – **Osobennosti** agrarnogo stroja Rossii v period imperializma. Materialy sessii Naučnogo soveta po probleme „Istoričeskie predposiylki Velikoj Oktjabŕskoj socialističeskoj revoljucii", maj 1960 g. Red.: S. M. Dubrovskij. M. 1962. [Die Besonderheiten der Agrarstruktur Rußlands in der Periode des Imperialismus.] – **Partija** bol'ševikov v gody novogo revoljucionnogo pod-ema ⟨1910–1914 gg.⟩ Dokumenty i materialy. M. 1962. [Die Partei der Bolschewiki in den Jahren des neuen revolutionären Aufschwungs, 1910–1914.] – I. Ju. **Pisarev:** Narodonaselenie SSSR. M. 1962. [Die Bevölkerung der UdSSR.] – S. M. **Dubrovskij:** Stolypinskaja zemel'naja reforma. M. 1963. [Die Landreform Stolypins.] – V. Ja. **Laveryčev:** Monopolističeskij kapital v tekstil'noj promyšlennosti ⟨1900–1917 gg.⟩ M. 1963. [Das Monopolkapital in der Textilindustrie, 1963. [Über die Besonderheiten des Imperialismus in Rußland.] – I. P. **Lejberov:** O voznikonovenii revoljucionnoj situacii v Rossii v gody pervoj mirovoj vojny ⟨ijul' – sentjabŕ 1915 g.⟩ In: Istorija SSSR 8 (1964) 6, S. 35–59. [Über die Entstehung der revolutionären Situation in Rußland in den Jahren des 1. Weltkrieges, Juli–Sept. 1915.] – K. N. **Tarnovskij:** Sovetskaja istoriografija rossijskogo imperializma. M. 1964. [Die sowj. Historiographie zum russ. Imperialismus.] – A. M. **Anfimov:** Prusskij put' razvitija kapitalizma v sel'skom chozjajstve i ego osobennosti v Rossii. In: Vopr. istorii 40 (1965) 7, S. 62–76. [Der preußische Weg der Entwicklung des Kapitalismus in der Landwirtschaft u. seine Besonderheiten in Rußland.] – E. D. **Čermenskij:** Zemskoliberal'noe dviženie nakanune revoljucii 1905–1907 gg. In: Istorija SSSR 9 (1965) 5, S. 41–60. [Die liberale Zemstvo-Bewegung am Vorabend der Revolution von 1905–1907.] – Krest'janskoe **dviženie** v Rossii v gody pervoj mirovoj vojny. Ijul' 1914 – fevral' 1917 g. Sbornik dokumentov. Red.: A. M. Anfimov. M., L. 1965. [Die Bauernbewegung in Rußland in den Jahren des 1. Weltkrieges.] – K. M. **Golikov,**

M. A. **Nikolaevskij,** Z. D. **Faustova:** Pervaja russkaja revoljucija 1905 – 1907 gg. Annotirovannyj ukazatel' literatury. M. 1965. [Die erste russ. Revolution 1905–1907. Annotiertes Literaturverzeichnis.] – Z. S. **Kruglova:** Iz istorii studenčeskogo dviženija v Rossii nakanune pervoj mirovoj vojny ⟨Peterburg i Moskva⟩. In: Uč. zap. Moskovskogo ped. inst., t. 229 (1965), S. 182–206. [Aus der Geschichte der Studentenbewegung in Rußland am Vorabend des 1. Weltkrieges, Petersburg u. Moskau.] – A. Ja. **Avrech:** Carizm i tret'eijuńskaja sistema. M. 1966. [Der Zarismus u. das System des 3. Juni 1907.] – Krest'janskoe **dviženie** v Rossii. Ijun 1907 g. – ijul' 1914 g. Sbornik dokumentov. Red.: A. V. Šapkarin. M., L. 1966. [Die Bauernbewegung in Rußland.] – L. K. **Erman:** Intelligencija v pervoj russkoj revoljucii. M. 1966. [Die Intelligenz in der ersten russ. Revolution.] – **Istorija** Kommunističeskoj Partii Sovetskogo Sojuza. T. 2: Partija bol'ševikov v bořbe za sverženie carizma, 1904 – fevral' 1917 g. M. 1966. [Geschichte der KPdSU. Bd 2: Die Partei der Bolschewiki im Kampf um den Sturz des Zarismus, 1904 – Febr. 1917.] – Robočij **klass** i rabočee dviženie v Rossii. 1861–1917. M. 1966. [Arbeiterklasse u. Arbeiterbewegung in Rußland.] – V. I. **Bovykin:** Zaroždenie finansovogo kapitala v Rossii. M. 1967. – [Die Entstehung des Finanzkapitals in Rußland.] – E. N. **Burdžalov:** Vtoraja russkaja revoljucija. Vosstanie v Petrograde. M. 1967. [Die zweite russ. Revolution. Der Aufstand von Petrograd.] – V. S. **Djakin:** Russkaja buržuazija i carizm v gody pervoj mirovoj vojny ⟨1914–1917⟩. L. 1967. [Die russ. Bourgeoisie u. der Zarismus in den Jahren des 1. Weltkrieges, 1914–1917.] – V. S. **Djakin:** K voprosu o „zagovore carizma" nakanune Fevral'skoj revoljucii. In: Vnutrennjaja politika carizma. ⟨Seredina XVI – načalo XX v.⟩ Red.: N. E. Nosov. L. 1967. S. 363–399. [Zur Frage der „Verschwörung des Zarismus" am Vorabend der Februarrevolution.] – **Istorija** SSSR. Ser. 1, t. 6: Rossija v period imperializma, 1900–1917 gg. Ser. 2, t. 7: Velikaja Oktjabrskaja socialističeskaja revoljucija i graždanskaja vojna v SSSR, 1917–1920 gg. M. 1967–1968. [Geschichte der UdSSR. Ser. 1, Bd 6: Rußland in der Periode des Imperialismus 1900–1917. Ser. 2, Bd 7: Die Große Sozialist. Oktoberrevolution u. der Bürgerkrieg in der UdSSR 1917–1920.] – I. I. **Minc:** Istorija Velikogo Oktjabřja. V trech tomach. [Bisher:] T. 1.2.M. 1967–68. [Geschichte des Großen Oktober.] – I. M. **Puškareva:** Istoriografija Fevral'skoj revoljucii v Rossii. In: Vopr. istorii 42 (1967) 2, S. 3–21. [Die Historiographie der Februarrevolution in Rußland.] – S. P. **Trapeznikov:** Leninizm i agrarno-krest'janskij vopros. T. 1. M. 1967. [Der Leninismus u. die Agrar- u. Bauernfrage.] – A. Ja. **Avrech:** Stolypin i Tret'ja Duma. M. 1968. [Stolypin u. die III. Duma.] – R. Š. **Ganelin:** Carizm, buržuazija i amerikanskij kapital pered Fevral'-skoj revoljuciej 1917 g. In: Ist. zapiski, t. 81 (1968), S. 132–171. [Der Zarismus, die Bourgeoisie u. das amer. Kapital vor der Februarrevolution 1917.] – Ja. G. **Temkin:** Lenin i meždunarodnaja social-demokratija. 1914–1917. M. 1968. [Lenin u. die internat. Sozialdemokratie.] – A. M. **Anfimov:** Krupnoe pomeščič e chozjajstvo evropejskoj Rossii. ⟨Konec XIV – načalo XX v.⟩ M. 1969. [Der Großgrundbesitz im europäischen Rußland, Ende des 19. – Anfang des 20. Jahrh.] – E. D. **Čermenskij:** IV Gosudarstvennaja duma i sverženie samoderžavija v Rossii. In: Vopr. istorii 44 (1969) 6, S. 63–79. [Die IV. Duma u. der Sturz der Selbstherrschaft in Rußland.] – R. Š. **Ganelin:** Rossija i SŠA. Očerki istorii russko-amerikanskich otnošenij. 1914–1917. L. 1969. [Rußland u. die USA.] – V. P. **Jakovlev:** Politika carskogo pravitel'stva v universitetskom voprose ⟨1905–1910⟩. In: Vestn. LGU, ser. istorii, jazyka, lit. 24 (1969) vyp. 1, no. 2, S. 156–164. [Die Politik der Zarenregierung in der Universitätsfrage, 1905–1910.] – T. M. **Kitanina:** Voenno-infljacionnye koncerny v Rossii 1914–1917 gg. L. 1969. [Die inflationistischen Kriegskonzerne in Rußland 1914–1917.] – B. V. **Anańič:** Rossija i meždunarodnyi kapital 1897–1914. L. 1970. [Rußland u. das internat. Kapital 1897–1914.] – I. F. **Gindin:** Gosudarstvennyj kapitalizm i tjaželaja promyšlennost' v Rossii. 1893–1914 gg. M. 1970. [Der Staatskapitalismus u. die Schwerindustrie in Rußland 1893–1914.] – A. L. **Sidorov:** Istoričeskie predposylki Velikoj Oktjabrskoj socialističeskoj revoljucii. M. 1970. [Die hist. Voraussetzungen der Großen Sozialist. Oktoberrevolution.]

*Zu C, II.*

**Nacionalizacija** promyšlennosti v SSSR. Sbornik dokumentov i materialov, 1917–1920 gg. Red.: I. A. Gladkov. M. 1954. [Die Nationalisierung der Industrie in der UdSSR.] – **Dekrety** Sovetskoj vlasti. T. 1–3. M. 1957–64. [Die Dekrete der Sowjetmacht.] – **Dokumenty** vnešnej politiki SSSR. T. 1. ⟨7 nojabrja 1917 g. – 31 dekabrja 1918 g.⟩ M. 1957. [Dokumente der Außenpolitik der UdSSR.] – V. N. **Lavrent'ev:** Stroitel'stvo sovchozov v pervye gody Sovetskoj vlasti ⟨1917–1920⟩. M. 1957. [Der Aufbau der Sowchosen in den ersten Jahren der Sowjetmacht, 1917–1920.] – Ekonomičeskoe **položenie** Rossii nakanune Velikoj Oktjabŕskoj socialističeskoj revoljucii. Mart – oktjabŕ 1917 g. Dokumenty i materialy. Č. 1. 2. M., L. 1957. [Die wirtschaftliche Lage Rußlands am Vorabend der Großen Sozialist. Oktoberrevolution.] – Velikaja Oktjabŕskaja socialističeskaja **revoljucija.** Chronika sobytii. ⟨40 let, 1917–1957.⟩ Sost.: V. V. Kutuzov [u.a.] T. 1–4. M. 1957–61. [Die Große Sozialist. Oktoberrevolution.] – A. V. **Venediktov:** Organizacija gosudarstvennoj promyšlennosti v SSSR. T. 1 ⟨1917–1920⟩. L. 1957. [Die Organisation der staatlichen Industrie in der UdSSR.] – A. E. **Ioffe:** Russkofrancuzskie otnošenija v 1917 g. ⟨fevral' – oktjabŕ⟩. M. 1958. [Russ.-franz. Beziehungen im Jahr 1917, Febr.–Okt.] – Iz **istorii** Vserossijskoj Črezvyčajnoj Komissii 1917–1921 gg. Sbornik dokumentov. M. 1958. [Aus der Geschichte der Allruss. Außerordentlichen Kommission, 1917–1921.] – M. M. **Persic:** Otdelenie cerkvi ot gosudarstva i školy ot cerkvi v SSSR ⟨1917–1919 gg.⟩ M. 1958. [Die Trennung der Kirche vom Staat u. der Schule von der Kirche in der UdSSR.] – Velikaja Oktjabŕskaja **revoljucija** i mirovoe osvoboditel'noe dviženie. T. 1. 2. M. 1958. [Die Große Oktoberrevolution u. die weltweite Befreiungsbewegung.] – P. N. **Sobolev:** Bednejšee krest'janstvo – sojuznik proletariata v Oktjabŕskoj revoljucii. M. 1958. [Die ärmste Bauernschaft – der Verbündete des Proletariats in der Oktoberrevolution.] – G. N. **Golikov:** Očerk istorii Velikoj Oktjabŕskoj socialističeskoj revoljucii. M. 1959. Dt. Ausg.: G. N. Golikow: Geschichte der Großen Sozialist. Oktoberrevolution. Bln[-Ost] 1962. – A. G. **Egorova:** Profsojuzy i fabzavkomy v bor̂be za pobedu Oktjabrja. ⟨Mart – oktjabr 1917 g.⟩ M. 1960. [Die Gewerkschaften u. die Fabrikkomitees im Kampf um den Sieg des Oktober.] – I. S. **Smirnov:** Lenin i sovetskąja kul'tura. M. 1960. [Lenin u. die sowj. Kultur.] – P. G. **Sofinov:** Očerki istorii Vserossijskoj Črezvyčajnoj komissii ⟨1917–1922 gg.⟩ M. 1960. [Abriß der Geschichte der Allruss. Außerordentlichen Kommission, 1917–1922.] – A. Ja. **Grunt:** Pobeda Oktjabŕskoj revoljucii v Moskve. ⟨Fevral' – oktjabŕ 1917 g.⟩ M. 1961. [Der Sieg der Oktoberrevolution in Moskau, Febr. – Okt. 1917.] – Velikaja Oktojabŕskaja socialističeskaja **revoljucija.** Bibliografičeskij ukazatel' dokumental'nych publikacij. Sost.: V. V. Filagina [u.a.] M. 1961. [Die Große Sozialist. Oktoberrevolution. Bibliogr. Verzeichnis der Dokumentenveröffentlichungen.] – G. V. **Šarapov:** Razrešenie agrarnogo voprosa v Rossii posle pobedy Oktjabrskoj revoljucii ⟨1917–1920 gg.⟩ M. 1961. [Die Lösung der Agrarfrage in Rußland nach dem Sieg der Oktoberrevolution, 1917–1920.] – **Bor̂ba** za ustanovlenie i upročenie Sovetskoj vlasti. Chronika sobytij. 26 oktjabrja 1917 g. – 10. janvarja 1918 g. Sost.: L. M. Gavrilov [u.a.] M. 1962. [Der Kampf um die Errichtung u. Festigung der Sowjetmacht.] – P. V. **Volobuev:** Ekonomičeskaja politika Vremennogo pravitel'stva. M. 1962. – [Die Wirtschaftspolitik der Provisorischen Regierung.] – K. V. **Gusev:** Krach partii levych ėserov. M. 1963. [Der Zusammenbruch der Partei der Linken Sozialrevolutionäre.] – Rabočij **klass** Sovetskoj Rossii v pervyj god diktatury proletariata. Sbornik dokumentov i materialov. Red.: D. A. Čugaev. M. 1964. [Die Arbeiterklasse Sowjetrußlands im ersten Jahr der proletarischen Diktatur.] – Rajonnye **Sovety** Petrograda v 1917 godu. Protokoly, rezoljucii, postanovlenija obščich sobranij i zasedanij ispolnitel'nych komitetov. T. 1–3. M., L. 1964–66. [Die Rajonräte Petrograds 1917.] – **Sovety** i sojuz rabočego klassa i krest'janstva v Oktjabŕskoj revoljucii. M. 1964. [Die Räte u. das Bündnis der Arbeiterklasse mit der Bauernschaft in der Oktoberrevolution.] – P. V. **Volobuev:** Proletariat i buržuazija Rossii v 1917 godu. M. 1964. [Proletariat u. Bourgeoisie in Rußland 1917.] – O. N. **Znamenskij:** Ijul'skij krizis 1917 goda. L. 1964. [Die Julikrise 1917.] – E. N. **Gorodeckij:** Roždenie Sovetskogo gosudarstva, 1917–1917 gg. M. 1965. [Die Geburt des Sowjetstaates, 1917–1918.] – N. Ja. **Ivanov:** Kornilovščina i ee razgrom. Iz istorii boŕby s kontrrevoljuciej v 1917 g. L. 1965. [Der Kornilovputsch u. seine Zerschlagung.] – S. M. **Kljackin:** Na zaščite Oktjabrja. Organizacija reguljarnoj armii i milicionnoe stroitel'stvo v Sovetskoj respublike. 1917–1920. M. 1965. [Die Verteidigung des Oktober.] – V. V. **Komin:** Bankrotstvo buržuaznych i melkoburžuaznych partij Rossii v period podgotovki i pobedy Velikoj Oktjabŕskoj socialističeskoj revoljucii. M. 1965. [Der Bankrott der bürgerlichen u. der kleinbürgerlichen Parteien Rußlands in der Periode der Vorbereitung u. des Sieges der Großen Sozialist. Oktoberrevolution.] – V. I. **Starcev:** Očerki po istorii Petrogradskoj Krasnoj gvardii i rabočej milicii. ⟨Mart 1917 – aprel' 1918 g.⟩ M., L. 1965. [Abriß der Geschichte der Petrograder Roten Garde u. der Arbeitermiliz.] – K. V. **Gusev:** Krach melkoburžuaznych partij v SSSR. M. 1966. [Der Zusammenbruch der kleinbürgerlichen Parteien in der UdSSR.] – A. V. **Ignat'ev:** Russko-anglijskie otnošenija nakanune Oktjabŕskoj revoljucii. ⟨Fevral' – oktjabŕ 1917 g.⟩ M. 1966. [Russ.-engl. Beziehungen am Vorabend der Oktoberrevolution.] – M. P. **Irošnikov:** Sozdanie sovetskogo central'nogo gosudarstvennogo apparata. M., L. 1966. [Die Schaffung des sowj. zentralen Staatsapparats.] – Petrogradskij voenno-revoljucionnyj **komitet.** Dokumenty i materialy. Red.: D. A. Čugaev [u. a.] T. 1–3. M. 1966–67. [Das Petrograder Revolutionäre Militärkomitee.] – B. M. **Morozov:** Partija i Sovety v Oktjabrskoj revoljucii. M. 1966. [Partei u. Räte in der Oktoberrevolution.] – M. N. **Potechin:** Pervyj Sovet proletarskoj diktatury. L. 1966. [Der erste Sowjet der proletarischen Diktatur.] – V. S. **Vasjukov:** Vnešnjaja politika Vremennogo pravitel'stva. M. 1966. [Die Außenpolitik der Provisorischen Regierung.] – A. M. **Andreev:** Sovety rabočich i soldatskich deputatov nakanune Oktjabrja. Mart – okjabŕ 1917 g. M. 1967. [Die Arbeiter- u. Soldatenräte am Vorabend des Oktober.] – G. A. **Cypkin:** Krasnaja gvardija v boŕbe za vlast' sovetov. M. 1967. [Die Rote Garde im Kampf um die Sowjetmacht.] – B. M. **Frejdlin:** Očerki istorii rabočego dviženija v Rossii v 1917 g. M. 1967. [Abriß der Geschichte der Arbeiterbewegung in Rußland 1917.] – G. N. **Golikov:** Revoljucija, otkryvšaja novuju ėru. M. 1967. [Die Revolution, die eine neue Ära eröffnete.] – P. [A.] **Golub:** Partija, armija i revoljucija. Otvoevanie partiej bol'ševikov armii na storonu revoljucii. Mart 1917 – fevral' 1918. M. 1967. [Partei, Armee u. Revolution.] – **Istorija** Kommunističeskoj Partii Sovetskogo Sojuza. T. 3: Kommunističeskaja partija – organizator pobedy Velikoj Oktjabŕskoj socialističeskoj revoljucii i oborony Sovetskoj respubliki, mart 1917–1920 g.; kn. 1: Mart 1917 – mart 1918 g. M. 1967. [Geschichte der KPdSU. Bd 3: Die Kommunist. Partei – der Organisator des Sieges der Großen Sozialist. Oktoberrevolution u. der Verteidigung der Sowjetrepublik, März 1917–20; Buch 1: März 1917 – März 1918.] – **Istorija** Velikoj Oktjabŕskoj socialističeskoj revoljucii. Red.: P. N. Sobolev. M. 1967. [Geschichte der Großen Sozialist. Oktoberrevolution.] – V. V. **Lebedev:** Meždunarodnoe položenie Rossii nakanune Oktjabŕskoj revoljucii. M. 1967. [Die internat. Lage Rußlands am Vorabend der Oktoberrevolution.] – O. N. **Moiseeva:** Sovety krest'janskich deputatov v 1917 godu. M. 1967. [Die Räte der Bauerndeputierten 1917.] – **Sovety** v pervyj god proletarskoj diktatury.

Oktabŕ 1917 g. – nojabŕ 1918 g. [Von] D. A. Kovalenko [u.a.] M. 1967. [Die Räte im ersten Jahr der proletarischen Diktatur.] – G. A. **Trukan:** Oktjabŕ v Central'noj Rossii. M. 1967. [Der Oktober in Zentralrußland.] – **Učastie** trudjaščichsja zarubežnych stran v Oktjabŕskoj revoljucii. Red.: I. M. Minc. M. 1967. [Die Teilnahme ausländischer Werktätiger an der Oktoberrevolution.] – Oktjabŕskoe vooružennoe **vosstanie.** Semnadcatyj god v Petrograde. Red.: A. L. Frajman. Kn. 1. 2. L. 1967. [Der bewaffnete Oktoberaufstand.] – P. N. **Abramov:** K istorii pervogo ėtapa Oktjabŕskoj revoljucii v derevne. ⟨Oktjabŕ 1917 – maj 1918 g.⟩ In: Ist. zapiski, t. 81 (1968), S. 3–22. [Zur Geschichte der ersten Etappe der Oktoberrevolution auf dem Lande, Okt. 1917 – Mai 1918.] – G. D. **Alekseeva:** Oktjabŕskja revoljucija i istoričeskaja nauka v Rossii ⟨1917–1923 gg.⟩ M. 1968. [Die Oktoberrevolution u. die Geschichtswiss. in Rußland, 1917–1923.] – N. K. **Figurovskaja:** Bankrotstvo „agrarnoj reformy" buržuaznogo Vremennogo pravitel'stva. In: Ist. zapiski, t. 81 (1968), S. 23–67. [Der Bankrott der „Agrarreform" der bürgerlichen Provisorischen Regierung.] – K. V. **Gusev,** Ch. A. **Ericjan:** Ot soglašatel'stva k kontrrevoljucii. ⟨Očerki istorii političeskogo bankrotstva i gibeli partii socialistov-revoljucionerov.⟩ M. 1968. [Vom Versöhnlertum zur Konterrevolution.] – Moskovskij voennorevoljucionnyj **komitet.** Dokumenty. Oktjabŕ – nojabŕ 1917 g. Sost.: V. A. Kondrat'ev. M. 1968. [Das Moskauer Revolutionäre Militärkomitee.] – N. V. **Ruban:** Oktjabŕskja revolucija i krach meńševizma. ⟨Mart 1917–1918 gg.⟩ M. 1968. [Die Oktoberrevolution u. der Zusammenbruch der Menschewiki.] – P. I. **Soboleva:** Oktjabŕskaja revoljucija i krach social-soglašatelej. M. 1968. [Die Oktoberrevolution u. der Zusammenbruch der Sozialversöhnler.] – O. F. **Solov'ev:** Velikij Oktjabŕ i ego protivniki. M. 1968. [Der Große Oktober u. seine Gegner.] – L. M. **Spirin:** Klassy i partii v graždanskoj vojne v Rossii ⟨1917–1920 gg.⟩ M. 1968. [Klassen u. Parteien im Bürgerkrieg in Rußland, 1917–1920.] – V. S. **Vasjukov:** Predystorija intervencii. Fevral' 1917 – mart 1918. M. 1968. [Die Vorgeschichte der Intervention.] – A. L. **Frajman:** Forpost socialističeskoj revoljucii. Petrograd v pervye mesjacy Sovetskoj vlasti. L. 1969. [Vorposten der sozialist. Revolution.] – G. I. **Zlokazov:** Petrogradskij sovet rabočich i soldatskich deputatov v period mirnogo razvitija revoljucii. ⟨Fevral' – ijun 1917 g.⟩ M. 1969. [Der Petrograder Arbeiter- u. Soldatenrat in der Periode der friedlichen Entwicklung der Revolution, Febr. – Juni 1917.] – L. S. **Gaponenko:** Rabočij klass Rossii v 1917 gudu. M. 1970. [Die Arbeiterklasse Rußlands 1917.]

*Zu D.*

G. **Lukács:** Geschichte u. Klassenbewußtsein. Studien über marxist. Dialektik. Bln 1923. Dass. in: Werke. Bd 2. Neuwied, Bln 1968. S. 161–517. – **Ders.:** Lenin. Studie über den Zusammenhang seiner Gedanken. Bln, Wien 1924. Dass. in: Werke. Bd 2. Neuwied, Bln 1968. S. 519–588. – C. C. **Brinton:** The Anatomy of Revolution. N. Y. 1938. Rev. ed. 1952. Dt. Ausg.: **Ders.:** Die Revolution u. ihre Gesetze. Frankfurt/M. 1959. – Th. H. v. **Laue:** Die Revoluton von außen als erste Phase der russ. Revolution 1917. In: Jb. Gesch. Osteuropa, N. F. 4 (1956) 2, S. 138–158. – W. **Strzelewicz:** Die russ. Revolution u. der Sozialismus. Bln, Hannover 1956. – K. A. **Wittfogel:** Oriental Despotism. A comparative study of total power. New Haven 1957. Dt. Ausg.: **Ders.:** Die orientalische Despotie. Eine vergleichende Unters. totaler Macht. Köln, Bln 1962. – H. **Raupach:** Die Sowjetwirtschaft als hist. Phänomen. In: Vjh. Zeitgesch. 10 (1962) 1, S. 1–16. – C. E. **Black:** The Dynamics of Modernization. A study in comparative history. N. Y. 1966. – B. **Moore:** Social Origins of Dictatorship and Democracy. Boston 1966. Dt. Ausg.: **Ders.:** Soziale Ursprünge von Diktatur u. Demokratie. Frankfurt/M. 1969. – W. L. **Bühl:** Evolution u. Revolution. Kritik der symmetrischen Soziologie. München 1970. – **Lenin.** Revolution u. Politik. Mit Beitr. v. P. Mattick [u.a.] Frankfurt/M. 1970.

# Kulturrevolution

Von Gernot Erler (A-C, E) und Claus D. Kernig (D)

## *A. Begriff*

Der Begriff „Kulturrevolution" (K.) entstand in den ersten Jahren nach der Oktoberrevolution durch die Aufgliederung des Revolutionsbegriffs. Neben die *politische* Revolution, die Ablösung der herrschenden Bourgeoisie durch die Arbeiterklasse, und die *ökonomische* Revolution, die Beseitigung des Privateigentums an Produktionsmitteln und der damit verbundenen Ausbeutung des Menschen durch den Menschen, stellte man ergänzend die *kulturelle* Revolution. Dies ist in der UdSSR die bis heute gültige Einteilung.

Die *Definition* der K. bereitete von Anfang an Schwierigkeiten. Einmal hatten weder K. MARX noch F. ENGELS über diesen Bereich mehr als nur andeutende Aussagen hinterlassen, so daß hier die verschiedensten Theorien entwickelt werden konnten, ohne daß von vornherein eine Gefahr bestand, dem Vorwurf der Häresie ausgesetzt zu sein, zumal die maßgeblichen Parteiführer vorerst mit den Problemen der politischen und ökonomischen Revolution beschäftigt waren. Zum anderen mußte eine K. zwangsläufig mehr Zeit in Anspruch nehmen als die Umwälzungen in Staat und Wirtschaft, ihr Verlauf war daher zunächst kaum voraussehbar, und demgemäß konnten sich Schwerpunkte und Zielvorstellungen wandeln.

Die in den ersten Jahren entfalteten verschiedenen Theorien zur K. wirkten teilweise lange fort, bis sich schließlich V. I. LENINS Konzeption durchsetzte. Erst in den sechziger Jahren, als die meisten der von Lenin für eine K. gestellten Aufgaben erfüllt waren und es galt, deren weitere Entwicklung unter den Bedingungen des Übergangs vom Sozialismus zum Kommunismus abzustecken, lebte die Diskussion in der Sowjetunion wieder auf.

Während die Volksdemokratien den Begriff „Kulturrevolution" zunächst ganz allgemein in der sowjetischen Bedeutung übernahmen, gewann er in der *Volksrepublik China* seit 1965 eine neue Bedeutung „Kulturrevolution" bezeichnet hier eine von MAO TSE-TUNG, dem Vorsitzenden der KP Chinas, ausgelöste politische Kampagne größten Ausmaßes.

## *B. Die sowjetische Kulturrevolution*

### I. Lenin

Die K. bereitet sich nach Lenins Meinung zwar schon vor der Machtergreifung des Proletariats vor, ihre Ziele kann sie aber erst nach Vollendung der politischen und ökonomischen Revolution im Verlauf einer größeren Zeitspanne erreichen. Sie gehört zu den Gesetzmäßigkeiten des Übergangs vom Kapitalismus zum Sozialismus und ist für den Aufbau des letzteren unerläßlich. Im Gegensatz zur Revolution im politischen und wirtschaftlichen Bereich, die eine Neuordnung der Beziehungen der Menschen untereinander anstrebt, soll mit der K. der Mensch selbst grundlegend geändert werden. Zentrales Anliegen ist die Herausbildung des *neuen Menschen* (vgl. Lenin, 1967, O kul'turnoj revoljucii, S. 10). Man erreicht dieses Ziel durch ein allmähliches Anheben des Kulturniveaus, so daß schließlich in einem Sprung (*skačok;* vgl. Ermakov, 1968, S. 34) die Qualität einer neuen, breiten Volkskultur, der *sozialistischen* Kultur, hervortritt. Im einzelnen soll die K. die breiten Volksmassen an die Bildung heranführen, das Bildungsniveau der bisher vernachlässigten Gruppen – der Bauern, Frauen und nationalen Minderheiten – dem der anderen Bevölkerungsteile angleichen, eine neue, sozialistische Intelligenz heranbilden und schließlich eine neue, sozialistische Kultur – hier verstanden als Sammelbegriff für Literatur, Kunst, Wissenschaft, Musik, Theater usw. – schaffen, wobei aber die kommunistische Erziehung aller Werktätigen die vordringlichste Aufgabe bleibt.

Als wichtigstes Problem und *conditio sine qua non* für den Aufbau des Sozialismus in Rußland betrachtete Lenin die Beseitigung des Analphabetentums. Vor 1917 waren über 70% der Gesamtbevölkerung Rußlands Analphabeten, für die Landbevölkerung lagen die entsprechenden Werte bei 80%, für die Frauen bei 93% und für die nichtrussischen Nationalitäten noch höher (nach Ermakov, 1968, S. 40). Es sollte mehr als 20 Jahre dauern, bis die gestellte Aufgabe als annähernd gelöst betrachtet werden konnte. Lenin engagierte sich hierbei auch persönlich sehr stark, denn er brauchte für die Verwaltung und Lenkung seines neuen Staates ausgebildete und der Sowjetmacht ergebene Kräfte. Zunächst mußte man freilich auf die „Spezialisten“ des alten Regimes zurückgreifen: „Die meisten von ihnen sympathisieren nicht mit der Sowjetmacht, doch ohne sie können wir den Kommunismus nicht aufbauen“ (LW, Bd 30, S. 132). Um aber den Einfluß dieser bürgerlichen und noch in den alten Kategorien denkenden Fachleute neutralisieren zu können, mußten aus den großen Reserven der bisher nicht geförderten, bildungshungrigen Schichten die geeigneten Kader herangezogen werden.

Im Zusammenhang mit der K. tauchte auch die Frage auf, wie man sich zu den Leistungen der alten Zeit auf allen Gebieten von Wissenschaft, Literatur, Kunst usw. stellen sollte. Lenin plädierte mit Nachdruck dafür, alles Wertvolle aus dem Kulturerbe der Vergangenheit für die neue Gesellschaft zu übernehmen, und er untermauerte seine Auffassung mit der These von den *zwei Kulturen:* der gegen das Volk gerichteten *Kultur der Ausbeuter* und der das Denken und Fühlen der Volksmassen ausdrückenden *demokratischen Kultur,* die es bisher in jeder Gesellschaft gegeben habe. Das Volksbildungskommissariat machte sich diese Betrachtungsweise zu eigen. Es ließ Klassikerausgaben drucken, monumentale Büsten zu Ehren der klassischen russischen Dichter errichten und zahlreiche Museen eröffnen. Genaue Angaben darüber, wie die neue Kultur im einzelnen beschaffen sein sollte, finden sich bei Lenin allerdings nicht. Echte Kunstwerke mußten sich seiner Ansicht nach durch ideologisches Engagement *(idejnost')* und Parteilichkeit *(partijnost')* auszeichnen, und sie mußten dem Verständnis des breiten Volkes zugänglich sein *(narodnost'),* Eigenschaften, die später Axiome des *sozialistischen Realismus* wurden. Nichts lag Lenin ferner, als bei den zeitgenössischen avantgardistischen Kunst- und Literaturrichtungen Elemente für die revolutionäre Kultur zu suchen, vielmehr meinte er: „Für den Anfang sollte uns eine wirkliche bürgerliche Kultur genügen ..." (LW, Bd 33, S. 474).

Alle bisher genannten Ansichten Lenins ordnen sich dem einen Hauptziel unter: der Erziehung des Menschen im Geist des Sozialismus, die schließlich zur Bildung des neuen Menschen führen sollte. Ein solches Vorhaben war ohne Beseitigung des Analphabetentums, ohne die Besetzung aller kulturellen Bereiche mit fachlich gebildeten und in der neuen Lehre geschulten Kräften und ohne schnelle, diskussionslose Aneignung des technischen und wissenschaftlichen Vermächtnisses der Alten Welt undenkbar. Lenin hatte ja die Revolution in einem Lande durchgeführt, von dem seine Gegner mit Recht sagten, es sei für den Aufbau des Sozialismus zuwenig zivilisiert, zuwenig industrialisiert. Seine Konzeption war es daher, diese Entwicklung in aller Eile nachzuholen, sozusagen um die eigentliche Vorbedingung noch nachträglich zu erfüllen (vgl. LW, Bd 33, S. 462–465). Der Umfang der zu lösenden Aufgaben und die Bedeutung dessen, was davon abhing, veranlaßten Lenin, für die K. vorerst die Losung „Keine Experimente" auszugeben und von seinen Mitstreitern ein entsprechendes Verhalten zu verlangen.

## II. Proletkult und Lunačarskij

Lenins mehr praktische als ideologische Konzeption stieß freilich auf Widerspruch. Unter der Leitung von A. A. BOGDANOV (Pseud. für Malinovskij) war – bereits vor der Oktoberrevolution – eine Organisation entstanden, die sich für die Probleme der K. zuständig fühlte. Sie nannte sich *Proletkult* (Abk. für *proletarskaja kul'tura:* proletarische Kultur) und unterhielt eine Vielzahl von Studios und Klubs, in denen sich die Arbeiterklasse ihre eigene Kultur schaffen sollte;

gleichzeitig versuchte sie aber auch, die Ideen Bogdanovs – eines alten ideologischen Gegenspielers Lenins – zu verbreiten, wie sie in Bogdanovs Schrift „Tektologija, vseobščaja organizacionnaja nauka" (dt. Ausg.: Allg. Organisationslehre, Tektologie, 2 Bde, Bln 1926–28) niedergelegt waren. Höchstes Ziel des Proletkult waren schöpferische Eigeninitiative und kulturelle Autonomie des Proletariats; in den Studios lernten Arbeiter dichten, musizieren, Theater spielen usw. Anleitung fanden sie im Zentralorgan des Proletkult, der Zeitschrift „Proletarskaja kul'tura" (M. 1918–21).

Bogdanov und seine Freunde setzten die Schwerpunkte ihrer K. völlig anders als Lenin. Ihr Ausgangspunkt war der von G. V. PLECHANOV entwickelte Begriff der *Klassenkultur,* ihr Hauptproblem die Frage, wie in der Aufeinanderfolge der Kulturen die neu zu schaffende proletarische gegenüber der vorausgegangenen bourgeoisen auszusehen habe. Der Proletkult leugnete zwar nicht die Bedeutung der Volksbildung, d.h. des Kampfes gegen das Analphabetentum, doch hielt er im Gegensatz zu Lenin die Schaffung einer neuen, proletarischen Kultur für vordringlicher. Anders als dieser hatten die Vertreter des Proletkult von ihrer Kultur ziemlich präzise Vorstellungen, die in der Praxis der Studios auch teilweise verwirklicht wurden. Die Arbeiterklasse, besonders aber deren Avantgarde, die Industriearbeiterschaft, sollte als Träger der proletarischen Kultur nach der politischen und wirtschaftlichen nun auch eine *kulturelle Diktatur* errichten. Die Wesensmerkmale dieser proletarischen Kultur sind Kollektivismus, Verherrlichung von Arbeit und industrieller Technik und romantisch-utopische Schwärmerei. Als Ort möglicher Integration aller Künste nimmt das Theater eine besonders hervorragende Stellung ein. Zur integrierenden Wissenschaft jedoch, deren Prinzip auf alle Einzelwissenschaften Anwendung finden sollten, wurde in der neuen Kultur die Organisationslehre Bogdanovs erklärt; sie galt als Weiterentwicklung des Marxismus und als die wissenschaftliche Grundlage für die nachrevolutionäre Arbeiterbewegung.

Spätestens bei der Frage der ideologischen Ausrichtung wird die Differenz zwischen Lenins und Bogdanovs Vorstellungen einer künftigen Kultur deutlich. Es gab aber noch mehr Punkte, in denen Bogdanovs Anhänger anderer Ansicht waren als Lenin. So hielten sie z.B. intellektuelle Einflüsse grundsätzlich für schädlich, wenngleich sie zugaben, daß eine anfängliche Mitwirkung der in das Lager des Proletariats übergetretenen Intellektuellen notwendig war; sogar der Einfluß des Bauerntums (des weitaus größten Teils der russischen Bevölkerung) war für sie unerwünscht. Zu der heiklen Frage, wie das Kulturerbe der Vergangenheit zu behandeln sei, äußerte sich der Proletkult widersprüchlich: Zwar überwiegen die Aufrufe zu kritischer Durchsicht und Übernahme des Besten (wie bei Lenin), gelegentlich wurde aber auch empfohlen, die gesamte vergangene Kultur als Ballast abzuwerfen, um ohne jede schädliche Beeinflussung durch ideologische Haltungen und Wertvorstellungen der früheren Gesellschaftssysteme die proletarische Kultur errichten zu können. Diese radikale Einstellung benutzte Lenin als Ansatzpunkt für die Kritik. 1920 verlor der Proletkult auf seine Veranlassung die organisatorische Selbständigkeit, Bogdanov aber damit die Möglichkeit und das Interesse, seine Lehre wirksam zu verbreiten. Nach der Einführung der NÖP sank die Bedeutung des Proletkult, der zu seiner besten Zeit über 500000 Mitglieder gezählt hatte; seine Studios wurden jedoch erst 1932 endgültig geschlossen.

An der bis heute polemisch geführten Auseinandersetzung der sowjetischen Historiker mit dem Proletkult läßt sich die starke Anziehungskraft seiner Ideen ermessen. Auf jeden Fall hat er die Erscheinungsformen der K. in der ersten nachrevolutionären Periode wesentlich mitgeprägt, gewissermaßen als der linke Flügel der Kulturfront. Der Proletkult übertrug die Klassenkampfvorstellungen auch auf den kulturellen Bereich und setzte Lenins *sozialistischer* Literatur und Kunst eine *proletarische* entgegen, seiner Forderung nach einer sozialistischen Intelligenz die nach einer proletarischen und seinem Ziel einer sowjetischen Wissenschaft das einer proletarischen. Für die Anhänger des Proletkult bedeutete K. nicht in erster Linie Bildung und Erziehung der Massen, sondern deren Selbstbefreiung durch schöpferische Selbsttätigkeit: Erst der Arbeiter, der vom Rhythmus seiner Maschinen inspiriert und von der Macht seines Kollektivs beseelt selbst ein Gedicht schreibt, das er und seine Genossen verstehen, weil es ihre Lebenswelt reproduziert, kann der intellektuellen Überlegenheit der bourgeoisen Kulturwelt etwas entgegensetzen –, nicht aber jener, der seinen Puškin auswendig kennt oder sich in den Irrgärten futuristischer Wortspielereien zurechtfindet. In einer Hinsicht allerdings waren sich die Vertreter des Proletkult und Lenin völlig einig: Beide lehnten die Modernisten aller Richtungen entschieden ab und empörten sich, wenn diese ihre Kunst als proletarisch bezeichneten.

Eine völlig andere Position gegenüber der modernen Kunst nahm A. V. Lunačarskij ein, der als Volkskommissar für das Bildungswesen bis 1929 für die Durchführung der offiziellen Version der K. verantwortlich war (vgl. N. F. Pijašev, in: Revoljucija, 1967, S. 79–98). Seine Vorstellungen von K. wichen ebenfalls von denjenigen Lenins ab, was in Anbetracht seiner Stellung nicht ohne Einfluß auf die gesamte Entwicklung der K. bleiben konnte; gleichwohl war Lunačarskij stets bemüht, die kulturpolitischen Weisungen Lenins getreu auszuführen. Einig war man sich über die Bedeutung der Volksbildung, das Verhältnis zum kulturellen Erbe der Vergangenheit und die Heranziehung der bürgerlichen Intelligenz. Dabei verstand es der humanistisch und enzyklopädisch gebildete Literaturwissenschaftler und Ästhet Lunačarskij ganz vorzüglich, die Beamtenschaft des alten Regimes für ihre neuen Dienstherren zu gewinnen: Er erweckte Vertrauen, weil er die

Sprache dieser Leute sprach und ihre Probleme kannte. Mehr als die Proletkultler bejahte er auch die positive Rolle der Intelligenz beim Aufbau der neuen Kultur, allerdings nur soweit „zwischen einem solchen Intellektuellen und den Massen eine tiefe geistige Verwandtschaft" bestand (Lunačarskij, 1918, dt. Ausg. 1919, S. 12).

Trotz grundsätzlicher Übereinstimmung mit Lenin vertrat Lunačarskij in verschiedenen Punkten eine andere Meinung: 1. ging er wie Bogdanov davon aus, daß jede Klasse, also auch das Proletariat, ihre eigene Kultur schaffen müsse, und begrüßte entsprechend alles, was in dieser Richtung etwas Neues verhieß; 2. vertrat er lange Zeit Ideen des Proletkult und setzte 1921 sogar das Vertrauen Lenins aufs Spiel, als er sich für den selbständigen Fortbestand der Organisation verwandte (ein Verhalten, um dessentwillen er allerdings später Selbstkritik übte; vgl. A. S. Malinin: Lunačarskij o proletarskich pisateljach, Minsk 1965, S. 30ff.); 3. setzte er die K. rangmäßig vor die ökonomische Revolution; 4. unterschied er zwischen der Klassenkultur und einer „sozialistischen Kultur der Zukunft", die er als „allgemein menschliche, außerhalb der Klassen stehende Kultur" verstand (Lunačarskij, a.a.O. S. 19) und die er für eine Zeit kommen sah, in der das Proletariat „in der Lage sein wird, selbst seine Paläste und Städte zu bauen, die unermeßlichen Wandflächen mit Fresken zu bedecken, sie mit Statuen zu bevölkern, sie von neuer Musik ertönen zu lassen, auf den Plätzen ihrer Städte gigantische Schauspiele aufzuführen, in denen Zuschauer und Schauspieler sich in einer Feier mischen ..." (Lunačarskij, in: Proletarskaja kul'tura, 1919, no. 11/12, S. 10). Hier werden Anklänge an frühneuzeitliche Sozialutopien erkennbar, und hier treten auch die Unterschiede zur Konzeption Lenins hervor. Der eine, mehr Pragmatiker, will die K. in erster Linie zur Sicherung der Sowjetmacht und des Sozialismus in Rußland durchführen, während der andere, mehr Utopist, wenigstens zum Teil in viel größeren Maßstäben denkt und letztlich mittels der K. die gesamte Welt und die Menschheit umgestalten will. Dieser Doppelaspekt der K., der gerade im Vergleich zwischen Lenin und Lunačarskij hervortritt, hat sich bis heute bewahrt und die anhaltende Diskussion über sie mitbestimmt.

### III. Trockij

Weniger praktischer als vielmehr theoretischer Art war der Einfluß einer dritten Konzeption der K., die L. D. Trockij zu Beginn der zwanziger Jahre entwickelte (vgl. Trockij, 1924, Kap. II–VII). Wie Lenin und Lunačarskij betonte er die Bedeutung der Elementarbildung, die Notwendigkeit der Indienstnahme der alten Intelligenz und den Wert der Errungenschaften der Vergangenheit; die Lehre von der Klassenkultur dagegen kritisierte er in scharfer Form. Für Trockij war die damalige Zeit, d.h. die Diktatur des Proletariats, lediglich eine kurze Übergangsperiode, die mit dem Aufgehen des Proletariats und der übrigen Klassen in der sozialistischen Gesellschaft ein baldiges Ende finden würde. Von daher erschien ihm die Schaffung einer proletarischen Kultur weder möglich, da diese Übergangsperiode dafür zu kurz wäre, noch sinnvoll, da sie in kürzester Frist von der kommenden Menschheitskultur abgelöst würde. Man müsse vielmehr in dieser Übergangszeit alle Kräfte auf die Politik konzentrieren, und Trockij hob deutlich die in ihr vorherrschende „Kunst der Revolution" von der „sozialistischen Kunst" einer späteren Zeit ab, für die ganz andere Gesetze gelten würden (ebd. dt. Ausg. 1968, S. 193). Charakteristisch für die Kunst der Revolution sei der Klassenkampf, der „Geist des sozialen Hasses" (ebd.); und obwohl es keine proletarische Kultur gebe, drücke doch die Arbeiterklasse der Kultur ihren Stempel auf.

Ähnlich wie Lenin lehnte Trockij für diese Phase alle Experimente ab, die als Manifestationen proletarischer Kultur ausgegeben wurden. Die Rolle der Partei definierte er folgendermaßen: „Auf dem Gebiet der Kunst ist die Partei nicht berufen zu kommandieren. Sie kann und soll schützen, fördern und lediglich indirekt lenken" (ebd. S. 184). Erst die Aufhebung der Klassen bahne den Weg für eine sozialistische Kultur, die auch als Umschlag der sich ausdehnenden Quantität der Kultur (durch Ausbreitung der Elementarbildung) in eine neue Qualität aufgefaßt werde. Die eigentliche K. (Trockij verwendet diesen Begriff nicht) fände erst dann statt. Gefühle wie „uneigennützige Freundschaft, Nächstenliebe, herzliche Anteilnahme werden in der sozialistischen Poesie in mächtigen Akkorden aufklingen" (ebd. S. 194), und an die Stelle des Klassenkampfs tritt ein ideeller Wettstreit der Kunstrichtungen und des Geschmacks. Vor allem aber wird nach Trockij die Trennwand zwischen Kunst und Industrie fallen. Der Mensch wird seine Umwelt künstlerisch gestalten und seine Kraft auf die „Ausarbeitung der idealen Formen einer Sache als Sache" richten (ebd. S. 210), nicht aber auf das „Ornament auf dieser". Zugleich verschwindet auch die Trennwand zwischen Kunst und Natur zugunsten einer Synthese auf höherer Ebene. Der Mensch unterwirft die Natur seiner Kunst (d. i. der Technik) in einem bisher ungeahnten Ausmaß, und Trockij erwartet „Volkspaläste auf dem Gipfel des Montblanc oder auf dem Meeresgrund des atlantischen Ozeans" (ebd. S. 213). Schließlich wird der Mensch an die vernünftige Änderung der für ihn selbst geltenden Naturgesetze gehen: „Das Menschengeschlecht, der erstarrte homo sapiens, wird erneut radikal umgearbeitet und – unter seinen eigenen Händen – zum Objekt kompliziertester Methoden der künstlichen Auslese und des psychophysischen Trainings werden" (ebd. S. 214).

Trockijs Vision von der zukünftigen Kultur scheint hier in derselben Tradition zu stehen wie die Lunačarskijs, und wie dieser weicht er in diesem Punkt von Lenins Version der K. ab. Wie Lunačarskij verliert auch Trockij über der Definition der vordringlichen Aufgaben der K. nicht den Blick für eine größere Zukunft, in deren Rahmen die Oktoberrevolution nur eine Übergangsphase einleitet. Und auch bei ihm steht im Hintergrund der Erwartungen viel länger und intensiver als bei Lenin die Selbstverständlichkeit der bevorstehenden Weltrevolution.

Lenins Zukunftsbild ist weniger kühn, seine Vorstellung von K. daher praktikabler und an weniger Voraussetzungen gebunden. Es war schließlich seine Konzeption, die sich durchsetzte und zum Schluß alle anderen Alternativen verdrängt hatte. Wenn gegen Ende der zwanziger Jahre die Gleichschaltung auf allen Gebieten der Kultur beginnen konnte und Lenins Thesen diskussionslos die weiteren Schritte der K. bestimmten, so bedeutete dies ohne Zweifel eine Verarmung gegenüber den lebhaften Auseinandersetzungen der ersten nachrevolutionären Jahre. Andererseits darf nicht übersehen werden, wie wichtig die Beseitigung des Analphabetentums, die Schaffung einer sozialistischen Intelligenz und die intensive Propagierung des sozialistischen Ideenguts in allen Bevölkerungsschichten für die Bewältigung der Aufgaben waren, den Sowjetstaat auch bei äußerer Bedrohung lebensfähig zu erhalten und mit anderen Gesellschaftssystemen konkurrenzfähig zu machen. Es hat den Anschein, als habe Lenin im Gegensatz zu vielen seiner Zeitgenossen das Ausbleiben der Weltrevolution frühzeitig einkalkuliert und bei seinen Vorstellungen von K. berücksichtigt.

## IV. Die Kulturrevolution in der Epoche des Übergangs vom Sozialismus zum Kommunismus

Über die Entwicklungsphasen der K. in der Sowjetunion herrschte lange Zeit Einigkeit: In den letzten Jahren nach der Oktoberrevolution war von der K. vor allem das Ziel erreicht worden, die Intelligenz der alten Ordnung in die neue zu integrieren und die Grundlagen für die Bildung einer neuen Elite zu schaffen. Die Einführung der NÖP behinderte dann erst einmal ihre weitere Entwicklung. Die Proletkult-Bewegung konnte zwar gestoppt werden; aber eine Vielzahl von kulturellen Vereinigungen aller Schattierungen bestand weiterhin. Erst ab 1928 wandte sich die Aufmerksamkeit der Partei wieder in erhöhtem Maß dem kulturellen Bereich zu, als man daranging, alle „kapitalistischen Elemente“ auszuschalten (vgl. Ermakov, 1968, S. 115). In den dreißiger Jahren wurden dann mit der weitgehenden Beseitigung des Analphabetentums und der Ausbreitung der neuen, vom sozialistischen Realismus geprägten sozialistischen Kultur weitere Punkte der Leninschen K. erfüllt.

Bis etwa 1960 herrschte die Ansicht vor, die K. sei Ende der dreißiger Jahre vollendet gewesen. Dann aber kam unter den sowjetischen Historikern und Philosophen die These von einer *zweiten Kulturrevolution* auf. Sie wurde entweder als direkte Fortsetzung der ersten oder als deren Entsprechung in der „Etappe des entfalteten Sozialismus“ angesehen, in jedem Fall aber sollte sie die Voraussetzungen für den endgültigen Sieg des Kommunismus auf kulturellem Gebiet schaffen. Der neuen K. seien folgende Aufgaben gestellt: Erzeugung von Überfluß an sämtlichen geistigen Gütern für alle Sowjetmenschen; Erziehung eines „neuen“, allseitig und kulturell harmonisch entwickelten und hochgebildeten Menschen; Schaffung eines sozialistischen Bewußtseins und einer sozialistischen Moral bei allen Mitgliedern der Gesellschaft; Überwindung des Kulturgefälles zwischen Stadt und Land und schließlich Schaffung der Voraussetzungen für die grundsätzliche Beseitigung der Unterschiede zwischen körperlicher und geistiger Arbeit. Als Termin für den Abschluß dieser „Etappe der Vollendung der Kulturrevolution“ *(zaveršajuščij ėtap kul'turnoj revoljucii)* wird das Jahr 1980 genannt (vgl. Stroitel'stvo, 1963, S. 122ff. und Kumanev, 1967, S. 106).

Die Mehrheit der sowjetischen Autoren hat inzwischen diese neue Periodisierung übernommen, mit deren Hilfe der von Lenin geprägte und auf relativ nahe gelegene Probleme bezogene Begriff für die Gegenwart anwendbar gemacht werden soll. Daneben gibt es aber auch eine – von V. T. Ermakov geführte – Gruppe, die an der ursprünglichen Auffassung festhält und gegen die neue u. a. einwendet, daß die der zweiten K. gestellten Aufgaben entweder noch zum Aufgabenbereich der ersten oder aber in den Bereich der Wirtschafts- und Gesellschaftspolitik, d. h. in den allgemeinen Rahmen des kommunistischen Aufbaus, gehören. Der Ausgang dieser bisher unentschiedenen Diskussion dürfte an der sowjetischen Kulturpolitik wenig ändern, da es in erster Linie um die Anwendung des Begriffs „Kulturrevolution“ geht, ohne daß deren Aufgaben in Frage gestellt werden. Hierin liegt ein wesentlicher Unterschied zu den Debatten in den ersten Jahren nach der Oktoberrevolution.

### *C. Die Große Proletarische Kulturrevolution in China*

Die *Große Proletarische Kulturrevolution* dauerte von 1965 bis 1968 und kennzeichnet eine Phase in der neuesten politischen Entwicklung Chinas, in der nicht allein kulturelle Fragen, sondern das gesamte gesellschaftliche Leben zur Debatte standen. Die Auswirkungen der Ereignisse dieser drei Jahre sind bis heute noch nicht in vollem Umfang abzusehen. Den Anstoß zur chinesischen K. gab Mao Tse-tung, und je länger die Auseinandersetzungen dauerten, desto mehr wurden sie von seinen Ideen und vom Ringen seiner Anhänger und Gegner um die Schlüsselpositionen in Staat und Partei bestimmt. Das Bemühen um ein Erfassen dieser K. muß daher von der politischen Situation Chinas um die Mitte der sechziger Jahre und den von Mao geschaffenen ideologischen Voraussetzungen ausgehen.

## I. Politische und ideologische Voraussetzungen

Ende 1958 mehrten sich die Anzeichen für das Scheitern der von Mao ins Leben gerufenen Politik des *Großen Sprungs nach vorn,* und im April des folgenden Jahres trat er sein Amt eines „Vorsitzenden der Volksrepublik China“ (= Staatspräsident) an Liu Schao-tschi ab. Wenig später mußte auch sein Volkskommunenprogramm reorganisiert werden, und seine Gegner richteten ihre Kritik besonders auf Maos Wirtschaftspolitik. Im Lauf der sechziger Jahre ergab dann der sich anbahnende Moskau-Peking-Konflikt weiteren Zündstoff: Die Opposition lehnte Maos antisowjetische Politik ab, die im März 1965 in der Absage an eine *gemeinsame Aktion* gegen den Imperialismus in Vietnam unter Führung Moskaus ihren vorläufigen Höhepunkt erreichte. Die Auseinandersetzung wurde aber nur parteiintern geführt oder in verschlüsselter Form im Rahmen literarischer Werke oder Kritiken. So schrieb z.B. der Historiker Wu Han unter dem Titel „Hai Jui wird seines Amtes enthoben“ ein Drama über einen (schließlich abgesetzten) kaiserlichen Beamten, der sich für die Interessen des Volkes u.a. durch Rückgabe des Landes an die Bauern einsetzte, das deutliche Parallelen zur Ablösung des ehemaligen Verteidigungsministers und Mao-Gegners Peng Teh-huai durch Lin Piao aufweist. Mit einem Angriff auf Wu Han ließ Mao im November 1965 die K. beginnen.

Als ideologischer Ausgangspunkt für die K. diente Maos These von der *Fortdauer des Klassenkampfes in der sozialistischen Gesellschaft.* Nach dieser These führen die proletarischen Massen der Arbeiter, Bauern und Soldaten auch nach der Revolution noch lange einen erbitterten Kampf gegen die Bourgeoisie, die keine Machtposition kampflos aufgibt. Die Sowjetunion sei das beste Beispiel, wie die Bourgeoisie mit Hilfe des Revisionismus die Errungenschaften des Proletariats wieder in Frage stellen kann. Die natürliche Bastion der bürgerlichen Elemente, die dem Ansturm des Proletariats den längsten und zähesten Widerstand entgegensetzt, ist die Kultur, die somit zum entscheidenden Hebel des Klassenkampfs wird. Aufgabe der K. ist es daher, neue sozialistische und proletarische Werke im Stil des revolutionären Realismus und der revolutionären Romantik zu schaffen, das Denken der Menschen zu emanzipieren und die blinde Gläubigkeit überwinden zu helfen, mit der diese u. a. die klassische oder auch die sowjetische Literatur verehren; gegen die bürgerlichen Literaten und Kunstkritiker vorzugehen, die Zersetzung durch bourgeoise Ideen zu bekämpfen und so schließlich eine neue Ära sozialistischer und proletarischer Kultur einzuleiten. Den richtigen Weg weisen dabei die Schriften Mao Tse-tungs, der mit seinen Losungen „Immer der Massenlinie folgen“ und „Der Politik den Vorrang geben“ die Grundzüge der anzuwendenden Methode angegeben hat (vgl. Leitartikel der Armeezeitung in: Kulturrevolution, 1966, H. 1, S. 1–41).

Im Prinzip erscheint die K. hier als permanenter Auftrag an eine sich ständig im Abwehrkampf gegen bürgerliches Gedankengut befindliche Gesellschaft. Das Besondere an der Situation von 1965 in China bestand jedoch darin, daß nach Maos Auffassung die zu bekämpfenden Revisionisten in leitenden Partei- und Staatspositionen saßen und daß daher entschieden werden mußte, ob der Klassenkampf auch die Reihen der Kommunistischen Partei erfassen und ob in diesem Fall die Auseinandersetzung offen oder parteiintern geführt werden sollte. Mao bejahte das erstere und setzte schließlich auch eine offene Austragung des Kampfes durch. Er entschied sich damit für eine Taktik, die nicht nur für die Partei, sondern auch für ihn selbst sehr gefährlich werden konnte. Es zeigte sich aber bald, daß er sich doppelt abgesichert hatte: einmal durch die Armee, die seit 1959 von Lin Piao systematisch für ihre Aufgabe während der K. geschult worden war und deren Organ „Tschieh-fang-tschün Pao" 1966 auch die richtungweisenden Dokumente publizierte, und zum anderen durch die anerkannte Verbindlichkeit seiner Schriften, die seit 1966 durch kostenlose Verteilung von – ursprünglich für die Armee bestimmten – Zitatensammlungen (später als *Rotes Buch* bekannt geworden) weiteste Verbreitung fanden und während der komplizierten Vorgänge der K. stets als Richtlinie herangezogen werden konnten.

### II. Die Kulturrevolution bis zum 11. Plenum des ZK

Im September 1965 forderte Mao in einer Sitzung des Politbüros die Durchführung einer K., damit die Kritik am Revisionismus eine breitere Basis erhalte. Daraufhin etablierte sich eine Kommission unter Peng Tschen, die sich *Gruppe der Kulturrevolution* nannte und praktisch die Arbeit einer Propagandaabteilung des Politbüros übernahm. Die lokalen Kulturfunktionäre erhielten Anweisung, gegen die Überreste der Vergangenheit in der Kultur vorzugehen und die Kritik am Sowjetrevisionismus zu intensivieren. Im November erfolgte dann durch Jao Wen-jüan, einen Vertrauten Maos, der erwähnte Angriff auf Wu Han, der die innenpolitische Seite der K. verdeutlichen sollte. Bald geriet auch die Peng-Tschen-Gruppe, die sich zunächst mit Erfolg bemüht hatte, den akademischen Charakter der Auseinandersetzung zu wahren, in das Schußfeld der Maoisten, aber Peng Tschen selbst verlor seine hohen Parteiämter erst im Juni 1966. Zuvor war erstmals ein höherer Funktionär öffentlich als Reaktionär gebrandmarkt worden: Teng To, der 1961/62 den Großen Sprung nach vorn ebenfalls durch Anspielungen in seinen Werken kritisiert hatte. Noch überraschender waren die Angriffe auf Tschu Jang, der jahrelang für Propagandafragen in der Literatur zuständig war und als Mao-Anhänger galt. Damit war der Beweis erbracht, daß dieser „Klassenkampf" auch vor den höchsten Parteiführern nicht haltmachen würde, und etwa ab Mai 1966 wurde für die Kritik an hochgestellten Persönlichkeiten, von der Pekinger Universität ausgehend, sogar eine spezielle Form entwickelt: die „Wandzeitung mit großen Schriftzeichen“ *(Dazi pao)*, die als ein von den Publikationsmitteln der Partei unabhängiges Agitationswerkzeug bald breite Anwendung fand.

Im Juni/Juli 1966 gelangen Mao mit Hilfe der Armee wichtige personelle Umbesetzungen, und am 20. Juni nahm eine neue *Gruppe für die Kulturrevolution* die Arbeit auf, zu der u.a. Tao Tschu, Tschen Po-ta und Kang Scheng gehörten. Diese neue Gruppe arbeitete eng mit Maos Frau Tschiang Tsching zusammen, die sich besonders der Kulturarbeit in der Armee gewidmet hatte. Die Durchführung der K. im großen Maßstab konnte beginnen: Am 8. August 1966 verkündete das 11. Plenum des achten ZK jenen „Beschluß über die Große Proletarische Kulturrevolution“, der als Schlüsseldokument für ihr Verständnis anzusehen ist. In 16 Punkten wird hier Konzeption und Stoßrichtung der neuen Politik erläutert. Die wichtigsten Gedanken sind: Die Bourgeoisie ist zwar gestürzt, doch versucht sie immer noch, „die alten Ideen, die alte Kultur, die alten Sitten und Gebräuche der Ausbeuterklasse zu verwenden, um die Massen zu korrumpieren, ihre Herzen zu gewinnen und eine Restauration mit allen Kräften herbeizuführen“ (Beschluß, 1966, S. 1–2). Das Proletariat antwortet mit der Schaffung einer eigenen Kultur, gegenwärtig aber kämpft es „gegen Leute in Machtpositionen, die den kapitalistischen Weg gehen“, womit alle Gegner Maos in ZK und Politbüro, besonders als Liu Schao-tschi und Teng Hsiao-ping gemeint waren. Kampfmittel der revolutionären Massen sind die Wandzeitungen und die großen Debatten, in denen Argumente, nicht Gewalt entscheiden sollen. Der Ausgang der K. hängt davon ab, „ob die Parteiführung es wagt…, kühn die Massen zu mobilisieren“ (ebd. S. 5). Während der K. müssen sich die Massen selbst befreien, und es ist falsch, für sie zu handeln. Die neuen Organisationsformen sind die Gruppen, Komitees und Kongresse der K., deren Mitglieder nach dem Wahlsystem der Pariser Kommune ermittelt werden sollen und jederzeit kritisiert werden dürfen. Die Ausbildung der Schüler und Studenten muß verkürzt und gleichzeitig verbessert werden, so daß diese neben ihrem Studium in Industrie und Landwirtschaft arbeiten, das Militärwesen studieren und an der K. teilnehmen können. Die K. darf die Produktion in keiner Weise hemmen. Richtungweisend für alle Aktionen während der K. sind die Gedanken Mao Tse-tungs.

### III. Der Kampf um die Revolutionskomitees

Im Juni 1966 wurden die Mitglieder des Kommunistischen Jugendverbandes in zwei Gruppen eingeteilt: Abkömmlinge von Bürgern und Kinder von Arbeitern, Bauern und Soldaten. Der Lehrbetrieb an Schulen und Universitäten wurde für sechs Monate eingestellt und die proletarische Gruppe darauf vorbereitet, die K. zu propagieren. Im August formierten sich Schüler und Studenten zu *Roten Garden* und gingen zunächst gegen alles Alte und Bürgerliche vor: sie schnitten den Mädchen die Zöpfe ab, änderten Straßennamen, drangen in Bürgerhäuser ein und zerstörten einige Museen. Sehr bald aber begannen sie herumzureisen, um revolutionäre Erfahrungen auszutauschen und die K. in der Provinz voranzutreiben. Eine gewaltige Reisebewegung setzte ein, die fast zum Zusammenbruch des Transportwesens führte und die örtlichen Parteikomitees vor schwierige Organisationsprobleme stellte, die oft nur mit Hilfe der Armee und unter Inkaufnahme des daraus resultierenden Abhängigkeitsverhältnisses zu lösen waren. In Wandzeitungen oder privaten Zeitschriften und Flugblättern wurden die „bürgerlichen Elemente" kritisiert und bloßgestellt; aber auch die Parteifunktionäre blieben nicht lange verschont. Jedoch wurden durchaus nicht alle Roten Garden von den Maoisten beherrscht; sie waren vielmehr der ständige Zankapfel aller sich befehdenden Parteigruppen und waren auch untereinander keineswegs einig. Wo die „Rebellen", wie die maotreuen Gruppen sich nannten, in der Überzahl waren, bildeten sie sog. Hauptquartiere; oft existierten aber auch mehrere dieser Hauptquartiere nebeneinander. Maos Gegner, die um ihren Rückhalt in der Provinz fürchteten, wiesen die örtlichen Parteisekretäre an, auch die Arbeiter „zum Austausch revolutionärer Erfahrungen" auf Reisen zu schicken und verteilten die dazu nötigen Gelder aus der Staatskasse. Die Anhänger Maos konnten darauf verweisen, daß die Produktion nicht unter der K. leiden dürfe und konterten die Taktik ihrer Gegner mit dem Vorwurf des „Ökonomismus", der die Arbeiter zum Syndikalismus verleite und die Wirtschaft ins Chaos führe. Während der *Offensive gegen den Ökonomismus* wurde die Gruppe der K. ein weiteres Mal reorganisiert: anstelle von Tao Tschu übernahm der Historiker Wang Li den Vorsitz, und Tschiang Tsching wurde nun auch offiziell Mitglied.

Indessen ging der Machtkampf in den Provinzen weiter. An die Stelle der Parteikomitees traten als neue Machtorgane allmählich Revolutionskomitees (auch *Revolutionäre Dreierverbindungen* genannt), die sich aus drei Gruppen zusammensetzten: gewählte alte Parteikader, die sich für das neue System erklärt hatten, gewählte Vertreter der neugebildeten Rebellenorganisationen und Vertreter der jeweiligen politischen Abteilung der Armee, die vor allem als Vermittler in diesem neuen Gremium fungieren sollten. Das Modell für diese Umbildung der Exekutive, die „eine viel weiterreichende Beteiligung der Basis an der Entscheidungsgewalt" (Blumer, 1968, S. 284) ermöglichte, hatte Shanghai geliefert, wo die Rebellen nach Kämpfen, über die sehr wenig bekannt ist, im Januar 1967 nach Pariser Vorbild eine Kommune mit einem „Revolutionskomitee" an der Spitze gegründet hatten.

Im gleichen Monat rief Mao die Armee zu noch stärkerem Einsatz in der K. auf. Sie sollte aktiv für die Linke, d.h. die maotreuen Rebellengruppen, Partei ergreifen; in der Folgezeit übernahm sie in einigen Gebieten die direkte Kontrolle. Gleichzeitig mehrten sich die Anzeichen für eine Rückbeorderung der Roten Garden. An die Rebellen ergingen erste Aufrufe, zu ihren Schulen und Universitäten zurückzukehren und in den dortigen lokalen Organisationen tätig zu werden. Die Führung der K. ging von den Schülern und Studenten auf die in allen Betrieben entstehenden pro- und antimaoistischen Revolutionskomitees über. Der Wiederbeginn des Lehrbetriebs wurde für März in Aussicht gestellt.

Im April 1967 begann dann, zunächst allerdings ohne Namensnennung, eine Pressekampagne gegen Liu Schao-tschi und Teng Hsiao-ping. Man warf ihnen vor allem vor, den „kapitalistischen Weg" zu gehen, d.h. nicht bereit zu sein, sich dem Urteil der Massen anzuvertrauen, sondern im Gegenteil von diesen Unterordnung unter die Parteiführung zu verlangen. Liu habe ferner dazu aufgerufen, von den Klassikern anstatt von den Massen zu lernen, und habe das Ideal der „Selbstvervollkommnung" propagiert. Mit diesen teilweise öffentlichen Anschuldigungen gegen hohe Partei- und Staatsfunktionäre hatte die K. ihren Höhepunkt erreicht. In der Provinz verweigerten jetzt die Parteisekretäre die Mitarbeit in den Revolutionskomitees, und es kam sogar zu blutigen Auseinandersetzungen. Ein Teil der Rebellen hatte sich aus den Beständen der Volksmiliz mit Waffen versehen und rechtfertigte deren Anwendung mit der von Tschiang Tsching im August 1966 ausgegebenen Parole „Greift an mit Worten, verteidigt mit Waffen", die daraufhin zurückgenommen wurde. Gleichzeitig erhoben die Roten Garden die Forderung, die K. auch in die Armee hineinzutragen, die bisher verschont geblieben war. In dieser Situation wurde plötzlich die Stoßrichtung der K. geändert; ihr neues Ziel wurde die extreme Linke.

### IV. Der Kampf gegen die Linke

Im Herbst 1967 waren wenigstens zwei ultralinke Rebellenorganisationen entstanden (vgl. Dokumente, in: Mehnert, 1969, S. 73ff.), die mit der Entwicklung der K. während des Jahres 1967 nicht zufrieden waren. Orientiert am Vorbild der Pariser und Shanghaier Kommune beschwerten sie sich darüber, daß die Armee bei der Bildung der Revolutionskomitees die alten „prokapitalistischen" Kader unterstütze, und machten dafür die allmächtige Bürokratie unter Ministerpräsident Tschou En-lai als dem obersten Bürokraten verantwortlich. Die Revolutionskomitees hätten unter diesen Umständen an der alten Machtstruktur nichts verändert und dienten nur der Verschleierung des Klassenkampfes zwischen den Bürokraten und den revolutionären Massen. Die Komitees seien daher zu bekämpfen, und man forderte die Gründung einer neuen Partei. Diese Argumentation stand zwar durchaus im Einklang mit der von Mao selbst beschworenen Gefahr des Revisionismus und der von ihm in diesem Zusammenhang formulierten Aufgabenstellung der K., doch schien sie ihm und sogar den linken Mitgliedern der Kulturrevolutionsgruppe (Tschiang Tsching, Kang Scheng und Jao Wen-jüan) zu gefährlich. Sie wurde daher entschieden zurückgewiesen; eine der beiden Gruppen, die *16.-Mai-Organisation,* mußte sich sogar auflösen. Es begann eine Revision der unzähligen Rebellenorganisationen unter dem Motto, das Erreichte müsse gefestigt, die Einheit wiederhergestellt und eine neue Autorität aufgerichtet werden. Die am 1. Oktober 1967 von Lin Piao ausgegebene Lösung „Bekämpfe die Eigensucht, kritisiere den Revisionismus!" veranschaulicht die Verlagerung der Priorität auf die inneren Probleme der revolutionären Organisationen (vgl. Blumer, a.a.O. S. 361).

Von da an trat die K. immer mehr in den Hintergrund. Die Maßnahmen gegen die extreme Linke dagegen wurden auch 1968 fortgesetzt. Viele Studenten und Schüler mußten ihre Ausbildung unterbrechen und wurden für unbestimmte Zeit zur Verrichtung körperlicher Arbeit aufs Land geschickt. Die Presse polemisierte gegen den „kleinbürgerlichen Anarchismus", und im Sommer tauchten an Schulen und Universitäten Arbeiterpropagandatrupps auf, um die Intellektuellen, die den Weisungen Maos zuwiderhandelten und angeordnete Maßnahmen, wie z.B. die Errichtung revolutionärer Dreierverbindungen, sabotierten, auf den rechten Weg zu bringen. Die gleichen Methoden, die in der Anfangszeit der K. von der in den Roten Garden organisierten Jugend in allen Fabriken und Behörden gegen bürgerliche, kapitalistische und revisionistische Kräfte angewandt worden waren, übernahm nun die Arbeiterschaft, deren Führungsrolle plötzlich stark betont wurde, um Linksextremisten unter eben diesen Jugendlichen (vgl. Dokumente, in: Mehnert, a.a.O.) auszuschalten.

Es muß offenbleiben, inwieweit die von den Linken angesprochenen (aber nicht Mao angelasteten) Mißstände in Maos Konzept der K. bereits einkalkuliert waren. Jedenfalls erklärte er bereits im März 1967 auf die Frage nach der weiteren Verwendung der alten Kader, daß die meisten Funktionäre für die Arbeit in den neuen revolutionären Organisationen gut oder zumindest einigermaßen gut geeignet seien. Tatsächlich zeigt die Zusammensetzung der bis September 1968 in den Provinzen gebildeten Revolutionskomitees, daß die Armee und die alten Kader weit besser repräsentiert waren als die revolutionären Massenorganisationen, die überdies nicht einen einzigen Vorsitzenden stellten. Weniger fraglich ist dagegen das Ergebnis der K. in einer anderen Hinsicht: Mit Liu Schao-tschi mußte 1968 der gefährlichste Gegner Maos abtreten, und der IX. Parteikongreß vom April 1969 bestätigte den vollständigen Sieg der Maoisten über die Parteiopposition.

## *D. Zur Einschätzung der chinesischen Kulturrevolution*

### I. Interpretationsmöglichkeiten

In den propagandistischen Grundlagenschriften zur Durchführung der Großen Proletarischen K. in China werden vier Werke Mao Tse-tungs als die entscheidenden Anweisungen herausgestellt. Es sind dies: die Abhandlungen „Über die neue Demokratie" aus dem Jahr 1940 (Mao, 1956, Bd 3, S. 126–185), die „Reden auf der Beratung über Fragen der Literatur und Kunst in Jänan" 1942 (ebd. Bd 4, S. 82–123), die Schrift „Über die richtige Lösung von Widersprüchen im Volke" (Peking 1959) aus dem Jahr 1957 und die „Rede auf der Landeskonferenz der KP Chinas über Propagandaarbeit" (von 1965). Am ausführlichsten ist in der frühesten dieser Schriften von der K. die Rede. Man könnte also die K. als etwas *theoretisch Vorbedachtes* interpretieren und hätte sich sodann im wesentlichen mit der Theorie und weniger mit der praktischen Durchführung der K. zu beschäftigen. Die Tatsache aber, daß der Hergang der K. den Eindruck macht, als handle es sich um einen ordinären Machtkampf, wie er in Einparteiensystemen kommunistischer Prägung immer wieder vorkommt, läßt freilich fragen, ob dieser Machtkampf nicht auch unter einer anderen Thematik hätte stehen können.

Man könnte nämlich die K., wenn man diesem Gesichtspunkt folgt, auch als spezifische Ausdrucksform eines *Machtkampfes* interpretieren. Dabei hätte man sich dann vorwiegend mit den Aktionen der einzelnen Gruppen, dem Widerstreit der Kräfte und der Herauskehrung von Siegern und Besiegten und am allerwenigsten mit Theorien zu beschäftigen. Damit sind die einander im Extrem gegenüberstehenden Interpretationen bezeichnet. Es kann als sicher gelten, daß der Titel „Kulturrevolution" nicht alle Aspekte des aufgebrochenen Streites deckt. Beispielsweise hat das Militär unter Lin Piao eine enorme Rolle bei der Vorbereitung (Kaderschulung) und bei der machtmäßigen Absicherung der K. gespielt. Dies geschah, nachdem zuvor diejenigen militärischen Führungskräfte ausgeschaltet worden waren, die nach den Erfahrungen des Koreakrieges für eine Modernisierung und Technisierung der Armee eingetreten waren, und zwar unter einem gewissen Abrücken von der Guerilladoktrin Mao Tse-tungs. Es spielen also auch Auswirkungen des Moskau-Peking-Konflikts in die K. hinein.

Man hat ferner in Rechnung zu stellen, daß drei von Mao mit allem Nachdruck unterstützte – wenn nicht sogar von ihm selbst konzipierte –, großangelegte Aktionen zur Ausgestaltung einer sozialistischen Gesellschaftsordnung in China nach der endgültigen Machtübernahme bis zur Mitte der sechziger Jahre mißlungen waren. Sämtliche drei Aktionen hatten zum Ziel, die städtische Bevölkerung in derselben Weise in das System zu integrieren wie die ländliche. Denn während man die Bauern in der gesamten vorangegangenen Kriegs- und Bürgerkriegszeit durch Bodenumverteilung zur Zusammenarbeit mit den kommunistischen Truppen gebracht und damit für die Sache der Revolution gewonnen hatte, waren die Millionen-Massen der Stadtbevölkerung keinem solchen unter kämpferischen Bedingungen entfalteten, lang anhaltenden Einfluß der kommunistischen Kräfte ausgesetzt gewesen. Da die bloße Sozialisierung der Industrie keine sozialistische Gesinnung der Stadtbevölkerung hervorrief, versuchte Mao Tse-tung zunächst mit der Bewegung *Laßt hundert Blumen nebeneinander blühen! Laßt hundert Schulen miteinander streiten!* die urbane Intellektuellenschicht zur Auseinandersetzung mit dem Marxismus und zur Einstimmung in dessen Denkweise zu bewegen. Die Bewegung endete aber insofern mit einem Desaster, als man die systemkritische Potenz der chinesischen Intellektuellen offensichtlich unterschätzt hatte. Die beiden anderen, miteinander kombinierten Vorhaben, der *Große Sprung nach vorn* und die *Bewegung zur Errichtung der Volkskommunen,* endeten mit einem wirtschaftlichen Fiasko und führten zu einem Zustand gesellschaftspolitischer Konfusion. Es war daher nicht verwunderlich, daß diese drei Fehlschläge oppositionelle Kräfte gegenüber Mao Tse-tung auf den Plan riefen. Mit der langfristig vorbereiteten, sehr geschickt inszenierten und in ihrer Durchführung – bis auf eine Reihe allerdings auch kritischer Zwischenfälle – durchaus gut kontrollierten K. scheint es Mao gelungen zu sein, nicht nur der oppositionellen Kräfte Herr zu werden, sondern auch in einem vierten Anlauf die Integration der städtischen Bevölkerung in das System anzubahnen.

Für die Interpretation der K. sollte man die hier genannten extremen Interpretationsmöglichkeiten zwar durchaus berücksichtigen, aber nicht in einseitiger Betonung vortragen. Angesichts der theoretischen Grundlegung, die Mao bereits 1940 für eine K. gegeben hat, kann man kaum annehmen, daß die Überwindung der aufgekommenen Schwierigkeiten unter einem anderen Kampagne*thema* hätte erfolgen können. Man darf mit Sicherheit annehmen, daß Mao und die von ihm geführte Gruppe aus den Fehlern der vorangegangenen Kampagnen gelernt hatten. Die Möglichkeit, die westliche Interpreten zuweilen kalkulierten, wonach die K. China wenn nicht in einen Bürgerkrieg, so doch an den Rand desselben führen könne, war im Hinblick auf die wohlvorbereitete Durchführung und die klar begrenzte Zielsetzung der K. für die chinesische Führung von vornherein ausgeschlossen.

## II. Ideologische Voraussetzungen

Mao Tse-tung hat in seiner 1940 verfaßten Schrift „Über die neue Demokratie" eine eingehende Schilderung dessen gegeben, was er unter „Kultur" einerseits und unter „Kulturrevolution" andererseits versteht. Er definiert: „Jede gegebene Kultur ist die Widerspiegelung der Politik und der Ökonomik einer gegebenen Gesellschaft in der Ideologie" (1956, Bd 3, S. 167). Der Wechselwirkungsmechanismus von

Basis und Überbau gilt nach dieser Klassifizierung in vollem Umfang auch für die Kultur. Das Besondere der chinesischen Situation hat Mao 1940 darin gesehen, daß in China die kulturrevolutionären Kräfte gegen eine alte Kultur ankämpfen müssen, die zwei Komponenten hat: die Überreste der feudalen Kultur und die eingeführten Traditionen der imperialistischen Kultur. Für Mao ist die Ablösung einer jeden – alten – Epoche durch eine neue, fortschrittlichere Epoche mit einer K. verbunden. Er spricht deshalb im Hinblick auf die weltweite Ausdehnung der industriell-kapitalistischen Wirtschafts- und Lebensformen auch von einer „weltumfassenden bürgerlichen, kapitalistischen Kulturrevolution" (ebd. S. 171). In diesem Sinn der Verbundenheit von neuen Wirtschafts- und Lebensformen mit neuen Kulturformen geht Mao von dem Postulat aus, daß die sozialistische Gesellschaft neben ihrer sozialistischen Wirtschaft und Politik auch eine sozialistische Kultur haben werde. In der Übergangsphase von dem durch imperialistische Einflüsse und übriggebliebene halbfeudale Verhältnisse geprägten Gesellschaftszustand zum Sozialismus, d.h. in der revolutionären Übergangsphase, ereignet sich auch die K., durch welche die sozialistische Kultur hervorgebracht wird. „Die Kulturrevolution spiegelt in der Ideologie die politische und ökonomische Revolution wider und dient ihr" (ebd. S. 172). Der K. wird dabei ein sehr hoher *gesellschaftspolitischer Stellenwert* zugesprochen. Er konstatiert: „Der Kampf zwischen der neuen und der alten Kultur ist ein Kampf auf Leben und Tod" (ebd. S. 167). Für Mao ist eine Revolution nur dann vollkommen, wenn sie eine K. impliziert. Wird also im Zug einer revolutionären Bewegung in einem Land der Sozialismus ökonomisch und politisch etabliert, ohne daß zugleich eine K. stattgefunden hat, so ist die Revolution noch nicht vollendet. Geschichte der Revolution und Geschichte der K. sind seiner Meinung nach miteinander verquickt. Für die Zeit seit dem Opiumkrieg (1840–42) setzt Mao zwei kulturrevolutionäre Perioden an, die erste bis zur „Bewegung des 4. Mai" von 1919, die er als die Periode der *alten Demokratie* bezeichnet, und die zweite Periode ab 1919, die er als die der *neuen Demokratie* einstuft (und zwar mit vierfacher Unterteilung; vgl. ebd. S. 172 bis 178).

Bei der *Durchführung der* K. hat man auf drei Faktoren besonders zu achten. Es gilt *erstens,* die besten Traditionen der eigenen nationalen Kultur zu pflegen, *zweitens,* vom Ausland zu lernen, und *drittens,* den Kulturwandel nicht überstürzt direktiv, sondern auf Massenbasis herbeizuführen. Um diese Faktoren in marxistisch-leninistischer Art gebührend berücksichtigen zu können, muß man sich über das Ziel der K. im klaren sein. Es besteht im Aufbau einer neuen sozialistischen Kultur. Aber „die imperialistische Kultur und die halbfeudale Kultur sind zwei sehr einträchtige Brüder; sie bilden einen reaktionären Block und kämpfen gegen die neue Kultur Chinas. Diese reaktionäre Kultur dient den Imperialisten und der feudalen Klasse. Sie muß niedergerissen werden. Ohne sie niedergerissen zu haben, ist es unmöglich, eine neue Kultur aufzubauen“ (ebd. S. 167). Das Niederreißen ist insofern kompromißlos, als es die Ideologie des Feudalismus und Imperialismus betrifft. Es gehört also Kenntnis und Unterscheidungsvermögen dazu, um „sich im Prozeß der Entwicklung der alten Kultur zurechtzufinden, das ganze feudale Gerümpel daraus zu entfernen und ihr den demokratischen Kern zu entnehmen – das ist eine unerläßliche Voraussetzung für die Entwicklung der neuen nationalen Kultur und für die Festigung des Glaubens der Nation an die eigenen Kräfte“ (ebd. S. 183). Kann man dieses Unterscheidungsvermögen voraussetzen, so ist Mao durchaus bereit, einzuräumen, daß im feudalen China eine großartige Kultur geschaffen wurde. Mit gleichartigen Distinktionen kann er deshalb auch sagen: „China muß die fortschrittliche Kultur fremder Staaten in großen Mengen in sich aufnehmen als Rohstoff für die Bereicherung der eigenen Kultur ... beispielsweise ... die Kultur der Epoche der Aufklärung in den verschiedenen kapitalistischen Ländern“ (ebd. S. 182). Mit dieser Empfehlung war aber zugleich die kritische Distanzierung von denen verbunden, die „durchgängiger Europäisierung“ Chinas das Wort redeten (ebd.). Dieser Parole der chinesischen Intellektuellen widersetzte sich Mao Tse-tung mit einer Argumentation, die zunächst so wirkt, als sei sie nur nach dem simplen Prinzip des *einerseits und andererseits* aufgebaut. Er sagte:

> „Wir müssen alles, was uns heute nutzen kann, in uns aufnehmen. Aber mit allem, was ausländisch ist, muß man verfahren wie mit der Nahrung, die zunächst im Munde zerkaut, im Magen und im Darm verarbeitet, mit Speichel, mit Magen- und Darmsaft durchfeuchtet und dann geteilt wird in Ausscheidungen, die beseitigt werden, und in einen Extrakt, der aufgenommen wird; nur dann wird die Nahrung für unseren Organismus von Nutzen sein“ (ebd.).

Mit der Warnung, daß die mechanische Aneignung der ausländischen Kultur in der Vergangenheit den Chinesen mehr geschadet als genutzt habe, verbindet Mao nun aber im Rückgriff auf die gegebene Definition von „Kultur“ die äußerst wichtige – in der Geschichte des Marxismus ohne Vorbild dastehende – Wendung, daß man bei der *Übernahme des Marxismus* nach China ebenso verfahren müsse. Bietet die Diskussion über die *Anwendung* des Marxismus auf russische Verhältnisse zwar eine gewisse Parallele im Hinblick auf den Export von Ideologien, so ist aber doch mit der Übernahme des Marxismus in China erstmals der europäische, antik-christlich geprägte Kulturbereich transzendiert.

Der Terminus „Kulturrevolution“ erhält im Sprachgebrauch Mao Tse-tungs durch die von vornherein gemachte Einschränkung, daß auch der Marxismus „ausländisch“ ist, eine Bedeutung, die er im sowjetischen Sprachgebrauch nie erlangt hat. Die Zurückweisung der Formel von „durchgängiger Europäisierung“ (ebd.) ist zugleich die

Verurteilung der linksradikalen Parteiintellektuellen, die in der Nachahmung europäischer Revolutionspraktiken den taktisch richtigen Weg der chinesischen Kommunisten erkennen wollten.

„Die Forderung nach ‚durchgängiger Europäisierung' ist falsch. Die mechanische Aneignung alles dessen, was ausländisch ist, hat China in der Vergangenheit großen Schaden zugefügt. Bei Anwendung des Marxismus in China müssen die chinesischen Kommunisten in gleicher Weise die allgemeinen Wahrheiten des Marxismus restlos und geschickt mit der konkreten Praxis der chinesischen Revolution verbinden, mit anderen Worten, sie mit den nationalen Besonderheiten Chinas verbinden, sie in eine bestimmte nationale Form kleiden, und nur dann wird unsere Arbeit Nutzen bringen. Nie und nimmer darf der Marxismus subjektivistisch, schematisch angewendet werden. Was die Schematiker unter den Marxisten tun, ist einfach eine Verhöhnung des Marxismus und der chinesischen Revolution. In den Reihen der chinesischen Revolution gibt es für sie keinen Platz. Die chinesische Kultur muß ihre eigene, das heißt nationale Form haben. National in der Form, neudemokratisch dem Inhalt nach – das ist unsere heutige neue Kultur" (ebd. S. 182f.).

Durch die chinesische *Tradition* ist für Mao Tse-tung eine Bedingung für die Übernahme des genuin ausländischen Marxismus vorgegeben, die er strikt zu beachten sucht. Das hat seinen Grund nicht zuletzt darin, daß er sich als derjenige Führer in der KP Chinas erwies, dem es gelang, eigenständig eine chinesische Alternative zu den sich in China als verfehlt erweisenden europäischen Revolutionsstrategien zu entwickeln. Nicht nur hinsichtlich der Revolutionspraktiken, auch hinsichtlich der Industrialisierungsvorhaben hat Mao die Notwendigkeit der Rücksichtnahme auf die spezifisch chinesischen Bedingungen betont. Wichtiger als das bloße Kopieren sowjetischer Vorbilder ist für ihn, den „Geist anzustrengen und all das zu studieren, was den Bedingungen in unserem Lande entspricht". Dies betonte Mao 1957 sogar angesichts der industriell-technischen Hilfeleistungen der UdSSR für China in seiner Schrift „Über die richtige Lösung von Widersprüchen im Volke" (Peking 1959, S. 79). Dieser Traktat ist die nach der Abhandlung „Über die neue Demokratie" wichtigste Schrift zur theoretischen Fundierung der Kulturrevolution. Es geht dabei um Widersprüche, die sich aus einer ganz neuen Art von Tradition ergeben: aus der sich im Lauf der Jahre herausbildenden kommunistischen Eigentradition in China. Es zeige sich, führt Mao hierbei aus, daß eine Reihe von Leuten die kommunistischen Errungenschaften absolut setze. Auf diese Weise verliere der Kommunismus als Führungsstil seine Wendigkeit. Entscheidungen von früher würden von Parteiinstanzen, die zur bürokratischen Erstarrung neigten, als Argumente gegen oder für Entscheidungen in einer neuen Lage von heute angeführt. „Einige Menschen verstehen nicht, daß unsere gegenwärtige Politik der gegenwärtigen Lage angepaßt ist und daß unsere frühere Politik der früheren Lage angepaßt war" (ebd. S. 33). Um zu einer einheitlichen Auffassung von (Partei-)Führung und (Partei-)Volk zu gelangen, bedürfe es einer intensiven ideologischen Erziehungsvorbereitung.

Hierbei möchte Mao aber alles vermieden wissen, was mit Zwangsmaßnahmen verbunden ist. Zwang und Diktatur richten sich gegen den Feind. Widersprüche im Volk überwindet man durch Überzeugung, und zwar nach der Devise „Einheit–Kritik–Einheit". Diese Losung habe sich unter verschiedenen historischen Konstellationen bewährt (vgl. ebd. S. 18f.) und sei auch heute wieder anwendbar, zu einer Zeit, in der sich sowohl bei einigen Parteiführern wie Intellektuellen und bei Bauern und Arbeitern falsche Ideen breitgemacht hätten. Mao Tse-tung argumentiert:

„Würde es genügen, solche Ideen zu verbieten und ihnen keine Möglichkeit zu geben, zum Ausdruck zu kommen? Gewiß nicht. Es ist nicht nur nutzlos, sondern sogar sehr schädlich, plumpe und summarische Methoden für die Behandlung ideologischer Fragen im Volke, für die Behandlung von Fragen des Geisteslebens der Menschen anzuwenden. Man kann die Äußerung falscher Ideen verbieten, aber die Ideen werden doch weiterbestehen" (ebd. S. 59).

Da die falschen Ideen aber z. T. bereits auf marxistischem Unterbau aufruhen, weil sie mit Berufung auf frühere Parteiarbeit und Kampferfahrung gepflegt werden, muß also bei der ideologischen Erziehungsarbeit auch marxistisch Einwandfreies früherer Zeit kritisiert werden.

„Man könnte fragen: Da der Marxismus von der Mehrheit des Volkes in unserem Lande als führende Ideologie angenommen ist, kann er da noch kritisiert werden? Aber sicher. Als wissenschaftliche Wahrheit fürchtet der Marxismus keine Kritik. Täte er es und wäre er mit Argumenten zu besiegen, dann taugte er nichts" (ebd. S. 58).

Freilich kalkuliert Mao im Zuge seiner Argumentation zugleich, daß eine Kampagne der Kritik zugleich erhebliche Unruhe mit sich bringen werde. Da es aber im Grunde immer nur einige kleine Gruppen von Menschen seien, von denen die Unruhe ausgehe, so könne man dieser Unruhe durchaus Raum geben. Denn „wenn Unruhen entstehen, dann zwingen sie uns, Lehren aus ihnen zu ziehen und die Bürokratie zu überwinden sowie die Kader und das Volk zu erziehen" (ebd. S. 70). Mao bucht die ideologische und praktische Erstarrung weitgehend unter Bürokratie, hat dabei aber immer im Blick, daß deren Überwindung bei den Führungskräften ansetzen muß, d.h. Kader und Volk betrifft. Der Weg führe zwangsläufig über Unruhen, die an sich schlecht seien, weil sie immer von kleinen Gruppen ausgingen. Beträfen die Unruhen das ganze Volk, so handelte es sich nämlich um Revolutionen. Als solche wären sie gut, aber als solche richteten sie sich gegen den Klassenfeind. Bei der Beseitigung von Widersprüchen *im Volk* handele es sich aber nicht um Auseinandersetzung mit dem Feind, sondern um friedlich, wenn auch nicht ohne Unruhe beizulegende Konflikte. „In diesem Sinne können schlechte Dinge zum Guten gewendet werden. Die Unruhen haben also Doppelcharakter. Alle Arten von Unruhen können unter diesem Gesichtswinkel betrachtet werden" (ebd.).

Zur Zeit der Abfassung dieser Abhandlung bezog sich die Maosche Interpretation von Unruhe bereits nicht nur auf die Unruhe unter den Intellektuellen, sondern strikt, wie er sagt, auf alle Unruhen, so z.B. auch auf die den Westen und die UdSSR beunruhigende Frage der Möglichkeit eines dritten Weltkrieges, d.h. auf den zentralen Gegenstand des Moskau-Peking-Konflikts (vgl. ebd. S. 71f.). Daß die Schrift in eine Beziehung zum 1940 abgehandelten Thema „Kulturrevolution" zu setzen sei, hat 1957 wohl niemand erkannt. Die Unruhehypothese konnte sehr viel eher auf die nachfolgenden Kampagnen, den *Großen Sprung nach vorn* und die *Volkskommunenbewegung,* angewandt werden. Beide wurden ihr der Konzeption nach gerecht, wenn auch nicht im Erfolg. Durch den Mißerfolg entstand aber eine interessante Lage.

Die Kritiker Mao Tse-tungs in der Partei meinten, die Inhalte bzw. Zielsetzungen der Kampagnen seien verfehlt gewesen. Man mußte also die Partei vor Maos Kampagne-Ideen bewahren. Mao scheint demhingegen darauf bestanden zu haben, das Umgekehrte treffe zu. Die Zielsetzungen wären gut und klar, aber die Kampagnen würden falsch durchgeführt, nämlich bürokratisch, d.h. ideenlos, ohne Begeisterung der Kader und daher unverantwortlich in der Durchführung als Prozeß und Aktion. Seiner Meinung nach galt es, die Partei von den Bürokraten zu säubern. Da die Partei als Umerziehungsinstanz für die städtische Bevölkerung in seinen Augen dreimal versagt hatte, griff Mao nunmehr auf die Umerziehungsinstanz zurück, die während des Befreiungskrieges die Landbevölkerung in das System integriert hatte: die Armee. Auf diese Weise wurde Lin Pao, der einst die kommunistische Militärakademie zur Ausbildung der Offiziere geleitet hatte, wieder zu Rang und Ehren gebracht und zum Organisator der Kaderschulung für den Umerziehungsprozeß gemacht, der endlich die Integration der Stadtbevölkerung zuwege bringen sollte. Das theoretische Gerüst, d.h. die Strategie der Interpretationskampagne, ergab sich im wesentlichen durch das Zusammenspannen der oben behandelten Schriften. Auf diese beriefen sich dann auch die Propagandaleitlinien-Artikel der K. im Jahr 1966.

## III. Resultate der Kulturrevolution

Bedenkt man, daß der Marxismus in China nicht in derselben Weise wie in Europa auf Traditionswerten aufbauen kann, die das Kollektiv betonen, dann nimmt man eine der Schwierigkeiten in den Blick, der sich die chinesische Führung bei dem Versuch der Integration der Stadtbevölkerung in das System gegenübersah. Im europäischen Bereich sind Standardvokabeln des klassischen Marxismus und Sozialismus wie z. B. *Gemeinschaft, Hilfsbereitschaft, Brüderlichkeit, Solidarität, Einigkeit* hinsichtlich ihres Werthorizonts mit christlich geprägten Wertvorstellungen wie *Nächstenliebe, Erbarmen, Mitleid, Treue, Gerechtigkeit* usw. gesättigt. Auf einen gleichartigen religionsgeschichtlichen Hintergrund kann in China der Marxismus nicht aufbauen. Darüber hinaus haben die hundert Jahre halbkolonialen Daseins des chinesischen Volkes insbesondere unter der Stadtbevölkerung alles andere als Kollektivwerte unterstützt. Die ich-, chancen- und konkurrenzbetonenden Vorstellungen wurden in einer Zeit, in der sich die Oberschicht und das Bürgertum an die wechselnden Belange der Fremdmächte anpaßten, überproportional hoch bewertet. Die Stadtbevölkerung ist sodann mit den marxistischen Kollektivvorstellungen abrupt und ohne geistige Vorbereitung konfrontiert worden. Selbst längere kriegerische Erfahrungen, bei denen im Einsatz die Bedeutung des Kollektivs erlebt wird, fehlten ihr, denn der Krieg hatte sich als Guerillakrieg weitgehend in den ländlichen Regionen abgespielt. Dort hatte denn auch der Kommunismus entsprechend Fuß gefaßt.

Bei dem Versuch, die urbane Bevölkerung in das kommunistische System zu integrieren, war die Partei nicht nur in drei Kampagnen gescheitert, sondern breite Führungskader hatten sich sogar von der korrupten Individualgesinnung der Stadtbevölkerung beeindrucken und infiltrieren lassen. Das Scheitern des Volkskommunenprojektes wurde von Mao Tse-tung als das Scheitern der Parteiarbeit ausgelegt. Wollte man nach alldem noch zu einem Fortschritt kommen, so boten sich eigentlich nur zwei Mittel an, die dann auch tatsächlich benutzt wurden: In der Stadtbevölkerung mußte durch eine K. im wahrsten Sinne des Wortes eine Kollektivgesinnung hervorgerufen werden, und die Durchführung dieser K. mußte als einzige intakte Instanz von gefestigter marxistischer Prägung die Armee übernehmen. Da Mao aber von vornherein entschieden hatte, daß Zwangs- und Gewaltmaßnahmen als Mittel der Umerziehung nicht in Frage kämen, war ein *direkter* Einsatz der Armee ausgeschlossen. Man mußte also eine indirekte Einsatzform finden. Diese ergab sich auf dem Umweg über die *Roten Garden.* Bereits in den dreißiger Jahren hatte es solche Roten Garden gegeben. Es handelte sich um eine Organisation künftiger Rekruten der Roten Armee zur vormilitärischen Ausbildung. Statt einer vormilitärischen Ausbildung unterwarf man die Roten Garden nun einer eingehenden Kaderschulung, die auf die Durchführung einer K. ausgerichtet war. Geschult von den Parteikadern der Armee, kamen diese jungen Kader schließlich 1966 zum Einsatz und erzeugten jene Unruhe, die nach Mao Tse-tungs Konzeption unvermeidlich war, um zu einer Säuberung und Reorganisation der Partei einerseits zu kommen und um andererseits die Massenbevölkerung der Städte auf dem Umweg über die Auseinandersetzung mit den Roten Garden zu einer Identifikation mit seinem Führungsstil anzuleiten. Tatsächlich haben ja dann im Vollzug der K., als sich das Auftreten der Roten Garden zu einer ungebändigten Unruhe auswuchs, Arbeiter und Soldaten gemeinsam die Roten Garden wieder in ihre Schranken verwiesen. Auf diese umwegige Weise wurden die Arbeiter dazu gebracht, sich mit der Armee zu identifizieren. Was die Partei nicht erreicht hatte, war Lin Piao mit der vom Militär geschulten vormilitärischen Organisation gelungen. Die Roten Garden freilich, die Vermittler des Identifikationsvorganges, die treibenden Kräfte von Mao Tse-tungs und Lin Piaos Sieg über die parteioppositionellen Kräfte, wurden, nachdem sie ihre Schuldigkeit getan hatten, ebenso, wie man sie auf den Schauplatz gebracht hatte, wieder von diesem entfernt.

Daß die Roten Garden nur Mittel zum Zweck waren und daß sie nur dazu dienten, gemäß den strategischen Überlegungen von Mao Tse-tung und Lin Piao die Position einzunehmen, die durch die Unruhehypothese beschrieben wird, das ergibt sich ziemlich klar aus den parteiorganisatorischen Konsequenzen, die nach dem Abschluß der K. auf dem IX. Parteitag der KP Chinas im April 1969 gezogen wurden: Die eigentlichen Träger der unter der Devise *Massenbewegung plus Umerziehung* stehenden K., nämlich die Militärs, übernahmen nun auch die wichtigsten Führungspositionen in der Partei. Welche ausschlaggebende Rolle die unter Leitung Lin Piaos marxistisch-maoistisch indoktrinierten militärischen Führungskader nunmehr auch in der neuen Parteiführung spielen, ergibt sich aus der Tatsache, daß diese nun sowohl im ZK wie auch im Politbüro mit absoluter Mehrheit vertreten sind.

An die Stelle der korrumpierten Parteifunktionäre sind die Führungskader der Volksbefreiungsarmee als Instanzen der Massenbewegung und der Umerziehung getreten. Die Tatsache, daß überhaupt keine Vertreter der Roten Garden dem neuen ZK angehören – nur unter den nicht stimmberechtigten 109 Kandidaten des ZK befinden sich einige Personen, von denen eine Aktivität in den Roten Garden bekannt ist –, spricht dafür, daß die Roten Garden tatsächlich nur als Vehikel zur Einleitung des Umerziehungsprozesses, d.h. als Element einer an sich schlechten, aber im Effekt heilsamen Unruhe, benutzt worden sind.

Die Gesamtheit des Prozesses der K. läßt sich einer logisch in sich geschlossenen Deutung zuführen, wenn man sie als den Versuch umfassender Indoktrination der städtischen Massen begreift. An dieser Aufgabe waren die Parteifunktionäre zuvor mehrfach gescheitert. Statt daß diese aber ihren Führer Mao Tse-tung wegen verfehlter Direktiven zur Rechenschaft ziehen konnten, zog er nun sie wegen verfehlter Bemühungen zur Rechenschaft. Die überragenden strategischen und taktischen Fähigkeiten Mao Tse-tungs gegenüber seinen Rivalen wurden damit erneut unter Beweis gestellt.

## *E. Zum Vergleich der chinesischen und der sowjetischen Kulturrevolution*

Eine Beurteilung der Großen Proletarischen K. in China bereitet insofern Schwierigkeiten, als nicht leicht zu entscheiden ist, ob es sich dabei um einen bloßen Machtkampf innerhalb der KP Chinas handelte oder ob tatsächlich eine Umformung des Kultur- und Bildungswesens erfolgte, die eine Beseitigung auch der letzten bürgerlichen Einflüsse und somit die Festigung des proletarischen Charakters der Gesellschaft ermöglichte. Zweifellos waren zunächst durchaus beide Faktoren wirksam, doch trat ebenso sicher der zweite mit der Zeit im äußeren Ablauf immer mehr in den Hintergrund. Erst eine Beobachtung der weiteren Auswirkungen der K. wird hier eine detaillierte Abwägung ermöglichen.

Entschiedene Stellungnahmen zu dieser Frage liegen allerdings von sowjetischer Seite vor. Danach hatte die K. den Zweck, die KP Chinas zu schwächen und durch eine maoistische, ihrem Wesen nach antikommunistische Partei zu ersetzen, die regulären Staatsorgane der Volksdemokratie durch die Militärdiktatur eines einzelnen zu verdrängen, an die Stelle des kommunistischen Jugendverbandes die reaktionären Roten Garden zu setzen, Bildung, Kultur und Intelligenz zu zerstören und schließlich das kulturelle Erbe der Vergangenheit zu vernichten. Infolgedessen habe die Große Proletarische K. weder mit proletarisch noch mit K. etwas zu tun (vgl. Wan Min, o.J.; Šachnazarov, 1967). Ein Vergleich der chinesischen mit der sowjetischen K. wird daher nicht einmal erwogen.

So unterschiedlich aber Voraussetzungen und Ziele der K. in Rußland und China auch gewesen sein mögen, es gibt doch Vergleichbares.

1. Wie die Vertreter des Proletkult wollten die Anhänger Maos die bürgerliche Kultur und ihre Einflüsse durch die Schaffung einer proletarischen Kultur überwinden und standen dem überlieferten Kulturgut äußerst kritisch gegenüber.

2. Beide Parteien in der chinesischen K. beriefen sich zumindest in einem Fall ausdrücklich auf Äußerungen Lenins im Zusammenhang mit der sowjetischen K.: Als sich Wu Han im Januar 1966 gegen den Vorwurf wehren mußte, bürgerliche Moralbegriffe der Vergangenheit für die Gegenwart übernommen zu haben, zitierte er Lenins Kritik am Proletkult vom Oktober 1920: „Die proletarische Kultur muß die gesetzmäßige Weiterentwicklung jener Summe von Kenntnissen sein, die sich die Menschheit unter dem Joch der kapitalistischen Gesellschaft, der Gutsbesitzergesellschaft, der Beamtengesellschaft erarbeitet hat“ (LW, Bd 31, S. 276). Seine Gegner antworteten mit dem Hinweis auf Lenins Theorie von den zwei Kulturen (vgl. LW, Bd 20, S. 7–11), die klarstelle, welcher Teil der Tradition bewahrenswert sei

(vgl. Blumer, a.a.O. S. 52f.). Diese Episode veranschaulicht die Tendenz der Maoisten, Zitate zu verwenden, die eine radikalere Deutung zulassen, eine Methode, der sich auch Bogdanovs Anhänger bedienten.

3. Mao benutzte die K. u.a. dazu, seinen Gegnern Zusammenarbeit mit dem Klassenfeind nachzuweisen und sie auf diese Weise auszuschalten, um dann seine Ideen, d.h. seine Vorstellungen von dem gültigen Marxismus-Leninismus, mit Hilfe der Armee und der Roten Garden bis in die letzten Winkel des Landes zu tragen. Eine ähnliche Absicht verfolgte Bogdanov, als er über die Proletkult-Studios seine Organisationslehre verbreiten ließ und die Partei Lenins wegen ihrer Zusammenarbeit mit Bauerntum und bürgerlicher Intelligenz kritisierte. Auch in Rußland kann man infolgedessen von einem über den Umweg der K. geführten Machtkampf sprechen, obwohl er sich mehr im verborgenen abspielte und zu früh entschieden wurde, als daß er so dramatische Ausmaße hätte annehmen können wie in China.

Die genannten Parallelen zeigen, daß eine Suche nach eventuellen Traditionen der chinesischen K. weniger bei Lenin selbst als bei seinen linken Kritikern anzusetzen hätte. Möglicherweise liegt hierin auch die über das Argument des zeitlichen Abstandes hinausgehende Erklärung dafür, daß die linken Protestbewegungen der westlichen Welt von der sowjetischen K. Leninscher Prägung kaum Notiz nehmen, während sich das politische Vokabular der chinesischen schnell bei ihnen verbreitete. Die Unmöglichkeit, die Produktionsverhältnisse in ihren Ländern zu ändern, verwies diese Neue Linke auf die K., und Mao Tse-tung gab ihr sogar eine praktische Anleitung in seiner durch den Erfolg der chinesischen K. erhärteten These: „Um eine politische Macht zu stürzen, ist es immer notwendig, vor allem die öffentliche Meinung zu schaffen und in der ideologischen Sphäre zu arbeiten" (Beschluß, a.a.O. S. 1). Im Keim ist damit eine Differenzierung der marxistisch-leninistischen Revolutionstheorie angelegt, die einen Ansatz beim Überbau, d.h. bei der Kultur, erlaubt, um von dort nach und nach zur Basis, dem Produktionssektor, vorzudringen (vgl. P. Schneider: Die Phantasie im Spätkapitalismus und die Kulturrevolution, in: Kursbuch 16, 1969, S. 1–36). In diesem Sinne gewinnt der Begriff „Kulturrevolution" erstmals auch für nichtsozialistische Länder eine Bedeutung.

**Wan Min:** China. Kulturrevolution oder konterrevolut. Putsch? M. [o. J.] – A. **Lunačarskij:** Kul'turnye zadači rabočego klassa. Krasnyj Caricyn na Volge 1918. Dt. Ausg.: A. Lunatscharski: Die Kulturaufgaben der Arbeiterklasse. Allgemeinmenschl. Kultur u. Klassenkultur. Bln 1919. Neuausg. Frankfurt/M 1971. – P. **Bezsal'ko,** F. **Kalinin:** Problemy proletarskoj kul'tury. S. Petersburg 1919. [Probl. der prolet. Kultur.] – L. **Trockij:** Literatura i revoljucija. M. 1923. 2. izd. 1924. Dt. Ausg.: L. Trotzkij: Literatur u. Revolution. Wien 1924. Neuausg. Bln 1968. – A. A. **Bogdanov** [Pseud. f. Malinovskij]: O proletarskoj kul'ture, 1904–1924. Sbornik statej. L., M. 1924. [Über proletarische Kultur.] – **Voprosy** kul'tury pri diktature proletariata. M. 1925. [Fragen der Kultur in der Diktatur des Proletariats.] – I. S. **Smirnov:** Iz istorii stroitel'stva socialističeskoj kul'tury v pervyj period sovetskoj vlasti. Oktjabŕ 1917 g. – leto 1918 g. M. 1949. 2. izd. 1952. [Aus der Geschichte des Aufbaus der sozialist. Kultur in der 1. Periode der Sowjetmacht. Okt. 1917. – Sommer 1918.] – **Ders.:** Lenin i Stalin o kul'ture i kul'turnoj revoljucii. M. 1951. [Lenin u. Stalin über Kultur u. Kulturrevolution.] – G. G. **Karpov:** O sovetskoj kul'ture i kul'turnoj revoljucii v SSSR. M. 1954. Dt. Ausg.: G. G. Karpow: Über die Kulturrevolution in der UdSSR. Bln[-Ost] 1956. – M. P. **Kim:** Kommunističeskaja partija – organizator kul'turnoj revoljucii v SSSR. M. 1955. [Die Kommunist. Partei als Organisator der Kulturrevolution in der UdSSR.] – F. S. **Wagner:** Cultural Revolution in East Europe. N. Y. 1955. – **Mao Tse-tung:** Ausgew. Schriften in 4 Bdn. [Übers.] Bln[-Ost] 1956. 2. Aufl. 1958. – W. **Franke:** Chinas kulturelle Revolution. Die Bewegung vom 4. Mai 1919. München 1957. – G. L. **Furmanov:** V. I. Lenin o kul'turnoj revoljucii v SSSR. In: Vestn. MGU 4, ser. 8 (1960), S. 36–50. [Lenin über die Kulturrevolution in der UdSSR.] – V. R. **Ščerbina:** Lenin i voprosy Literatury. M. 1961. [Lenin und Fragen der Literatur.] – K.-D. **Seemann:** Der Versuch einer proletarischen Kulturrevolution in Rußland 1917–1922. In: Jb. Gesch. Osteuropa N. F. 9 (1961) 2, S. 179–222. – A. I. **Arnol'dov:** Socializm i kul'tura. Kulturnaja revoljucija v evropejskich stranach narodnoj demokratii. M. 1962. [Sozialismus u. Kultur. Die Kulturrevolution in den europäischen Volksdemokratien.] – D. **Geyer:** Arbeiterbewegung u. „Kulturrevolution" in Rußland. In: Vjh. Zeitgesch. 10 (1962) 1, S. 43–255. – **KPSS** o kul'ture prosveščenii i nauke. Sbornik statej. Sbornik dokumentov. M. 1963. [Die KPdSU über Kultur, Bildung u. Wiss.] – **Stroitel'stvo** kommunizma i problemy kul'tury. Sbornik statej. M. 1963. [Der Aufbau des Kommunismus u. die Probleme der Kultur.] – St. R. **Schramm:** Documents sur la théorie de la „Révolution permanente" en Chine. Paris 1964. Dt. Ausg.: Ders.: Die permanente Revolution in China. Dokumente u. Kommentar. Frankfurt/M. 1966. – **Materialy** naučnoj sessii po istorii kul'turnoj revoljucii SSSR. M. 1965. [Materialien der Wissenschaftstagung über die Geschichte der Kulturrevolution in der UdSSR.] – V. T. **Ermakov:** O soderžanii i chronologičeskich ramkach kul'turnoj revoljucii v SSSR. In: Vopr. istorii 41 (1966) 10, S. 58–64. [Inhalt u. zeitliche Begrenzung der Kulturrevolution in der UdSSR.] – **Beschluß** des ZK der KP Chinas über die Große Proletarische Kulturrevolution. Peking 1966. – M. **Goldman:** The Fall of Chou Yang. In: China Quart. no. 27 (1966), S. 132–148. – Die Große Sozialist. **Kulturrevolution** in China. H. 1–7. Peking 1966–67. Ab H. 8. 1967 ff. u. d. T.: Die Große Proletarische Kulturrevolution. – **Kommunizm** i kul'tura. Zakonomernosti formirovanija i razvitija novoj kul'tury. M. 1966. [Kommunismus u. Kultur. Gesetzmäßigkeiten der Bildung u. Entwicklung einer neuen Kultur.] – Maos zweite **Revolution.** Dokumente des Sommers u. Herbstes 1966. Hrsg.: K. Mehnert. Stuttgart 1966. – O tak nazyvaemoj kul'turnoj **revoljucii** v Kitae. In: Kommunist 43 (1966) 17, S. 104–110. [Über die sog. Kulturrevolution in China.] – L. **Barcata:** China in der Kulturrevolution. Ein Augenzeugenbericht. Wien 1967. – Ph. **Bridgham:** Mao's „Cultural Revolution": Origin and Development. In: China Quart. no. 29 (1967), S. 1–35. – G. **Erler:** Der russ. Proletkult 1917–1921 – „bogdanovščina" oder Kulturbewegung der Arbeiterklasse? [Ms.] Freiburg/Br. 1967. – R. **Garaudy:** Le problème chinois. Paris 1967. – J. **Israel:** The Red Guards in Historical Perspective. Continuity and change in the Chinese Youth Movement. In: China Quart. no. 30 (1967), S. 1–32. – V. A. **Kumanev:** Nekotorye problemy izučenija kul'turnoj revoljucii v SSSR. In: Vopr. istorii 42 (1967) 12, S. 96–108. [Einige Probleme des Studiums der Kulturrevolution in der UdSSR.] – V. I. **Lenin:** O kul'turnoj revoljucii. Sbornik. M. 1967. [Über die Kulturrevolution.] – **Ders.:** O literature i iskusstve. M. 1967. [Über Literatur u. Kunst.] – K. **Marx,** F. **Engels:** Über Kunst u. Literatur. 2 Bde. Bln[-Ost] 1967–68. – Ch. **Neuhauser:** The Chinese Communist Party in the 1960s. Prelude to the Cultural Revolution. In: China Quart. no. 32 (1967), S. 3–36. – V. **Rogovin:** Problema proletarskoj kul'tury v idejno-ėstetičeskich sporach 20-ch godov. In: Iz istorii sovetskoj ėstetičeskoj mysli. Sbornik statej. M. 1967. S. 59–118. [Das Problem der proletarischen Kultur in den ideologisch-ästhetischen Disputen der zwanziger jahre.] – Kul'turnaja **revoljucija** v SSSR 1917–1965 gg. M. 1967. [Die Kulturrevolution in der UdSSR 1917–1965.] – G. **Šachnazarov:** „Kul'turnaja revoljucija" v Kitae i melkoburžuaznyj avantjurizm. In: Kommunist 43 (1967) 3, S. 104–113. [Die „Kulturrevolution" in China u. das kleinbürgerliche Abenteurertum.] – G. **Blumer:** Die chinesische Kulturrevolution 1965/67. Frankfurt/M. 1968. – Ph. **Bridgham:** Mao's Cultural Revolution in 1967. The struggle to seize power. In: China Quart. no. 34 (1968), S. 6–37. – J. **Collier:** Cultural Revolution in Canton. In: New Left Rev. 48 (1968), S. 63–71. – V. T. **Ermakov:** Istoričeskij opyt kul'turnoj revoljucii v SSSR. M. 1968. [Hist. Erfahrungen der Kulturrevolution in der UdSSR.] – V. V. **Gorbunov:** Iz istorii bor'by KP s sektantstvom Proletkul'ta. In: Očerki po istorii sovetskoj nauki i kul'tury. M. 1968. S. 29–68. [Aus der Geschichte des Kampfes der KP gegen das Sektierertum des Proletkult.] – **Kuo Heng-yü:** Maos Kulturrevolution. Analyse einer Karikatur. Pfullingen 1968. – The Chinese Cultural **Revolution.** Selected documents. Ed.: Kuang-huang Fan. N. Y. 1968. – The Great Cultural **Revolution** in China. Ed.: Asia Research Centre. Tokyo 1968. – **China,** die Revolution der Literatur. Hrsg.: J. Schickel. München 1969. – Proletarische **Kulturrevolution** in Sowjetrußland, 1917–1921. Dokumente des Proletkult. Hrsg.: R. Lorenz. München 1969. – **Mao Tse-tung:** Der Große Strategische Plan. Dokumente zur Kulturrevolution. Hrsg.: J. Schickel. Bln 1969. – K. **Mehnert:** Peking u. die Neue Linke in China u. im Ausland. Analyse u. Dokumente. Stuttgart 1969. – I. M. **Nadeev:** Kul'turnaja revoljucija i sud'ba kitajskoj literatury. M. 1969. [Die Kulturrevolution u. das Schicksal der chinesischen Literatur.] – A. **Šelochovcev** (Schelochowzew): Chinesische Kulturrevolution aus der Nähe. Augenzeugenbericht eines sowj. Beobachters. [Übers. aus d. Russ.] Stuttgart 1969. – O. **Weggel:** Die chinesischen Revolutionskomitees. Hamburg 1969. – **Kritika** teoretičeskich koncepcij Mao Cze-duna. M. 1970 [Krtik der theoretischen Konzeptionen Mao Tse-tungs]. – J. **Domes:** Some results of the cultural revolution in China. In: Asian Survey 1, 9 (1971), S. 932–940. – S. **Hsia:** Die chinesische Kulturrevolution. Zur Entwicklung der Widersprüche in der chinesischen Gesellschaft. Neuwied, Bln 1971. – Th. W. **Robinson:** The Wuhan Incident: Local strike and Provincial Rebellion during the Cultural Revolution. In: China quart. no. 47 (1971), S. 413–438. – R. **Hoffmann:** Die Revolution ohne Massen. Anmerkungen zur maoistischen Bewegung in China. In: Zeitschrift für Politik 19, 4 (1972), S. 335–346. – **Lenin** i kul'turnaja revoljucija. Chronika sobytij (1917–1923 gg). M. 1972. [Lenin und die Kulturrevolution. Chronik der Ereignisse.] – R. **Hoffmann:** Entmaoisierung in China. Zur Vorgesch. der Kulturrevolution. München [1973]. (Studien zu Entwicklung u. Politik 1.)

H & H

## Claus D. Kernig (Hrsg.)

# Marxismus im Systemvergleich

je Band ca. 176 S., 14,7 × 21 cm, Paperback, ca. DM 19,80.
(Reihensubskription: je Band ca. DM 17,50)

| | |
|---|---|
| **Grundbegriffe** | **3 Bände** |
| **Ideologie und Philosophie** | **3 Bände** |
| **Geschichte** | **5 Bände** |
| **Recht** | **1 Band** |
| **Soziologie** | **2 Bände** |
| **Ökonomie** | **4 Bände** |
| **Politik** | **4 Bände** |

Ab April in Ihrer Buchhandlung

Bestellen Sie jetzt die vollständige Reihe;
Sie sparen **über DM 50,--.**

Herder & Herder

H & H

# Marxismus im Systemvergleich

In nahezu allen Bereichen des Lebens erfolgt eine Konfrontation mit marxistischen und sozialistischen Zielvorstellungen, die sich als Alternativen zu unseren politischen Vorstellungen anbieten.

Auf diese „Konkurrenz der Ideen" ist die Serie zugeschnitten.

In jedem der dreigeteilten Artikel wird der Darstellung des westlichen, bürgerlichen Verständnisses die marxistisch-sozialistische Auffassung gegenübergestellt. Der abschliessende kritische Vergleich zeigt Übereinstimmungen und Gegensätze beider Systeme auf.

Zur schnellen Information, zum Nachschlagen und zur Klärung von Zweifelsfragen sind hier, in alphabetischer Reihenfolge, für jeden Bereich die kontroversen Begriffe zusammengestellt.

Herder & Herder